DFSS는 뒤지게 패서
시키면 시키는 대로 하는 방법론이다

DFSS는 뒤지게 패서
시키면 시키는 대로 하는 방법론이다

초판인쇄 · 2001년 9월 24일
초판발행 · 2001년 10월 10일

지은이 · 이 강 군
펴낸이 · 최 정 헌
펴낸곳 · **좋은날**
주소 · 서울시 서대문구 충정로 3가 8-5호 동아아트 1층
전화번호 · 392-2588~9
팩시밀리 · 313-0104

등록일자 · 1995년 12월 9일
등록번호 · 제 13-444호

ISBN 89-86894-94-7 03320

값 10,000원

DFSS는 뒤지게 패서
시키면 시키는 대로 하는 방법론이다

이강군 지음

좋은날

찰스 다윈은 『種의 起源』에서 "지구상에서 마지막까지 살아남는 종족은 가장 강한 종족도 아니고, 가장 지적인 종족도 아닌 가장 환경변화에 잘 적응한 종족이다"라고 말한 바 있다.

다시 말해 변화의 선두에서 변화를 창조하고 활용하는 조직이나 개인은 발전하고, 그렇지 못하면 도태된다는 警句일 것이다. 이는 量 위주의 의식, 體質, 제도, 관행에서 과감히 벗어나 "처자식 빼고 다 바꿔보자"라는, 「나 자신」부터 質 위주의 철저한 변화를 하자는 1993년 삼성의 신경영 선언과 맥을 같이 한다.

21세기 글로벌 무한경쟁에서 기업의 생존과 번영을 보장하는 유일한 원천과 원동력은 "고객"이다. 고객이 인식하는 가치를 독특하게 제안하고 실현하는 "고객 가치혁신"이 기업전략의 최우선 과제이며, 지금까지의 잘못된 관행에서 탈피하여 새로운 사고와 행동양식을 "어떻게" 體質化할 것인가 하는 것이 우리 모두의 생존과 직결되는 21세기 최대의 화두이다.

고객 가치혁신을 주도하는 자만이 생존할 수 있으며, 1등만이 살아남는 변화의 연속성 시대에 살고 있는 지금, 우리는 성장 동력을 상실하고 국가적인 경쟁력 위기에 처해 있다.

초일류 경쟁력은 No. 1, Only 1 상품을 통해 시장에서 경쟁우위를 차지하는 초일류 경영품질을 갖출 때 비로소 가능하다. 초일류 경영품질을 "어떻게" 갖출 것인가 하는 것이 21세기 경영자의 최대의 고민이기도 하다.

기업경영의 세 가지 요소(3P : Product, Process, People)에 대한 質의 수준을 6시그마 수준으로까지 혁신해야 한다. 1990년대 최고 경영혁신 BP(Best Practice)로 각광받고 있는 6시그마 혁신은 프로세스 능력을 6시그마 수준(즉 초일류)의 경영품질을 이루려는 활동이다.

경쟁력은 '기술개발력×제조력×판매력'의 함수이다. 여기서 기술개발력은 현재의 국가적 위기를 극복할 수 있는 유일한 성장 동력이며, 우리가 가장 시급하게 초일류화를 위해 혁신해야 할 부문이다.

기업의 모든 프로세스 중에서 기술개발 부문은 경쟁력의 원류에 해당한다. 수질 환경개선의 경우, 하류의 수질을 6시그마 수준으로 정화하더라도 원류가 깨끗하지 못하면 개선효과가 나타나지 않는 것처럼, 제조력과 판매력이 6시그마 수준으로 높아지더라도 원류에 해당하는 기술개발 부문의 質을 높이지 못하면 초일류 경쟁력을 갖출 수 없다.

따라서 기술개발 부문의 6시그마 활동인 DFSS가 성공할 때 비로소 6시그마 수준의 경영품질 혁신은 완성될 것이다. DFSS(Design For Six Sigma)는 고객(사업부)에 제공하는 개발 프로세스와 성과 그리고 기술완성도의 質을 6시그마 수준을 높여 시장경쟁에서 승리하게 하는 활동이다. 즉, DFSS는 연구자가 전문기술력 이외에 고객 가치혁신의 실현을 위해 기본적으로 갖추어야 할 무기(과학적 연구방법)인 셈이다.

그러나 DFSS는 단순한 통계적 수단이나 기법 적용이 아닌 기업의 경영방침과 철학 그리고 조직의 문화 변화를 유도하는 전략으로 이해되었을 때 비로소 성공할 수 있다. DFSS를 도입하지 않고서는 생존할 수 없다는 위기의식이 중요하며, 조직을 기능에서 프로세스 중심으로 바꿔야 한다. Input과 프로세스가 6시그마 수준으로 바뀌어야 Output(연구성과)도 6시그마 수준이 될 것이다.

DFSS는 세계적으로 아직 미정립된 개념으로 각 기업별로 독자적으로 추진하고 있다. 이 책은 국내에서 최초로 6시그마 경영 혁신을 성공한 삼성 SDI의 DFSS 활동을 추진한 저자가 DFSS에 대한 내용을 한 권으로 집대성한 것인데, 저자가 추진하면서 느낀 경험담, 사용한 방법론과 툴, 여러 사례 등을 진솔하고 흥미롭게 서술하고 있어 DFSS를 이해하고 정립하려는 사람들에게 올바른 방향을 제시할 것이다.

궁극적으로 연구개발자들은 DFSS를 체질화하여 시대가 요구하는 "기술혁신을 통한 고객 가치혁신"를 달성하여 기업이 초일류로 성장하

는 데 선도적인 역할을 하여야 할 것이다. 더 나아가 국가경쟁력의 성
장 동력으로 발전하여 21세기를 선도하기를 기대한다.

손 욱
삼성종합기술원장

　이 책을 쓴 삼성 SDI(주)의 이강군 팀장은 명실공히 한국 6시그마의 산 증인이라고 볼 수 있다. 최초로 우리나라에 6시그마를 소개한 기업이 바로 삼성 SDI이고, 도입 초기부터 이 회사에서 6시그마 도입의 중심에 바로 지자가 위치해 있었디. 저지는 특히 DFSS의 도입과 확산을 위하여 기업에서는 가장 공로가 큰 분이라고 생각되는데, 1998년에 DFSS에 관련된 홈페이지를 만들어 DFSS를 보급하고 있으며, 회원수가 무려 1,800명이 넘고, 조회수도 22만이 넘는 다고 한다. 저자가 이 책을 쓰므로서 또 한 번 6시그마의 확산에 큰 기여가 될 것이다.

　이 책은 6시그마와 DFSS를 추진함에 있어서 가장 기본이 되는 철학과 방법을 이해하기 쉽고 재미있게 설명하여 주는 값진 책이다. 6시그마 관련 책자가 대개 통계나 기법의 소개로 읽기 딱딱해 지기 쉬우나, 이 책은 그런 범주를 벗어나 6시그마를 철학적, 문화적 차원에서 접근하고 있어, 6시그마와 DFSS의 밑바탕 개념을 익살스럽게 소개해 주는 흥미로운 책이다. 예를 들면 "소주잔의 비밀"에서는 판매전략상의 소주잔의 설계를 알 수 있고, "6시그마와 1시그마의 차이"를 나타내는 여인의 몸매 그림에서는 품질 수준의 의미를 쉽게 파악할 수 있다. 그리고 6시그마를 품질에 대한 신뢰와 믿음으로 해석하고, 3.4ppm이라는 '천국'에 도달할 수 있다는 품질경영 활동의 신앙으로 해석하는 것도 매우 재미있는 발상이다.

이 책을 다 읽으면 6시그마와 DFSS에 대하여 명확한 개념을 잡을 수 있으리라 믿는다. 이 책은 3장으로 구성되어 있고, 1장에는 6절, 2장은 5절, 3장은 4절로 되어 있어 모두 15절로 구성되어 있다. 이 책을 읽을 때 재미있다고 한꺼번에 다 읽지 말고, 하루에 한 절 씩 읽어서 15일간 읽기를 권유하고 싶다. 왜냐하면 재미있는 아이디어가 매우 많이 담겨 있어서 완전히 소화하면서 읽으려면 좀 천천히 읽는 것이 좋을 것이라고 믿기 때문이다. 6시그마를 도입하는 회사의 MBB, BB 혹은 GB들은 이 책을 꼭 한번 읽어주기를 당부하고 싶은데 이 책이 기계에 들어가는 윤활유와 같아서 6시그마를 추진하는 데 기름역할을 감당하리라 보기 때문이다.

저자인 이강군 팀장이 계속하여 6시그마의 연구와 확산에 기여해 주기를 바란다. 그리고 교회를 다니는 추천인으로서 하나님의 은혜와 사랑이 항상 저자와 같이 하기를 기원하는 바이다.

박성현
한국품질경영학회회장
서울대 자연과학대학장

필자가 DFSS란 단어를 접했던 것은 1996년 말에 당시 삼성전관의 대표이사였던 손욱 대표(현 삼성종합기술원장)에게서 였었다. 필자는 1985년부터 삼성전관에 CAD/CAM/CAE를 도입하여 연구, 개발, 기술 부문의 혁신 활동을 주관하였으며, 1989년에 EDB(Engineering DataBase)시스템 구축과 1992년부터 시작된 E-CIM(Engineering Computer Integrated Manufacturing)활동에서 EPI(Engineering Process Innovation)의 프로세스를 정비하고 관련된 기술을 표준화시켜 PDM(Product Data Management) 시스템을 개발하는 PL을 맡아 삼성전자 소그룹의 연구, 개발, 기술 부문 프로세스 혁신과 IT 시스템 개발을 주관하여 개발된 시스템을 현장에 적용하는 일을 주로 하고 있었다.

필자가 삼성전관에 입사한 이래 계속해서 들었던 말은 우리는 선진사에 비해서 기술이 없다는 것이었다. 삼성전관은 해마다 신제품을 개발하고 있었으며, Braun관의 생산량은 이미 세계 1위를 달성하지만 신제품의 대부분이 선진사 제품를 모방하는 데 그치고 있었다. 그래서 삼성전관의 품질은 항상 2등이었고, 경영실적면에서도 매출에 비해 경상 이익률이 그다지 높지 못하였으며, Q-cost도 항상 2자리수를 넘기고 있었다.

이처럼 삼성전관은 모든 면에서 선진사를 따라 잡기에는 기술력이 한계에 와 있었다. 당시 필자는 삼성에도 우수한 기술력은 있지만, 우리의 약점은 기술자들이 본인들의 기술을 정리하지 않고 서로에게 공유하지 않는 것이 문제라고 생각했었다. 그래서 연구, 개발 프로세스를 혁신적으로 정리하고 표준화시켜, 이에 맞는 시스템을 개발하고 기술을 시스템으로 구축하면 기술자들이 서로 정보를 공유하고 새로운 기술을 축적해서 언젠가는 우리도 세계 최고의 기술품질력을 갖춘 회사로 만들 수 있을 것이라고 생각했다.

필자가 1996년도에 시스템 개발을 완료하고 가장 고민했던 것은 시스템 개발은 완벽한데 사용자들이 시스템을 사용하지 않는다는 것이었다. 따라서 이를 개선하기 위해 우선 모든 기술자들에게 시스템 사용을 제도화하고 모든 제품 개발에서 발생되는 도면과 기술자료, 그리고 각종 정보를 시스템에 등록하는 것을 의무화하여 이를 지키지 않으면 부서장에게 경고를 보내고, 부서간 기술자 개인의 자료 등록 실적을 게시하는 한편, 정보를 시스템에 등록하면 건당 1000원씩 주는 등의 여러 가지 수단을 동원한 결과 시스템에 자료를 등록하는 것은 어느 정도 정착이 되어 가고 있었다.

그러나 정보 등록에만 신경을 쓰다가 연말에 시스템 Audit를 해보니 자료를 등록하는 것은 어느 정도 되었지만, 사용자들이 시스템의 자료를 조회하는 것은 거의 없는 것으로 밝혀졌다. 이는 강제로 자료등록을 강요하다 보니 시스템에는 형식적으로 등록하고 실제로는 자신들의 정보를 아직까지도 책상 서랍 속에 넣어 놓고 관리하고 있으며 본인이 시스템에 등록한 자료 조차도 믿고 있지 않는 다는 것을 보여주는 것이었다. 그러다 보니 변경된 자료나, 도면이 제대로 관리되지 못하여 현장에서 발생되는 품질사고나 문제는 계속 되고 있었다. 많은 돈과 시간과 노력을 들여서 구축한 시스템이 제역할을 하지 못한다면 시스템 개발이 실제로 우리에게 주는 이득이 무엇일까? 10여 년이 넘게 해왔던 일에 대한 회의감이 밀려왔다. 결국은 시스템의 문제가 아니라 정보를 만드는 기술자들이 제대로 된 자료를 만들어야 본인들 스스로가 그 자료를 다시 찾게 된다는 것이었다. 즉, 시스템을 멋있게 개발하는 것이 중요한 것이 아니라 기술자들이 올바른 자료를 만들 수 있는 기술력을 갖추는 것이 더 중요하다는 것을 깨달았던 것이다. 따라서 기술자들에게 올바른 기술교육을 실시해야 한다고 생각하였다.

그런데 손욱 대표가 'GE는 6시그마뿐만 아니라 DFSS를 한다고 하는데 삼성전관도 DFSS를 해야 되지 않겠느냐' 라고 이야기하는 것이었다. 이것이 바로 필자가 DFSS를 시작하게 된 동기이다.

처음 품질에 대하여 문외한이었던 필자는 "DFSS(Design For Six Sigma)"라는 영어 4자 외에는 DFSS에 대해서 아는 정보가 전혀 없었다. 또한 GE에서조차도 DFSS에 대한 정보는 거의 얻을 수가 없었다. 그래서 필자는 사내에 DFSS연구회를 조직하여 개인적으로 DFSS에 관심이 있는 인력을 모집하였다. 비공식적으로 근무시간 외에 활동하는 10여 명의 연구회원이 모여 "DFSS"에 대한 자료 수집 및 연구를 한 결과 필자는 삼성전관의 DFSS는 우리가 그 동안 추진해왔던 EPI 활동의 연장선상에서 GE와는 다른, 우리 나름대로의 "DFSS"는 - 뒤지게 패서 시키면 시키는 데로 하는 방법론 - 이라고 이해하고 나름대로의 정의를 내리는 데 1년이 넘는 시간이 소요되었다.

그래서 그 동안 추진했던 EPI활동을 완성시키는 방법(연구/개발 프로세스의 질을 높이는 방법)으로 DFSS를 추진하는 것으로 방향을 잡았다.

필자는 DFSS에 관련된 일을 시작하면서 얻은 자료와 정보를 개인적으로 관리하기 위해 개발해서 사용하던 DFSS 인터넷 시스템을, DFSS를 새로 하고자 하는 사람들과 함께 자료와 정보를 나누고자 1998년부터 홈페이지(http://www.dfss.co.kr)를 운영을 시작하였다. 어느새 그것은 조회수 22만이 훌쩍 넘었고, 회원수도 1,800명이 넘는 큰 사이버

만남의 장이 되었다.

작년에 회원들에게 DFSS를 올바르게 소개하고자 시간이 나는 대로 한편씩 작성하여 메일로 보냈던 DFSS 방장의 넋두리가 어느덧 30편이 넘었다. 그 동안 회원들은 감사와 격려의 편지, 좋은 생각과 의견들을 많이 보내 주었다. 필자가 방장의 넋두리를 처음 시작할 때 의도는 처음 DFSS를 하고자 하는 회원들에게 DFSS에 관한 내용을 어린 아이들에게 옛날이야기 해주듯이 재미있고, 쉽게 하고자 하는 것이었는데, 지금 다시 읽어보면 역시 부족한 부분을 많이 느끼게 된다. 방장의 넋두리는 연구/개발 부문의 6시그마 활동을 추진하는 데 있어서 기존 제조 부문의 6시그마 활동과의 차이를 쉽게 이해할 수 있도록 상대와 이야기 하듯이 필자의 강의 내용을 기반으로 해서 작성되었고, 그 이후에 작성된 내용을 보완하고 추가하여 이 책을 쓰게 되었다. 이 책은 DFSS를 추진함에 있어서 가장 기본이 되는 6시그마의 올바른 철학과 방법에 대한 이야기이다. 따라서 통계 이야기는 한마디도 나오지 않는다. 많은 사람들이 6시그마를 통계로 생각하는데, 필자는 6시그마는 통계가 아니라 기업의 문화를 바꾸고, DFSS는 기술자들이 일하는 방법을 바꾸는 연구개발의 혁명이라고 생각한다.

모쪼록 이 책이 6시그마와 DFSS를 준비하고 추진하는 여러분들을 올바른 방향으로 안내할 수 있는 좋은 지침서가 되었으면 하는 바램이다.

DFSS에 관련된 서적을 찾다보니 국내뿐 아니라 해외에서 조차도 아직 한 권도 출간된 것이 없어 DFSS를 추진하고자 하는 사람들을 위해서 1년간 준비하여 박성현 교수, 이명주 교수와 함께 쓴 『6시그마 설계를 위한 DFSS』(한국표준협회)를 출간하였다. 그리고 실제 현장에서 6시그마 BB/GB 교육 과정에서 활용할 수 있도록 개발된 『게임으로 배우는 6시그마 시리즈 1 - 통계와 측정시스템』, 『게임으로 배우는 6시그마 시리즈 2 - 공정능력분석』(시그마스펙트럼)을 출간하였다. 책을 한 권씩 출간할 때 마다 항상 부족함을 느끼고 늘 아쉬움이 남는다. 하지만 힘이 닿는 동안은 계속해서 6시그마와 DFSS 교육에 관련된 내용들을 공부하고 연구하여 출판할 계획이다.

이 자리를 빌어 처음 함께 DFSS를 연구하고 많은 밤을 지샜던 오진석 박사, 최제호 박사, 김학수 박사, 장영두 대리를 비롯한 초기 삼성전관의 DFSS연구회원들에게 감사를 드리며, 현재 DFSS 홈페이지를 통해 활동 중인 회원들과, 또 부족한 필자에게 DFSS를 연구하고 공부할 수 있도록 기회를 열어주신 손욱 원장(현 삼성종합기술원장), 송대관 상무(현 한샘 부사장), 조영철 상무, 그리고 6시그마와 품질에 대하여 많은 것을 지도해 주신 서울대 자연과학대학 학장이신 박성현 교수와 성균관대의 박영택 교수, GE의 방기택 이사와 석안식 이사, 그리고 SBTI사의 짐크라프 박사, 데이브 앤티스, 크레블링 교수께도 심심한 감사의 말씀을 드린다.

마지막으로 다른 아빠들처럼 휴일이면 공원이나 유원지로 같이 놀러 가지 못한 명재, 창재 두 아이들과 항상 밤늦도록 작업을 지켜봐 준 사랑하는 나의 아내 공창숙에게도 고마움을 전한다. 그리고 기꺼이 이 책을 세상에 나올 수 있게 해 주신 창의사고 출판사의 이재엽 사장과 좋은날 출판사에도 다시 한번 깊은 감사를 드린다.

2001년 9월 이강군 씀

DFSS ─────────────
Design For Six Sigma 　목 차

추천사　5
머리말　11

1장. DFSS의 이해　23

　왜 DFSS를 해야 하는가?　25
　　소주잔의 비밀(Design For Sales & Marketing) / B = f(V), "행동은 가
　　치의 함수이다." / 6시그마와 1시그마의 차이 / 6시그마의 신앙과 믿음? /
　　숫자를 알면 돈이 보인다 (숫자 - 정보 - 지식 - 지혜) / 새로운 지식은 어
　　쩔 수 없이 새로운 의문을 낳는다 / 6시그마의 올바른 이해 / 기존의 품질
　　혁신 활동과 6시그마 활동의 차이 / 6시그마, 그 다음은? / 6시그마는 품
　　질비용을 줄이는 활동이다

　무엇에 대하여 DFSS를 해야 하는가?　57
　　6시그마 추진 전략 / DFSS 방법론 연구 / 처음부터 제대로 해서 돈 벌자
　　/ 올바른 프로젝트란 무엇인가? / DFSS Road Map의 철학 / DFSS는
　　"뒤지게 패서 시키면 시키는 대로 하는 방법론"이다 / DFSS 프로젝트와
　　제조, 비제조 프로젝트

　어떻게 DFSS를 해야 하는가?　95
　　DFSS 프로젝트 선정과 기업의 경영전략 연계 / DFSS 방법론 전개와
　　Road Map / DFSS 방법론의 선정 / DFSS Road Map은 질문과 대답의
　　프로세스이다

얼마큼 **DFSS**를 해야 하는가? **111**

MAIC와 DFSS의 차이 / DFSS 프로젝드와 DFSS BB **프로젝트** / CFR/CTF/CAP 용어의 이해 / DFSS 프로젝트의 CPM 전개 / Design Score card / 올바른 의사결정 시스템 / DFSS 방법론과 tools과의 연계

누가 **DFSS**를 해야 하는가? **130**

DFSS BB 교육과정 / 물 BB와 말로만 BB

언제까지 **DFSS**를 해야 하는가? **137**

표준이란 ? / 표준시스템 / DFSS 통합 시스템 / DFSS 프로젝트 소개 / DFSS 성공의 열쇠

2장. 6시그마의 이해 **151**

6시그마의 출현배경 **153**

6시그마 활동의 목적과 본질 **161**

6시그마는 기업경영의 새로운 패러다임이다 / 6시그마는 프로세스를 측정, 개선하는 과학적이고 통계적인 방법이다 / 6시그마는 고객 만족을 바탕으로 한 기업의 경영 철학이자 전략이다 / 6시그마는 인력 정예화를 도모하는 리더쉽 증진 프로그램이다

6시그마의 추진 방법   173
   제조의 6시그마 추진 방법론 / DFSS의 추진 방법론

6시그마의 성공사례   183

선진사 및 컨설팅사의 6시그마 Road Map 소개   188
   모토롤라의 6시그마 Road Map / GE의 6시그마 Road Map / 삼성 SDI
   의 6시그마 Road Map / LG전자의 6시그마 Road Map / SSA(Six
   Sigma Academy) 6시그마 Road Map / AAA(Air Academy
   Association) 6시그마 Road Map / SBTI(Sigma Breakthrough
   Technology) 6시그마 Road Map / ASI(American Supplier Institute) 6
   시그마 Road Map / Sigma Qualtec 6시그마 Road Map / MIT
   University 6시그마 Road Map / RIT University 6시그마 Road Map

3장. 비행기를 이용한 DFSS 종합실습 사례   217

   MFSS(Marketing For Six Sigma)   223
      VOC/VOT/VOP분석(고객의 요구와 시장분석) / Customer/System
      Requirement(고객 요구의 구체화) / Function Analyze(신제품의 요구기
      능 분석) / Technical Concept 정의(신제품 Concept 정의)

   TFSS(Technology For Six Sigma)   231
      Problem Deployment(혁신적 문제의 창의적 발상) / Selection Idea(창
      의적인 혁신 방법의 선정) / Optimize Technical Concept(혁신 문제의

해결안 도출) / Determine Concept(혁신적 요소기술의 검증)

DFSS(Development For Six Sigma)　240

Product Concept Design(고객의 요구기능 전개) / Parameter Design(제품의 시스템 기능 설계) / Optimize Design(제품의 기능인자 최적화) / Validate Design(제품의 신뢰성과 재현성 검증)

PFSS(Product For Six Sigma)　258

Measure Function(현기능의 공정 능력 지수 측정) / Analyze Performance Gap(현기능의 성능차 분석) / Re-design Function(새로운 기능의 설계) / Capability Performance(개선된 성능의 검증)

부록　263

참고문헌　265

DFSS 용어정의　266

6시그마 업체 현황　283

국내의 6시그마를 추진하고 있는 업체 현황 / 국내의 6시그마 컨설팅 업체 현황 / 국내 6시그마 관련 소프트웨어 판매 업체 현황

DFSS
Design For Six Sigma

1장

DFSS의 이해

왜 DFSS를 해야 하는가?

6시그마 활동은 품질개선 활동이다. 그리고 연구, 개발, 기술 부문에서 추진하는 6시그마 활동을 우리는 DFSS(Design For Six Sigma) 활동으로 부르고 있다. 다시 말하면 DFSS는 시장의 세분화를 통하여 고객을 파악하고 그들이 원하는 요구를 분석하여 상품기획 단계부터 신제품의 설계 및 개발 그리고 양산에 이르기까지의 각 단계별 프로세스를 6시그마 수준으로 최적화시켜 처음부터 신제품의 품질수준을 6시그마 수준으로 확보하고, 기업은 최고의 품질 경쟁력을 확보하여 고객 감동을 통해서 극한 이익을 창출할 수 있는 방법이다.

물론 DFSS는 연구, 개발, 기술 부문에 국한된 6시그마 활동만을 말하지는 않으며 제조나 비제조 부문에서도 새로운 프로세스를 개발할 필요가 있으면 활용하게 된다. 그러나 이 책에서는 주로 신제품 개발에 관련된 6시그마 추진 방법에 대해서만 논하기로 한다.

DFSS의 이해는 필자가 DFSS연구회원들에게 DFSS를 올바르게 소개하고자 시간이 나는대로 한편씩 작성하여 메일로 보냈던 DFSS 필자의 넋두리 내용을 보완하고 추가하여 작성되었다. 이 책은 DFSS를 추진함에 있어서 가장 기본이 되는 6시그마의 올바른 철학과 방법에 대한 이야기이다. 따라서 가능하면 통계에 관한 내용은 다루지 않았다. 많은 사람들이 6시그마를 현실의 문제에서 통계의 문제로 바꿔서 통계의 해법을 찾아 현실의 문제를 해결하는 통계 어프로치로 생각하는데, 현실의 문제가 모두 통계의 문제로 바꿀 수 있는 것은 아니다. 많은 현실의 문제들을 논리의 해결방법으로 찾는 것이 때로는 훨씬 좋은 결과를 얻을 때도 있다. 특히 신제품 개발에 있어서 창의력과 새로운 아이디어가 중요한 연구, 개발, 기술 부문의 문제 해결방법에 있어서는 더욱 그러하다. 따라서 DFSS는 논리의 해결방법과 통계의 해결방법을 병행하여 추진하며, 단순히 6시그마는 통계가 아니라 기업의 문화를 바꾸고, DFSS는 기술자들의 생각과 일하는 방법을 논리적이며 통계적으로 바꾸는 연구개발의 혁명이라고 할 수 있다.

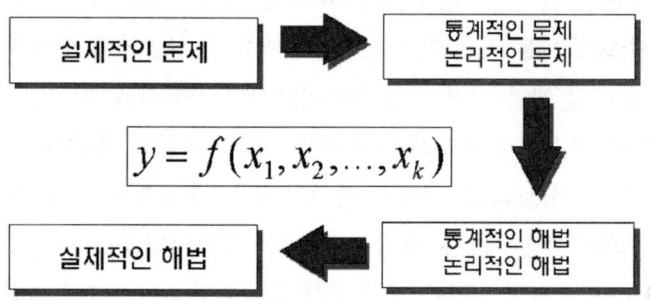

소주잔의 비밀(Design For Sales & Marketing)

기업 경영의 궁극적인 목표는 돈을 버는 것이다. 돈을 버는 방법은 두 가지 방법이 있다. 첫번째 방법은 기업이 가지고 있는 기술을 이용해서 고객을 감동시켜 고객의 주머니에 있는 돈으로 회사의 금고를 채우는 일이다. 그리고 두번째 방법은 회사 금고에 들어온 돈을 잘 관리하여 쓸데 없이 돈을 낭비하지 않도록 하는 것이다. 첫번째 방법으로 벌어 들인 돈을 우리는 기업 활동에 있어서 매출이라 하며, 두번째 방법에 의해서 남긴 돈을 이익이라 한다. 따라서 기업들은 이윤을 추구하기 위해서 고도의 마케팅 전략을 세운다. 우리는 소주회사의 마케팅 전략을 예로 보면서 기업이 가지는 고객중심의 사고와 그 중요성에 대하여 생각해 보기로 하자.

일을 마치고 저녁에 직장 동료들끼리 또는 친구들끼리 모여 앉아 소주 한 잔을 한다. 우리가 늘 하는 일이지만 여기에 소주회사의 무서운 비밀이 숨겨져 있다는 것은 아무도 모른다.

'2홉들이 소주 1병에 몇 잔이 나오는가?' 당신은 이러한 질문을 받아 본적이 있는가?

대부분의 사람들은 소주 1병에 몇 잔이 나오는지에 대해 신경 쓰지 않고 그저 무심코 소주를 잔에 따라 마신다. 물론 이 문제가 대부분의 사람들에게는 중요한 일이 아닐 것이다. 하지만 소주 1병에 나올 수 있는 잔의 수는 소주회사에서 매우 중요하다. 소주회사는 소주 1병당 나올 수 있는 잔의 수에 마케팅 전략을 도입했다.

술을 마시는 개개인의 취향에 따라 다소 차이는 있지만 2홉들이 소주는 대개 7잔이 나온다. 7이라는 숫자는 소수로서 나누어 떨어지지 않는 숫자이다. 2사람이 앉아서 소주 1병을 나누어 마실 때 3잔씩 먹

소주잔의 비밀

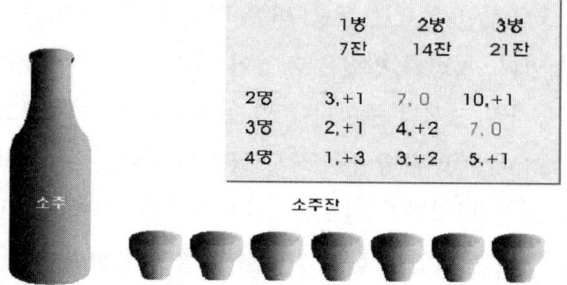

	1병 7잔	2병 14잔	3병 21잔
2명	3, +1	7, 0	10, +1
3명	2, +1	4, +2	7, 0
4명	1, +3	3, +2	5, +1

소주잔

Design for ..... sales & marketing!!!

으면 1잔이 남게 된다.

3사람이 마셔도 역시 2잔씩 마시고 1잔이 남게 된다.

4사람, 5사람 ……. 항상 마지막으로 1잔이 남게 된다.

우리나라의 술 문화에서 여러 사람이 모여 술을 마실 경우 1잔을 남기고 가는 법은 없다. 그렇다고 1잔 남은 것을 어느 누가 혼자서 홀랑 마시는 경우도 없다. 이때 만일 누가 남은 1잔을 홀랑 마시고 일어난다면 그런 주도를 모르는 사람과는 절대 다시는 같이 술을 마시지 않을 것이다. 우리의 술 문화가 그렇다.

그래서 결국은 '아줌마, 여기 소주 한 병 더!!!'

이렇게 해서 결국은 마지막에 남은 술까지 모두가 함께 털어 넣어야만 술판이 끝난다.

그리고 소주잔을 슈퍼나 백화점에서 사 본 적이 있는가? 소주회사에서는 자신들의 마케팅 전략에 따라서 술잔을 만들어 술집에 나누어 준다. 마치 고객들을 위한 서비스인 것처럼 보인다. 그러나 이것은 소주회사가 가장 적은 비용을 투자해서 가장 큰 효과를 얻을 수 있는 일종의 마케팅 전략인 것이다.

소주회사들은 이렇게 해서 돈 몇 푼 들이지 않고서도 30% 이상의 매출향상을 얻을 수 있었다.

여러분의 회사에서는 30% 정도의 매출향상을 얻기 위해서 얼마나 많은 노력을 해야 하는가? 많은 사람들은 일반적으로 매출을 향상시키기 위해서 투자가 필요하다고 생각하지만 반드시 그런 것만은 아니다. 신제품을 개발하는 초기 단계에서는 고객의 요구를 정확하게 파악해서 그에 맞는 철저한 전략을 세우는 것도 중요하다. 결국 돈을 벌기 위해서는 철저한 전략이 필요한 것이다. 우리들은 이러한 소주회사의 전략에 따라 주머니의 돈을 소주회사의 금고에 채워 주었다.

그러나 술 문화가 다른 일본의 오사께나 미국의 양주도 같은 방법으로 마케팅 전략을 세운다면 매출이 늘겠는가? 그들은 우리와의 술 문화가 다르다.

Design For Sales & Marketing은 먼저 '고객이 누군가? 고객이 원하는 것이 무엇인가?' 를 정확하게 파악하는 것부터가 중요하다.

B = f(V), "행동은 가치의 함수이다."

사람은 누구나 자기의 가치를 높이고자 노력을 한다.

마슬로우에 따르면 인간욕구 5단계 중 가장 높은 단계(5단계)는 자아실현의 단계이며, 그 아래 단계가 사회로부터 인정받는 욕구 단계라고 한다.

일반적으로 보통의 사람이 자아실현의 단계까지 도달하는 것은 무척 어려운 일이며, 역사상 이 단계까지 올라간 사람은 예수, 석가, 모하메드 등 일부 현인들 뿐이라고 할 수 있다. 그리고 대부분 사람들의 경우, 사회로부터 인정받는 단계까지 도달하기 힘들며, 이것을 위해서는 많은 노력을 필요로 한다.

일단 인정받기 위해서는 다른 이들의 평가가 필요하다. 일반적으로 가치는 자기가 주장한다고 해서 되는 것이 아니라 다른 사람들에 의해서 평가를 받게 되고, 다른 이들이 좋은 평가를 내렸을 때 비로소 가치를 인정받게 되는 것이다. 사람들로부터 좋은 평가를 받기 위해서는 자신의 가치를 올려야 하며, 그 가치에 대한 평가의 기준이 바로 그 사람의 행동이다. 따라서 가치 있는 행동은 자신의 가치를 높이는 아주 중요한 요소가 된다.

Behavior = f(Value)

기업도 마찬가지이다. 고객들은 그 기업의 행동을 보고 기업의 가치를 평가한다. 기업의 행동은 제품과 서비스의 품질로써 나타나게 된다.

6시그마의 기본철학

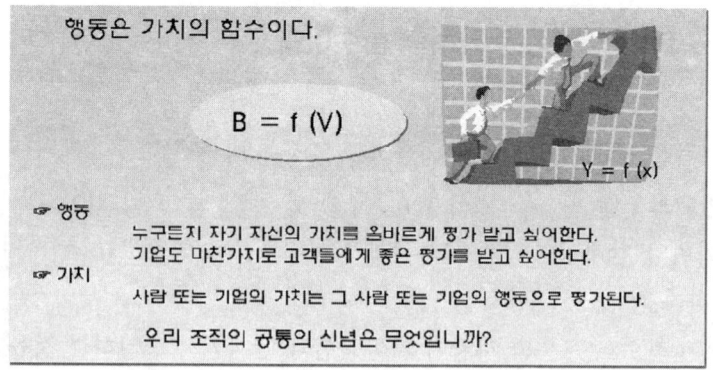

따라서 기업도 가치를 높이기 위한 품질개선을 위하여 부단히 노력해야 하기 때문에, 품질향상 및 원가절감 등을 통하여 기업의 가치를 높이는 일을 지속적으로 해야 하며, 고객들의 소리를 항상 경청할 수 있는 프로세스를 갖추고 있어야 한다. 또한 여러 형태로의 기업 행동을 통하여 기업의 가치를 홍보해야 한다. 이러한 기업의 가치는 주식의 가격으로도 나타난다.

6시그마 활동은 기업의 가치를 최대화할 수 있는 최신의 경영활동이다. 6시그마 활동은 이미 모토롤라 및 **ABB**, **GE** 그리고 국내의 삼성 **SDI**와 **LG**전자 등 선진사에서 이미 검증된 강력한 경영품질 혁신 활동이다.

6시그마와 1시그마의 차이

미인의 아름다운 모습을 보면 누구나 좋아한다. 군살이 없는 몸매에 아름다운 얼굴, 게다가 전문지식과 고운 마음씨까지 갖춘다면 이러한 여자에게 사람들은 상당한 호감을 느끼게 될 것이다. 이에 반해 자기관리를 제대로 하지 못하여 뚱뚱하고 못생긴 여자를 보면 그다지 좋은 기분을 갖지 못한다. 물론 남자의 경우도 마찬가지다.

여기서 아름다운 미인의 모습을 6시그마라고 한다면, 반대로 뚱뚱하고 못생긴 여자의 모습을 1시그마라고 할 수 있다.

아름다움과 그렇지 않은 모습과의 차이, 즉 사람들이 느끼는 6시그마와 1시그마의 차이는 무엇일까?

다음 그림에서 보는 것과 같이 1시그마의 모습을 하고 있는 여자는 몸에 군살이 많이 붙어 있는 것을 볼 수 있다. 반면에 6시그마의 여자는 군살이 전혀 없는 균형 잡힌 몸매를 가지고 있다.

6시그마 수준   3시그마 수준   1시그마 수준

　기업도 마찬가지이다. 기업의 각 조직 여러 부서에 낭비라는 군살이 붙어 있다면 그 모습은 1시그마의 모습이 된다. 1시그마의 모습을 하고 있는 기업을 고객들이 좋아 하겠는가?

　앞서 "B = f(V), 행동은 가치의 함수"라고 밝힌 바가 있다. 기업의 가치는 그 기업이 만드는 제품과 서비스의 질에 따라서 고객들에게 평가받는다. 그리고 가치를 인정받기 위해서는 많은 노력과 투자가 필요하다.

　GE, 모토롤라, SONY, 국내의 삼성, LG 등이 쉽게 최고의 기업이 된 것은 아니다. 6시그마 기업이 되기 위한 그들의 피땀어린 노력들이 있었기에 가능한 것이었다.

　6시그마 회사가 되기 위해서는 회사의 대표를 비롯한 경영자들이 가지고 있는 얼굴에 붙어 있는 군살, 그리고 관리, 기획, 인사, 재무 부서에 붙어 있는 가슴의 군살, 연구, 개발, 기술 부서의 등과 허리의 군살 또한 영업, 구매 등의 엉덩이와 허벅지의 군살, 제조, 생산 부서에 붙어 있는 팔과 다리의 군살, 그리고 A/S, 품질보증 부서에 붙어 있는 손과 발의 군살들을 빼야 한다.

　이러한 군살을 빼기 위해서는 부위별로 그에 맞는 적당한 운동을 해야 한다. 예를 들어, 뱃살을 빼기 위해서는 윗몸 일으키기와 같은 복근을 단련시키는 운동을 해야 하며, 팔의 살을 빼기 위해서는 아령과 역기, 다리살을 빼기 위해서는 달리기와 줄넘기 등이 효과가 있는 운동이다.

기업에서도 마찬가지로 조직의 군살(낭비)을 제거하기 위해서는 그에 맞는 적절한 운동을 해야 한다. 6시그마 회사가 되기 위해서는 모든 부분의 군살(낭비)이 다 빠져야 하지만 가장 먼저 눈이 가는 곳이 미인의 얼굴인 것처럼, 우선 기업도 사장과 경영자가 가지고 있는 군살(낭비)을 먼저 빼야 한다. 그리고 사무, 간접 부문의 낭비를 제거하기 위해서는 사무, 간접 부문에 맞는 6시그마 활동을 해야 하며, 연구, 개발 부문의 낭비를 제거하기 위해서는 DFSS 활동을 해야 한다. 그리고 제조, 생산 부문의 낭비를 제거하기 위해서는 제조부문의 6시그마 활동이 필요하다. 이 모든 운동이 적절하고 조화롭게 이루어졌을 때 기업의 모습은 아름다운 6시그마의 모습을 가지게 될 것이다. 어느 한 부문만의 6시그마 활동만으로는 진정으로 6시그마를 완성시킬 수 없다. 6시그마 활동은 사장이 주관하여 전사의 모든 임직원이 동시에 함께 하는 품질경영 활동이다.

또한 중요한 것은 외모만 가꾸고 머리는 비어 있는 사람(백치미)은 진정한 미인이 아니라는 것이다. 미스코리아를 선발할 때 외모만 보고 뽑는 것이 아닌 것과 마찬가지로 기업도 부문별 낭비를 제거함과 동시에 종업원을 부단히 훈련시키고 기업의 문화를 변화시키는 것이다. 육체의 아름다움과 정신의 아름다움이 조화를 이룰 때 진정으로 6시그마는 달성된다.

6시그마 활동은 제대로 하는 것이 중요하다. 남들이 하는 활동을 흉내만 내어서는 진정으로 성공할 수 없다. 또한 이러한 조직의 낭비 제거와 종업원들의 훈련을 위해서는 많은 투자가 필요하게 된다. 남들이 하니까 나도 하는 6시그마 활동은 기업이 또 하나의 군살을 만드는 결과를 가져오게 될 뿐이다. 6시그마를 성공시키기 위해서는 올바른 기업문화와 철학, 6시그마 추진 전략, 성공 가능한 프로젝트의 발굴, 그리고 그에 맞는 좋은 인력을 투입하여 기업에 맞는 올바른 프로세스와 방법론을 갖추는 것이 중요하다.

미인들에게 좋은 스폰서가 필요하듯이 6시그마 활동에도 좋은 컨설턴트를 만나는 것이 중요하다. 제대로 된 좋은 컨설턴트를 만나는 것, 그것은 그 회사의 복(福)이다.

6시그마의 신앙과 믿음?

종교란 눈에 보이지 않는 것을 진심으로 믿고 따르는 것이다. 많은 사람들이 주말이면 열심히 교회에 나간다. 열심히 성경을 읽고 또한 성경에서 가르치는 말씀을 열심히 실천하려고 노력한다. 그렇게 열심히 신앙 생활을 하면 나중에는 천당에 갈 것이라 굳게 믿기 때문이다. 그러나 그렇게 열심히 신앙생활을 한다면 나중에 천국에 간다는 것을 증명할 방법은 없다. 천당을 갔다 돌아와서 천당의 존재에 대해 말한 사람이 없기 때문이다. 교회에 열심히 나가면 나중에 천당에 갈 수 있다는 것을 아는 것은 하나님뿐이다.

6시그마는 품질경영 활동에 대한 신뢰와 믿음이다.

한 회사가 열심히 6시그마 활동을 하면 정말로 품질이 올라가고 매출과 이익이 늘게 될지는 아무도 확신할 수 없다. 그러나 종교의 믿음과 같이 6시그마는 역시 품질에 대한 신뢰와 믿음으로 이루어진다. 6시그마 활동은 품질에 신뢰와 믿음으로 3.4ppm이라는 "천국"에 도달할 수 있다는 품질경영 활동의 신앙인 것이다.

그렇다면 100만개 중 결함이 단지 3.4개만을 허용하는 6시그마 품질 수준이란 무엇을 의미하는가?

6시그마 수준이라 하면 모든 제품의 불량이 100만개 중 3.4개만을 의미하는 것이 아니라 생산되는 제품의 무결점 상태, 즉 100만 번 기회중의 결점수(defect per million opportunity : DPMO)가 3.4라는 것이다. 다시 말하면 이는 제품 전체에 대한 불량을 의미하는 것이 아니라 제품을 구성하고 있는 인자 중 고객에게 치명적인 영향을 줄 수 있는 인자가 100번의 기회 중 3.4번의 결함을 발생시킨 것을 의미한다. 예를 들어 자동차의 경우, 출하되는 자동차의 불량이 3.4ppm 수준이 아니라 자동차의 결함을 발생시킬 수 있는 인자 중 고객에게 치명적인 영향을 줄 수 있는 인자(Critical To Quality : CTQ)의 결함이 100만 기회 당 3.4개의 결함을 의미한다. 그러나 확장하여 생각하면 제품의 불량에 대해 3.4ppm을 적용할 수도 있다. 6시그마 수준을 측정하기 위해서는 DPMO(Defect per Million Opportunity)을 산출하는 방법이 가장 일반적이다.

따라서 6시그마 수준을 측정하기 위해서는 먼저 고객에게 치명적인 결함을 일으킬 수 있는 인자가 무엇인지를 알아야 하며, 또한 그 값을 측정할 수 있어야 한다.

우리는 일반적으로 눈에 보이는 것에 대해서만 믿음과 확신을 갖게 된다. 그리고 보이는 것들에 대해서만 측정을 할 수가 있고, 정량적으로 측정한 것들에 대해서만 문제를 파악할 수 있다. 따라서 보이지 않는 것에 대해서는 측정할 수도 없으며, 측정할 수 없는 것들은 문제를 알 수가 없고, 어떠한 개선의 조치도 할 수가 없다. 다시 말하면 알지 못하는 것은 개선이 이루어질 수 없다는 것이다.

그러나 "100만개 중에 3.4개의 불량만을 허용하는 품질수준"이라는 6시그마의 정의는 어느 정도의 상징적인 의미를 가지고 있다. 6시그마

6시그마 측정방법(예)

단계	수행내용	계산식	예
1	고려하고자 하는 공정은?		Billing charging
2	공정을 거치는 총 유니트 수는?		1,283
3	공정을 거친 총 유니트 중 합격한 유니트 수는?		1,138
4	1단계에서 정한 공정의 양품율 계산	= (step3)/(step2)	0.8870
5	4단계를 기초로 결함율 계산	= 1−(step4)	0.113
6	공정 내에서 결함을 유발할 수 있는 잠재요소 수를 결정	= CTQ 수	24
7	CTQ 특성에 대한 결함율 계산	= (step5)/(step6)	0.0047
8	DPMO 계산	= (step7)/1,000,000	4,709
9	시그마 전환표를 이용하여 DPMO를 시그마 수준으로 환산		4.1 시그마
10	6시그마 수준 결정		

참조문헌) 3ix Sigma MIKEL HARRY & RICHARD SCHROEDER 2000. 2

(6시그마 수준 계산 도표)

수준이란 우리가 최선을 다해 노력하면 도달할 수 있는 경쟁사 중에서
의 최고의 품질 수준을 의미한다. 다시 말하면 올바른 6시그마 수준의
정의는 세계에서 최고의 경쟁력을 갖춘 품질수준이 바로 "6시그마 수
준"이라는 것이다.

　우리는 이것을 믿어야 하며, 이것은 경영자가 직원을, 설계자가 생산
라인에 있는 작업자를, 가공자가 설계자를 믿는 것으로부터 시작된다.
서로의 믿음이 부족하게 되면 6시그마 활동 역시 회사의 또다른 낭비
가 된다는 것을 잊어서는 안 된다.

　부산으로 가는 기차를 타려면 우리는 당연히 부산까지 데려다 줄 것
을 믿고 기차표를 산다. 비유가 적당하지는 않지만 그래서 우리는 교회
라는 기차를 타고 천당을 가는 차비로써 십일조 헌금을 낸다. 기업도 6
시그마 활동을 통해 3.4ppm이라는 "천국"에 가기 위해서 6시그마 활
동에 필요한 투자를 아끼지 말아야 한다.

DFSS의 신앙과 믿음

보다 자세히 말하면, 우리 모두가 천국을 믿는 것과 같이 3.4ppm이라는 "천국"을 믿어야 하고, 성경을 읽는 것과 같이 6시그마에 관한 연구서를 열심히 읽어야 하고, 말씀을 행하듯이 6시그마 활동을 해야 하며, 부흥회를 통한 하나님의 말씀을 간증하듯이 6시그마 행사를 통해 BB/GB들의 Best Practice가 계속적으로 발표되어야 하며, 목사나 전도사의 목회 활동이 계속되듯이 헌신하는 챔피온과 MBB가 있어야 한다. 또한 교회에 십일조를 헌금하는 것과 마찬가지로 회사는 6시그마 활동에 투자를 아끼지 말아야 한다는 것이다.

6시그마는 성경의 말씀에 따라 그 동안의 자기 잘못을 진정으로 회개하고 자기를 변화시켜 거듭나는 삶을 얻는 것과 마찬가지로 기업을 변화시켜 진정으로 거듭나게 하는 전략이다.

부자가 천당에 가는 것이 낙타가 바늘구멍에 들어가는 것 만큼이나 어렵다고 한다.

3시그마 회사가 6시그마 패러다임으로 변화하는 것도 그 만큼이나 어렵다. 6시그마에 대한 강한 신뢰와 믿음만이 이 어려움을 극복하게 할 것이다.

숫자를 알면 돈이 보인다 (숫자 – 정보 – 지식 – 지혜)

우리 주위에는 엄청나게 많은 숫자(data)들이 산재해 있고 하루가 다르게 새로운 숫자들이 쏟아져 나온다. 그러나 우리는 이 수많은 숫자들을 무심하게 흘려 보내는 경우가 많다. 이렇게 숫자들을 흘려 보내는 행위는 일상 생활에서 뿐만 아니라 회사내의 업무에 있어서도 반복된다. 설계를 할 때, 생산을 할 때, 판매를 할 때, 기타 다른 일반 업무를 할 때 나오는 숫자들을 그냥 지나쳐 버리는 것이다.

이렇게 숫자들을 그냥 흘려 보내는 이유는 그 숫자들이 별로 대수롭지 않게 보이기 때문이다. 또한 의미가 없는 숫자는 아무 가치가 없는 것처럼 보인다. 숫자는 그냥 숫자일 뿐이다. 실제로 이러한 숫자들은

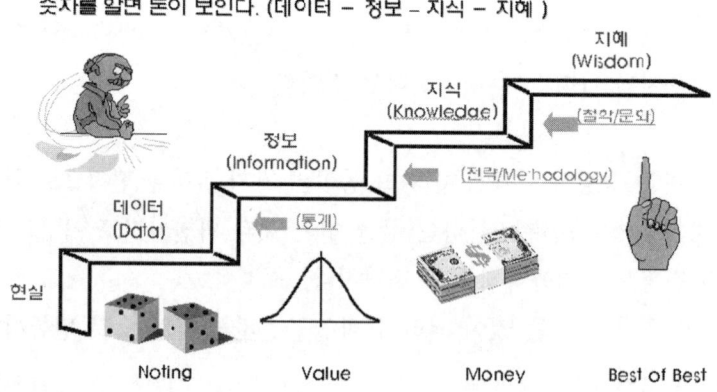

숫자를 알면 돈이 보인다. (데이터 – 정보 – 지식 – 지혜)

아무런 가치도 가지지 않는다.

그러나 숫자(data)는 통계라는 수단을 통해서 정보(Information)가 될 수 있다. 숫자가 정보가 되었을 때 비로소 숫자는 가치를 가지게 되는 것이다. 정보란 우리가 일을 할 때 의사결정을 할 수 있는 중요한 요소로 작용하게 되지만 정보가 직접 기업의 이익으로 연결되는 것은 아니다.

정보는 전략(Strategy)과 방법론(Methodology)에 의해서 지식(Knowledge)으로 만들어진다. 그리고 정보가 지식이 되었을 때 비로소 기업의 이익으로 연결된다. 지식경영이라 함은 숫자(data)를 잘 가공해서 정보(information)로 만들고, 또한 이 정보를 지식(knowledge)으로 만들어서 기업이 돈을 버는 경영방법이다. 따라서 지식경영을 구현하는 수단으로 여러 가지 방법들이 있는데, 데이터마이닝과 CRM로 연계되는 e-Business도 지식경영의 한 방법이고, 6시그마도 그 중의 한가지 방법이다.

따라서 기업의 매출과 이익을 증대시키는 방법으로 지식을 활용하는 모든 활동들을 통틀어 지식경영이라 할 수 있다.

기업은 본질적으로 경제활동을 통하여 존립되며, 제품 및 서비스 등의 생산을 보다 좋게, 보다 싸게, 그리고 보다 빠르게 만듦으로써 돈을 벌고자 한다. 숫자와 정보 그리고 지식은 이러한 기업의 목표를 달성하는 데 기본적인 뒷받침이 되어 줄 것이다.

최근 들어 기업의 목표가 단순한 이윤추구에서 기업의 영원한 생존으로 변화하고 있다. 기업은 살아 있는 유기체와 같이 [생성-발전-성장-소멸]이라는 사이클을 반복한다.

일반적인 기업은 30년을 전후로 하여 이와 같은 사이클이 반복되며, 대부분의 기업들은 번영의 정점에 도달하게 되면 쇠퇴의 길로 접어드는 운명을 피할 수 없다. 그러나 GE를 비롯한 초일류 기업들은 2백년

이 넘게 그 수명이 연장되고 있으며, 지금도 업계 최고의 자리를 고수하고 있다. 그렇다면 그들은 어떻게 최고의 위치를 유지할 수 있는 것일까?

이를 위해서는 기업의 흥망성쇠 사이클을 [발전-성숙-변신-재발전]이라는 기업수명의 선 순환 사이클로 변환시키는 것이 필요하다.

이익만을 추구하는 기업은 올바른 기업이라고 할 수 없다. 기업이란 단순하게 이익만을 추구하는 집단에서 기업에 속해 있는 종업원과 지역사회 그리고 사회와 국가, 인류에게 이로움을 추구해야 하며 따라서 기업은 개인과 집단, 그리고 사회와 더불어 사는 방법을 이해해야 한다. 이를 위해서는 앞으로의 기업은 지식경영만으로는 어렵다.

이제 21세기의 새로운 리더는 지식을 지혜로 승화시킬 있는 사람이 될 것이다. 지혜(wisdom)는 기업이 영원히 존재할 수 있는 힘을 준다. 현명하지 못한 사람이 지식만 가지고 있으면 엉뚱한 데 그 힘을 사용한다. 지식을 가지고도 자신과 가족, 사회와 국가 그리고 인류에게 공헌하지 못하고 사기꾼으로 전락하는 수가 있다.

기업이 최고가 되고 영원히 생존하기 위해서는 숫자(data)를 정보(information)로 그리고 정보를 지식(knowledge)으로, 지식을 지혜(wisdom)로 발전시키려는 노력을 해야 한다.

"미련한 놈에게 망치를 쥐어 주면 모든 것이 못 대가리로 보인다나?"

새로운 지식은 어쩔 수 없이 새로운 의문을 낳는다

질문이 있는 곳에만 해답이 있다. 그런데 동일한 질문은 항상 동일한 해답만을 유도할 뿐이며, 그 결과는 항상 일정하게 나타난다. 따라서 결과를 바꾸고 싶다면 질문을 바꾸어야 한다.

6시그마 활동을 추진하는 조직은 새로운 질문들이 끊임없이 제기되어야 하는데, 특히 관리자는 조직으로 하여금 새로운 질문을 제기하도록 하는 중요한 역할을 담당하게 된다.

조직은 새로운 질문들이 제기되어야만 비전(vision)이 만들어지고, 방향이 설정되며, 부서간의 애매한 부분이 없어진다. 또 이렇게 되어야만 인력이 조직화되고 조직 공통의 행동 규범이 정해진다. 조직이 공통의 행동규범을 가질 때 성장하려는 조직의 능력이 증대되고, 아직까지 해결되지 않은 문제점들에 대한 해답을 발견할 수 있게 된다.

명백하게 6시그마 활동에 있어서 가장 중요한 사항은 사람과 그들이 가지고 있는 지식이다. 만일 그들이 아는 것이 없다면 아무런 개선도 이룰 수가 없다. 기업이 성공적인 변화와 개선을 이루기 위해서는 조직 내의 사람들을 끊임없이 교육시키고 훈련시켜야 한다. 확실한 성공의 열쇠는 지식이다. 이런 중요한 자산이 없다면 모든 것이 불가능하다.

오늘날 우량 기업들은 사원들에 대한 교육시간과 비용을 점차로 늘

질문의 역할　　*새로운 지식은 어쩔 수 없이 새로운 의문을 낳는다.*

☞ 질문이 있는 곳에만 해답이 있다.
　 동일한 질문은 항상 동일한 해답만을 유도할 뿐이며, 그 결과는 항상 일정하다.
　 결과를 바꾸고 싶다면 의문을 바꾸어라.

☞ 관리자는 조직의 질문을 제기하도록 하는 리더쉽의 요소이다.
　 표준의 측정방법을 논의할 때에는 새로운 질문들이 계속해서 제기될 수 있어야 만다.

☞ 질문들이 제기되어야만 비전이 만들어 지고, 방향이 설정되며, 애매한 부분이 없어 진다
　 이렇게 되어야만 인력이 조직화되고 조직의 공통의 행동 규범이 정해진다.

☞ 조직이 공통의 행동규범을 가질 때 성장하려는 조직의 능력이 증대되고, 아직까지 해결되지
　 않은 문제점들에 대한 해답을 발견할 수 있을 것이다.

질문이 있는 곳에만 해답이 있다.
결과를 바꾸고 싶다면 질문을 바꾸어라.

6σ 의 격언 (Dr. Mikel J. Harry)

리고 있으며, 그 효과를 단단히 보고 있다. 모토롤라사는 훈련에 투자된 비용보다 10배 정도의 효과 금액이 창출된다고 보고 있다. 실제로 모토롤라사의 종업원은 연간 40시간 이상의 교육을 받도록 하고 있으며, 이중 40% 정도의 시간은 품질과 관련된 교육으로 이루어져 있다.

삼성 SDI에서는 6시그마 자격을 취득하기 위해서 GB교육에 80시간, BB교육에 200시간 그리고 MBB교육은 BB교육 외에 80시간 이상의 추가 교육을 받도록 하고 있다.

숙련도 개발의 열쇠

☞ 당신이 그것을 배우고자 원해야 하고,

☞ 당신이 스스로 그것에 대한 방법과 도구를 배워야 하며,

☞ 배운 것에 대하여 스스로 연습하고자 원해야 하고,

☞ 조직의 분위기가 연습을 하도록 허용되어야 하며,

☞ 연습에 필요한 적절한 자원(시간, 재료 등)이 있어야 하고,

☞ 지도해 줄 적절한 코치가 있어야 한다.

6시그마의 올바른 이해

6시그마를 올바르게 이해해야만 올바른 6시그마를 통한 성과를 얻을 수 있다. 당연한 말처럼 들리지만 현재 일부 기업에서 추진되고 있는 6시그마 활동은 6시그마에 대한 올바른 이해없이 이루어지는 경우가 많다. 기존에 하던 품질개선 활동에서 이름만 바꾸어 6시그마 활동으로 변신하는 것이다.

TQC, TQM, TPI, TPM, ISO9000 등등 우리는 그 동안 너무나 많은 품질 활동을 해 왔다. 남들이 해서 성과가 있었다면 검증도 하지 않고 너도나도 앞장을 서서 새로운 품질개선 방법을 도입한 결과이다. 그러나 남들이 성공한 방법이 도입되어서 국내 기업에 제대로 정착하지 못하는 이유는 무엇일까? 이것은 품질 활동을 일종의 유행처럼 받아들였기 때문이다.

하나의 방법이 제대로 정착되고 활용되어 효과를 얻기까지는 많은 인내와 노력이 필요한데도 우리는 조금 하다가 아닌 듯 하면 바꾸고, 또 남들이 좋은 것을 하고 있다면 또 바꾸고 하는 식이다. 처음부터 우리에게 딱 맞는 방법은 없다. 조금 부족하더라도 우리에게 맞게 연구하고 발전시켜 우리 것으로 만드는 노력을 해야 한다. 모든 혁신활동을 성공시킨 기업들은 오랫 동안 새로운 방법을 연구하고 시행착오를 거쳐 결국은 자기 것으로 만들어낸 결과이다.

6시그마는 기업의 문화와 일하는 방법을 바꾸는 품질경영의 철학이고, 기업이 21세기 최고의 경쟁력을 갖추기 위한 경영전략이며, 문제를 정량적이고 논리적으로 해결할 수 있게 해주는 통계적인 수단 방법이다.

이러한 6시그마는 Top-Down으로 전개하여 연구, 개발, 기술 부문과 제조, 비제조에 이르는 기업의 모든 부문이 함께 실시되었을 때 비로소 그 효과가 나타난다.

대부분의 기업 또는 컨설팅 회사에서는 6시그마를 추진하는 데 있어서의 목표를 "6시그마 품질 달성"이라는 데 두고 있다. 이들은 100만 개 중 3.4개라는 "3.4천국"에 대해서만 관심을 가진다. 물론 이것이 전부 잘못되었다고 할 수는 없으나 6시그마의 참된 목표는 3.4라는 숫자가 아니라 "기업의 이윤을 창출하고 영속적으로 기업활동을 유지하는 데 있다." 품질의 향상은 기업이 이윤을 창출하기 위한 하나의 방법이며, 또한 완벽한 품질의 확보는 영속적인 기업활동의 유지를 위한 6시그마 활동의 부산물이라고 할 수 있다.

6 시그마란?

고객의 만족을 극대화 하면서 자원과 낭비를 최소화하는 일련의 비즈니스 활동을 설계하고 제어 함으로서 기업의 수익률을 혁신적으로 개선시키는 비즈니스 프로세스이다.

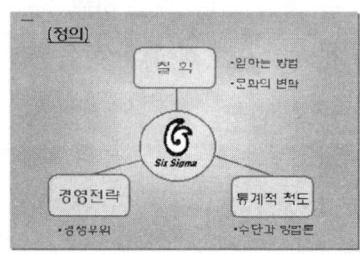

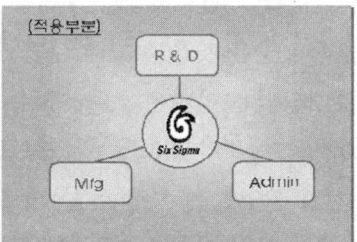

따라서 6시그마 활동에 있어서 가장 중요한 요소는 돈이 될 만한 프로젝트를 선정하는 것인데, 올바른 프로젝트를 선정하였다면 이미 6시그마 활동 목표의 70% 이상이 달성되었다고 할 수 있다.

물론 올바르게 6시그마 활동을 추진하기 위해서는 올바른 6시그마 추진전략을 가지고 있어야 한다. 올바른 6시그마 추진전략이란 단순하게 통계교육을 중심으로 하는 6시그마 BB/GB교육 등에만 힘을 쏟는 것이 아니다. 6시그마는 기업의 철학과 전략 그리고 수단이라는 것을 이해해야 한다.

6시그마를 성공적으로 추진하고 있는 기업들의 공통점은 다음과 같은 전략을 가지고 있다.

- ☞ 첫 번째는 6시그마 추진에 대한 Top의 강력한 Leadership(Top -Down)이며,
- ☞ 두 번째는 성공할 수 있는 6시그마 프로젝트의 선정이고,
- ☞ 세 번째는 올바른 인력의 선정과 체계적인 6시그마 교육에 있으며,
- ☞ 네 번째는 프로젝트에 맞는 6시그마 방법론(Methodology)의 적용과,
- ☞ 다섯 번째는 프로젝트의 성과에 대한 올바른 측정과 평가제도,
- ☞ 여섯 번째는 성공한 프로젝트에 대한 적정한 인센티브의 지급이다.

다시 한번 말하지만 6시그마의 목적은 "최고의 경쟁력을 통해서 기업의 이윤창출과 영속적인 기업활동을 유지하는 것이다." 6시그마 수준의 품질 향상은 이를 위하여 우리가 열심히 노력해야 하는 또 하나의 수단일 뿐이다.

기존의 품질혁신 활동과 6시그마 활동의 차이

우리가 그 동안 해왔던 QC(품질관리), TQC(전사적 품질관리), TQM(전사적 품질경영) 등 전통적 품질관리 기법과 6시그마 품질혁신 활동과는 어떤 차이가 있는 것일까?

6시그마 활동은 전통적 품질관리 기법과 큰 차이가 있다. 과거 품질 관리 기법이 대량생산 시대에 부합하는 공장 중심의 운동이었다면 6시 그마는 정보화 사회에 알맞은 21세기형 전방위 경영혁신 운동으로 설 명할 수 있다.

우선 TQC 활동을 보면 통계적인 방법과 분임조 활동, 그리고 개선 제안 등을 통하여 품질 문제를 개선하는 것을 알 수 있다. 일본에서 시 작된 TQC 활동은 PDCA라는 문제해결 Cycle에 QC7가지 도구와 분임 조 활동을 통하여 제조 현장의 품질문제를 해결하였다.

미국의 모토롤라가 1980년대에 일본의 TQC 활동을 벤치마킹해서 만들어진 6시그마 활동도 마찬가지로 MAIC의 문제해결 Road Map과

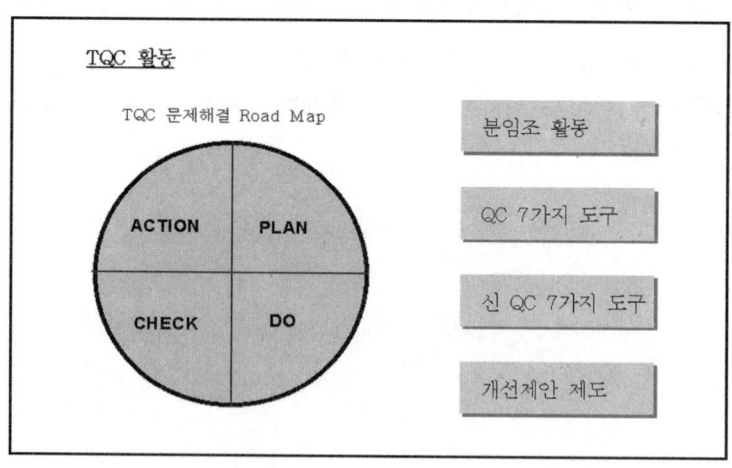

통계, 그리고 BB/GB 프로젝트를 통하여 현재의 문제를 개선한다. 기본적인 구조를 보면 TQC 활동과 6시그마 활동은 근본적인 바탕이 같다고 할 수 있다.

1980년대 미국의 품질 경쟁력이 일본보다 낮을 때 일본을 따라잡기 위하여 1987년 모토롤라가 일본의 TQC 활동을 벤치마킹하여 만든 것이 6시그마이므로, 6시그마의 벨트제도 중 BB, GB 등은 일본의 가라데에서 따 온 것을 알 수 있다.

모토롤라가 6시그마를 통하여 성공을 한 후 미국의 많은 기업들이 앞을 다투어 6시그마 활동을 도입하였고, 그 결과 1980년대 말부터 미국의 품질 경쟁력은 일본을 따라잡아 최고의 경쟁력을 갖는 위치로 다시 복귀할 수 있었다.

미국의 성공에도 불구하고 일본이 6시그마 활동에 적극적이지 않는 이유는 6시그마 활동의 원조가 일본의 TQC 활동으로 보고 있기 때문이다.

그렇다면 TQC 품질개선 활동에는 어떤 문제가 있었는가? 기존의 혁신 활동은 동일한 사람이 현업의 주업무와 품질개선 활동을 수행하였다. 본인의 현업업무를 해결함과 동시에 개선업무를 추진하는 것이므로 자연히 본인의 업무가 우선이고 개선업무는 뒷전으로 밀리기가 십상이다. 평가시기가 되면 주로 본인의 업무로 상사가 평가를 하기 때문이다.

따라서 품질개선 활동은 할 일 없는 사람들이 하거나 현장 사람들만이 하는 활동으로 인식되어 연구소, 개발팀, 간접부서 사람들은 안해도 되는 활동으로 생각하는 경우가 많았다.

그러나 6시그마 활동에는 회사의 품질손실 비용을 줄이는 전문가들이 있다. 품질개선 전문가인 BB/GB들이 그들이다. 이렇게 현업에서 빠져 나와 품질개선만을 전문적으로 하는 벨트제도를 운영하는 것이 기존 혁신과 6시그마 활동과의 큰 차이이다.

앞에서 말했던 바와 같이 대부분의 회사는 품질로 인한 엄청난 손실을 지불하고 있다. 전문해결사인 **BB**들은 회사의 품질손실을 유발하는 문제들을 찾아내어 전문적으로 그 문제를 해결함으로써 기업이 돈을 벌 수 있도록 해준다. 따라서 이들 **BB**는 전업으로 품질개선을 하고 이에 대해서 평가를 받음으로써 전문적으로 품질개선 활동을 하는 것이다.

기존의 품질혁신 활동과 6시그마 활동의 차이

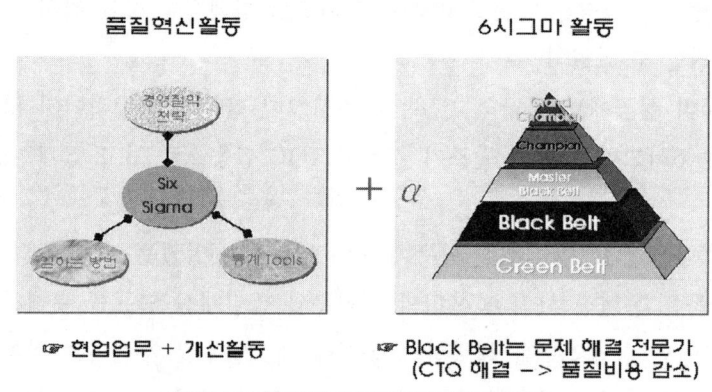

품질혁신활동   6시그마 활동

☞ 현업업무 + 개선활동　　☞ Black Belt는 문제 해결 전문가
　　　　　　　　　　　　　　　　(CTQ 해결 –> 품질비용 감소)

☞ 따라서 BB는 품질개선 업무를 전업으로 해야 한다.

전통적으로 품질관리 운동의 목표는 고객에게 인도되는 최종 생산품의 불량을 줄이는 것이었다. 그 동안 회사들은 제조 공정에서 불량품이 나오는 것에는 별 관심이 없었고 회사 밖으로 나가는 제품에 대해서 불량품이 있는지 여부를 따졌다. 여기에 문제가 있었다. 회사 내에서 실제로 제조된 제품은 출하된 제품의 평균 3배에 달한다. 그만큼 "품질 실패 비용"이 크다는 이야기로 수익 구조가 나빠지는 것은 당연하다. 이에 반해 6시그마는 불량이 일어날 수 있는 원인을 근본적으로 제거하는 기법이므로 회사 전 부문에서 오류가 발생할 수 있는 구조, 시스템 그 자체에 메스를 가한다는 데 강점이 있다. 이는 곧 코스트와 시간을 줄이고 고객에게 언제나 변함없는 품질을 제공할 수 있는 기반을 마련한다는 획기적인 의미를 지닌다.

그리고 6시그마는 진정한 의미의 "전사적인 품질운동"이다. 80년대 일본 제조업체의 품질수준을 개선하는 데 큰 역할을 담당한 QC는 생산 제조현장에 국한된 것이다. 특정 공정을 대상으로 숙련도를 향상시키는 데 초점이 맞춰져 있으며 자동차나 가전 공정 등에 "라인 밸런싱(흐름식 공정)"을 도입한 것도 QC운동의 일환이었다. TQC와 TQM은 QC의 한계를 극복하기 위해 품질운동의 대상범위를 확대했으나 부분적인 데 그쳤다.

반면 6시그마는 특성 부문의 "개선"이 아니라 경영 진반을 대상으로 한 "혁신" 활동이다. 개선과 혁신은 언뜻 보면 유사해 보이지만 실제에선 엄청난 차이가 있다.

6시그마 활동은 회사 전 부문의 수준을 측정할 수 있는 통계적인 Tool을 통해 비효율적인 업무를 최대한 제거하고 가장 적절한 업무 프로세스를 고안해 내는 것이다. 특히 이 같은 방식은 생산현장은 물론 구매, 판매, 총무, 회계 등 간접부문에서도 큰 효과를 낼 수 있다는 장점을 지닌다.

6시그마는 또 QC 등이 분임조를 바탕으로 한 "아래에서 위로(bottom-up)" 방식인 데 비해 "위에서 아래(top-down)" 방식을 취한다는 점도 특징이며 경영능력이 검증된 최고 경영자가 뚜렷한 목표를 향해 강력한 추진력을 동원할 때 전사적인 효과를 낼 수 있다는 의미도 가진다.

6시그마, 그 다음은?

TQC 활동과 6시그마 활동의 또 다른 차이는 TQC 활동은 3시그마 패러다임인 것에 비하여 6시그마는 6시그마 패러다임으로 추진된다. 산업혁명 이후로부터 일본의 TQC 활동 이전까지의 품질에 대한 생각은 주로 소비자의 입장이 아니라 생산자 입장에서 고려되었다.

농경사회에서 산업사회로 전환되는 산업혁명 이후에 절대적으로 물자가 모자랐던 상황에서 기업들의 고객에 대한 생각은 그다지 중요하지 않았다. 만들기만 하면 모두 팔리는 시대였기 때문이다. 그러나 Ford에서 대량생산 체계를 개발한 후 점차 물자가 풍부해지고, 이제부터는 소비자들이 제품을 선택하게 되었다. 비로소 고객이라는 단어가 생겨나게 된 것이다.

1950년대 세계 2차 대전에서 패망한 일본은 국가 재건을 위해 데밍(W.Edwards Deming)의 지도 아래 새로운 품질전략을 만들었다. 이

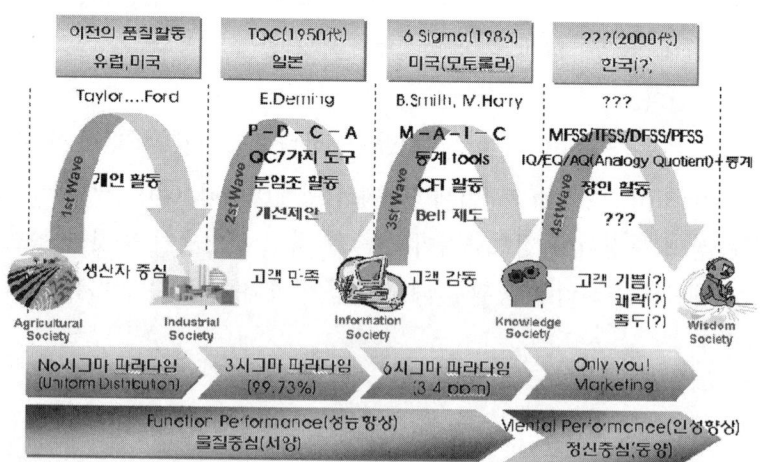

기존의 품질활동과 6시그마 활동의 차이... 그 다음은?

때 만들어진 것이 TQC 활동이다. 이 TQC 활동은 이전까지의 생산자 중심의 품질에 대한 생각을 소비자 중심의 생각으로 바꿨다. 품질에 있어서 99.73%의 3시그마 패러다임을 도입한 것이다. 이전까지의 기업에서 제품에 대한 품질기준의 규격을 벗어나는 합, 불판정에서 혁신적으로 중심과 산포의 개념을 품질에 도입하였다. 또한 PDCA라는 문제해결 Cycle과 QC7가지 도구, 품질 분임조 활동과 개선제안 제도 등을 통해 "고객만족"을 실현하여 일본은 1970년에 최고의 품질 경쟁력을 가지게 되었다.

앞에서도 말했듯 일본을 벤치마킹하여 만들어진 6시그마 활동은 6시그마 패러다임을 도입하였다. 이것은 일본을 훨씬 능가하는 품질을 만들겠다는 모토롤라의 강력한 의지였다.

6시그마는 통계석으로는 10억개 중에 2개의 불량(2ppb)민을 허용하는 수준이다. 이것을 현장의 사람들에게 이해시키기에는 어려움이 있었다.

필자의 생각으로는 모토롤라가 6시그마를 통계가 아니라 기업 문화의 변화와 품질혁신의 전략으로 사용하기 위해서 1.5 shift라는 개념을 도입하였다고 본다. 이는 새로운 패러다임을 통계학에 접목시키기 위해서 도입되었으며, 6시그마가 아닌 4.5시그마 수준(3.4ppm)을 6시그마 패러다임으로 만든 것이 아닌가 하고 생각한다. "10억개 중에 2개(2ppb)" 보다는 "100만개 중에 3.4개(3.4ppm)" - single ppm - 가 훨씬 사원들에게 가능성을 제공하고, 설득력이 있기 때문이다. 어차피 10억개 중에 2개나 100만개 중에 3.4개는 역시 최고를 의미한다. 하지만 굳이 모토롤라가 4.5시스마 보다 6시그마를 고집하는 이유는 2배라는 심리적인 마지노선 때문이라고 생각한다.

여기서 2라는 숫자는 절대로 넘지 못하는 심리적인 마지노선이다. cp가 2.0일 때 6시그마가 되게끔 한 것도 같은 이유라고 생각한다. 모토롤라가 일본의 TQC를 벤치마킹하면서 일본이 절대로 따라오지 못할 수준을 2배로 잡고, 6시그마라 명명했던 것이다.

다분히 전략적이고 철학적인 의도가 있는 발상이다. 뒤에 필자가 기술능력지수인 tc(techno capability)의 6시그마 수준을 2.0으로 고안한 것도 같은 의도이다.

물론 이러한 내용은 확인된 것이 아니라 필자가 6시그마를 연구하면서 나름대로 모토롤라에서 6시그마를 어떻게 만들었을까? 하는 생각을 정리해 본 것이다.

최근의 "6시그마를 넘어서…"라는 새로운 전략을 보면 사원들의 정신적인 부담을 줄이려는 목적으로 3400ppb를 제시하기도 한다. 어쨌든 6시그마는 "고객감동"을 실현하여, 미국이 일본을 물리칠 수 있는 새로운 경영전략으로 자리하게 되었다. 그리고 아직까지 6시그마를 뛰어넘는 품질혁신 경영전략은 나오지 않고 있다.

그렇다면 6시그마 다음에는 어떤 세상이 올까?

필자는 "고객만족"-"고객감동"-"고객기쁨(?)"이라는 cycle이 성립된다고 생각한다.

인류의 역사를 돌아보면 모든 것이 부족했던 시대를 거쳐 노력한 후에 풍족해지고 나면, 결국 사람들은 사치와 쾌락을 즐기게 된다. 이제까지는 사람을 대신해서 일을 하는 기능에 대한 성능 향상(function performance)이 중요한 화두였지만, 이제부터는 정신적인 풍요로움을 갈구하는 인성 향상(mental performance)이 중요한 시대가 될 것이다.

따라서 이제 곧 다가올 미래의 시대는 only you! 마케팅이 필요한 시대이다. 이 세상에 단 한벌 밖에 없는 옷, 구두, 가방, 액서사리 등등… 오직 당신만을 위한 서비스와 제품이 최고의 경쟁력을 갖추게 될 것이며 이미 앞서가는 몇몇 기업들이 이 부문을 선도하고 있다.

SONY는 아이보 로봇 강아지를 개발하여 인터넷을 통해 예약 판매를 하였는데, 300만원이 넘는 고가임에도 불구하고 인터넷 판매에서 바로 품절이 되었다. 이유가 무엇일까?

그 동안의 많은 신제품들은 인간의 노동력을 대신해 주는 기능적인 발명품들이었다. 그러나 이 로봇 강아지는 인간의 노동력을 대신해 주는 기능이 아니라 인간에게 기쁨을 주는 새로운 신제품 패러다임이다. 따라서 필자는 6시그마 다음 세상은 "고객기쁨", "고객사치", "고객쾌락"의 새로운 패러다임을 개발해야 한다고 생각한다.

이것은 우리가 풀어야 할 숙제이며, 이 숙제가 풀리는 날, 우리나라가 세계 최고의 경쟁력을 갖추게 될 것으로 믿고 있다.

"문명의 발달은 지구의 서쪽으로 돈다."고 한다. 유럽에서 미국으로, 그리고 일본을 통해 중국으로 가고 있는 중간에 끼여 있는 우리는 어떤 일들을 해야 하는가?

그대로 보고만 있을 것인지, 아니면 세계 역사에 남을 만한 일을 할 수 있을 것인가?

인도의 철학자이자 시인인 타고르가 한 말을 다시 한번 되새겨 보자.

동방(東方)의 등불 - 타고르

일찍이 아시아의 황금 시기에
빛나던 등불의 하나였던 코리아,
그 등불 다시 한 번 켜지는 날에
너는 동방의 밝은 빛이 되리라.
마음에는 두려움이 없고
머리는 높이 쳐들린 곳,

지식은 자유스럽고

좁다란 담벽으로 세계가 조각조각 갈라지지 않는 곳,

진실의 깊은 속에서 말씀이 솟아나는 곳,

끊임없는 노력이 완성을 향하여 팔을 벌리는 곳,

지성의 맑은 흐름이

굳어진 습관의 모래 벌판에 길 잃지 않는 곳,

무한히 퍼져 나가는 생각과 행동으로 우리들의 마음이 인도되는 곳,

그러한 자유의 천국으로

내 마음의 조국 코리아여 깨어나소서.

6시그마는 품질비용을 줄이는 활동이다

6시그마 활동은 프로젝트의 해결을 통하여 품질손실 비용을 줄여서 이윤을 창출하는 경영 활동이다. 쉽게 말해 "내 주머니에 있는 돈"을 잘 관리해 손실을 줄이는 활동이다.

일반적으로 3시그마 수준의 회사는 매출의 5% 정도가 이익인 반면 품질로 인한 손실 비용은 25% 정도를 차지한다. 결국 쓸데없이 이익의 5배가 넘는 돈을 품질손실 비용으로 지불하고 있다는 것이다.

6시그마 활동은 이 품질손실 비용을 줄임으로써 이에 해당하는 이익 부문을 개선하는 것이 주요 목표이다.

다음 도표에서 보면 시그마 수준이 한 단계 상승하면 품질손실 비용은 10%정도 감소한다. 3시그마 수준의 회사가 5시그마 수준의 회사가 된다면 품질손실 비용이 20%가 줄어들게 되므로 한푼의 투자를 들이지 않고도 자연히 이익이 25%로 상승하게 된다.

예를 들면 연간 1000억의 매출을 올리는 회사가 만약 3시그마 수준

품질비용과 6시그마		

Sigma Level	Defects Per Million Opportunities	Cost Of Quality
2 Sigma	308,537 (Noncompetitive companies)	Not applicable
3 Sigma	66,807	판매가의 25~40%
4 Sigma	6,210 (Industry average)	판매가의 15~25%
5 Sigma	233	판매가의 5~15%
6 Sigma	3.4 (World class)	판매가의 1% 미만

☞ 각 시그마 수준의 한 단계 상승은 10%의 순이익의 증가를 나타낸다.

참조문헌) Six Sigma MIKEL HARRY & RICHARD SCHROEDER 2000. 2

의 회사라면 이 회사의 이익은 50억 정도가 되지만, 반면에 품질로 인한 손실비용(COPQ)은 무려 250억에 달하게 된다. 이 회사가 6시그마 활동을 열심히 해서 1년 후에 5시그마 수준의 회사가 되었다고 한다면 매출이 늘어나지 않는다고 해도 이익을 250억으로 향상시킬 수 있다. 물론 품질손실비용(COPQ)은 50억으로 줄어들게 된다. 또한 이 회사가 6시그마 수준까지 도달할 수 있다면 결국은 300억의 이익을 얻게 될 것이다. 투자를 하지 않고서도 현재 이익의 5배를 늘릴 수 있다는 말이다. 실제로 GE에서는 투자없이 6시그마 활동을 통해서 수많은 공장을 세웠다.

따라서 6시그마 활동은 품질손실 비용을 줄일 수 있는 올바른 프로젝트를 선정하고, 이를 해결할 전담 BB를 통해 문제를 해결함으로써 기업의 수익성을 올리는 것이다.

품질비용이란?

품질을 확보하는데 소요되는 비용

A사의 매출 1,000억원
경상이익　100억원(10%)

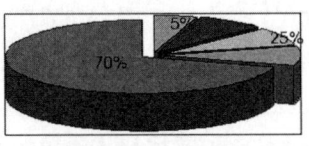

- 이익
- P-Cost
- A-Cost
- F-Cost
- 총비용

70%
5%
25%

이익은
매출의
5%

☞ 품질비용을 줄여서 이익을 향상시킨다.

품질손실비용(COPQ) 200억원(20%)

경상이익은 300억원

3σ 수준의 회사는 매출액의 25%가 품질비용

5σ 수준으로 향상되었다면 20% 정도의 이익 증대

A사는 3.5 시그마 수준

A사는 6 시그마 수준

무엇에 대하여 DFSS를 해야 하는가?

6시그마 추진 전략

6시그마의 추진 전략은 "Right Project-Right People-Right Process"로 정의할 수 있다.

첫 번째 'Right Project'는 기업의 전략(strategy)과 연계되어야 한다. 우선 회사의 경영목표와 부서 및 개인의 목표까지 전개하여 좋은 프로젝트를 선정하는 것이 중요하다. 올바른 프로젝트의 선정은 6시그마 활동을 추진함에 있어서 가장 중요한 일이다. 앞에서도 말한 바와 같이 올바른 6시그마 프로젝트의 선정이 생각보다 쉽지 않은 일이며, 또한 6시그마를 추진하는 기업들이 가장 많은 오류를 범하고 있는 부분이기도 하다. 올바른 프로젝트 선정에 대한 방법은 이후에 다시 자세히 논의하기로 하겠다.

두 번째 'Right People'은 선정된 문제를 해결하기 위하여 선정된 문제를 해결할 회사에서 가장 우수한 인재를 선발해야 한다는 것이다. 그런데 기업에서 6시그마 활동을 하기 위해서 BB/GB를 선발할 때 보면 최고로 우수한 인력을 선발하기 보다는 당장 부서에서 일이 없는 사람 또는 신입사원 등을 선발하는 경우가 많다. 최고의 인력들은 당장 부서 내의 중요한 업무를 맡고 있기 때문에 뺄 수가 없다는 것이다. 이것은 부서장의 입장이기도 하지만 사원들 입장에서도 BB/GB로 선발되는 것을 그리 달갑지 않게 여기는 경향이 있다. 과거의 경험으로 비춰 봤을 때 여태까지 품질 활동을 위해 선발되었던 사람들이 그다지 좋은 평가를 받지 못했기 때문이다. 그러나 6시그마 전담인력은 정말 최고의 인력들을 선발해야 한다. 그래서 우리는 BB를 "Best of Best"라고 부르기도 한다. 그렇지 않으면 BB는 "바보"가 된다.

세 번째 'Right Process'는 선정된 문제를 해결하기 위한 좋은 방법론(methodology)을 가지는 것이다. 문제의 성격에 따라서 적용해야 하는 방법론은 달라질 수 있다.

필자는 DFSS부문은 Define-Concept-Design-Optimize-Validate를 사용하며, 제조 부문에서는 Define-Measure-Analysis-Improve-Control을 사용한다. 그리고 비제조 부문에서는 Define-Measure-Analyze-Redesign-Capable을 사용하는 것을 제안한다. 그래야만 좋은 결과를 얻을 수 있다.

기업에서 대표이사의 중요한 스탭으로는 기획관리, 인사, 혁신 부문이 있다. 기획관리 부서는 경영전략 수립과 재무, 회계 등 경영의 중요한 의사결정을 지원하는 역할을 수행하며, 인사 부서는 종업원의 인사 및 노무 등에 관련하여 방향을 설정하고, 혁신은 회사의 새로운 방법론과 패러다임의 변화를 통해서 새로운 기업의 비전을 제시하는 역할을 한다.

회사의 전체 모습을 디자인하고 경영목표를 세우는 기획부서는 자동

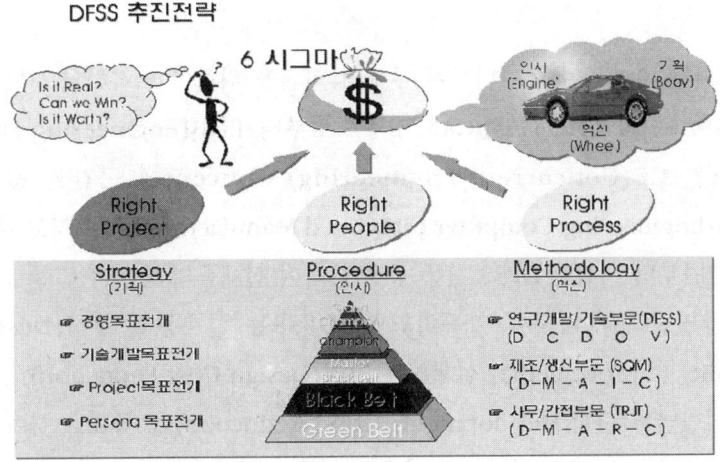

DFSS 추진전략

차에 비교해 보면 차체(body)에 해당하며, 인사부서는 자동차의 엔진
(engine)에 해당한다. 그리고 자동차의 바퀴(wheel)에 해당하는 혁신
부서는 자동차가 올바른 방향으로 나아갈 수 있도록 한다.

6시그마 활동은 이 세 부서의 협력에 의해서만 성공할 수 있다. 이들
이 힘을 합쳐, 챔피온과 기획 부서가 주관하여 회사 경영계획에 연계한
프로젝트를 선정하고, 인사 부서에서는 이 문제를 해결할 수 있는 가장
적임인 최고의 인력을 BB로 선정하여야 하며, 혁신 부서에서는 좋은 6
시그마 방법론을 제공하여 모두가 기업의 이윤 창출을 향해 질주할 수
있어야 6시그마 활동은 성공할 수 있는 것이다.

따라서 6시그마는 Right Project-Right People-Right Process의 3위
일체가 이루어져야 하는 것이다.

DFSS 방법론 연구

필자는 오랫동안 엔지니어링 부문의 혁신을 위하여 노력하였으며, 지난 1984년의 CAD/CAM/CAE 활동으로부터 EDB(Engineering Data Base), CE(Concurrent Engineering) Concept에 근간을 둔 E-CIM(Engineering Computer Integrated Manufacturing), 그리고 지난 1997년부터 시작한 DFSS 활동 등을 통하여 신제품의 품질과 Cost 그리고 납기단축을 위하여 활동하였다. DFSS는 설계품질 향상(Design Quality Improvement), 설계원가 절감(Design Cost Reduction) 그리고 개발납기 단축(Development Period Reduction)을 목표로 하여 활동하고 있으며, 많은 부분에서 많은 효과를 보았다. 그리고 DFSS 활동의 궁극적인 목표는 on-shot 개발로 개발 단계에서 발생되는 낭비를 줄여 초기양품수율이 6시그마 수준이 되는 것을 말한다.

DFSS History

☞ VOC : Voice of Customer　　☞ VOP : Voice of Process

이러한 효과는 단순한 6시그마 활동이 아니라 그 동안 추진해왔던 EPI(Engineering Process Innovation), Standardization, PDM (Product Data Management) System에 근간을 둔 E-CIM 활동과 DFSS 활동의 연계를 통하여 달성되었다고 생각할 수 있다. 또한 앞으로 e-DFSS 부문으로 기업의 성과 창출을 위한 새로운 DFSS 방법을 연구하고 발전시켜 나갈 것이다.

DFSS 방법론 연구 Subject

☞ 제품 개발 프로세스(EPI)와 DFSS 프로세스의 연계 방안 연구

☞ 올바른 DFSS 프로젝트 선정 방안 연구
    - CPM (Critical Parameter Management)

제품개발 프로세스 (EPI)

Vs.

문제해결 프로세스 (DFSS)

☞ 올바른 의사결정을 위한 방안 연구
    - Design Review Process
    - DFSS Checklist
    - Design Score card

☞ DFSS Project 효과 산출 방안 연구
    - 재무 성과 산출 방법
    - 예상 기대 효과 산출 방법
    - 기술 파급 효과 산출 방법

☞ DFSS Navigator System 개발
    - 교재 개발
    - Tool 개발
    - 사례 개발

이 그림에서 보여주고 있는 내용은 필자가 DFSS 추진을 위하여 Study하고 있는 분야이다.

먼저 기존의 제품개발 프로세스인 EPI Process와 DFSS 프로세스를 연계하는 것이다. EPI process의 첫 번째 단계인 상품기획 단계와 MFSS의 연계, 두 번째 단계인 기술검증과 TFSS의 연계, 세 번째 단계인 설계검증과 DFSS의 연계, 그리고 마지막 단계인 양산검증과 TFSS와의 연계를 위한 방법론이다. 또한 이 프로세스와 PDM 시스템과의

연계도 함께 고려하고 있다.

두 번째로는 신제품 개발 진행 중에 해야 하는 올바른 의사결정을 위한 방법이다. 올바른 의사결정을 위해서는 **DR(Design Review)**, **DFSS checklist**, **DSC(Design Score Card)** 그리고 **CPM(Critical Parameter Management)**에 대한 연구이다.

세 번째로는 **DFSS** 프로젝트의 효과 검증에 대한 방법이다. 일반적으로 **DFSS** 부문에서의 효과검증은 상당히 어렵다고 한다. 6시그마 프로젝트의 성과는 프로젝트를 완료하고 1년 동안 발생되는 재무성과를 그 성과로 인증한다. 그러나 대부분의 **DFSS** 프로젝트의 효과는 당장 나타나지 않는다.

물론 당장 재무성과로 연결되는 프로젝트도 있지만, 보통은 3년 또는 길게는 10년 동안에 걸쳐서 나타날 수도 있고, 그 효과도 정확하게 산출하는 것은 쉬운 일이 아니다.

따라서 6시그마의 **benefit**을 재무성과, 기대효과 그리고 파급효과로 나누어 산출하고 이에 따른 **BB** 프로젝트의 인센티브를 지급한다. 별도로 6시그마 프로젝트의 성과를 산출하는 **FEA(Financial Effect Analysis)** 제도를 운영하는 것이 바람직하다. 이들은 6시그마 **BB/GB** 프로젝트의 재무성과를 산출한다.

마지막으로 **DFSS**와 **PDM** 인트라넷 시스템과의 연계이다. **EPI** 프로세스와 이를 근간으로 **SAP/R3**를 이용하여 구축한 **PDM** 시스템과의 연계 방법이고 **DFSS**의 **tools**과 **Best Practices**의 발굴 및 인트라넷을 통해 공유하는 방법이다. 이를 위하여 **DFSS Navigator**를 개발하여 활용하게 된다.

처음부터 제대로 해서 돈 벌자

가장 문제가 많은 곳에 가장 손실이 많다. 기업 내에 가장 문제가 되는 부분을 찾아 그것을 없애는 활동이 6시그마 활동이며 회사에 숨겨진 공장을 찾아 없애는 것이 6시그마의 목표이다. 물론 이러한 활동들은 우선 작은 부분부터 시작하는 것이 바람직하다. 보통 이런 작은 개선의 문제들은 제조 부문에서 가장 쉽게 찾을 수 있다.

주란(J.M. Juran) 박사가 말한 품질의 3원칙을 보면
☞ 불량품은 처음부터 만들지 말아야 한다 (예방비용).
☞ 혹시 불량품이 만들어지더라도 고객에게 넘기면 안된다 (보증비용).
☞ 혹시 불량품이 고객에게 넘어가면 바로 조치해라 (실패비용).

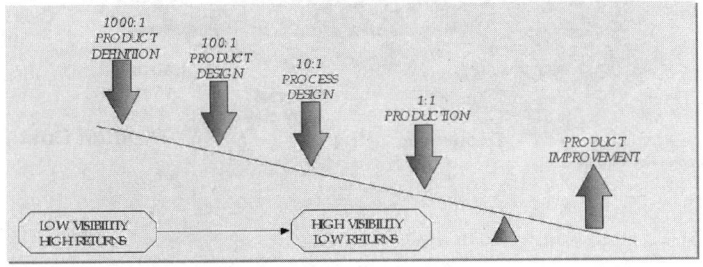

품질의 3대 원칙

☞ 하나) 불량품은 처음부터 만들지 않는다.　　　　(Prevention Cost)

☞ 둘) 혹시 불량품이 만들어 지더라도 고객에게 보내지 않는다. (Appraisal Cost)

☞ 셋) 혹시 불량품이 고객에게 전달되었다면 신속이 조치한다. (Failure Cost, IF/EF)

이것들은 품질손실 비용(COPQ), 또는 Q-Cost라고 한다. 이러한 품질손실 비용은 무결점(Zero Defect) 운동의 창시자인 크로스비(P.B Crosby)박사가 1:10:100이라는 품질비용의 가중에 대해서 언급한 바 있다.

즉 설계단계에서는 5% 정도의 비용을 투입해서 70~80% 정도의 높은 효과를 얻을 수 있지만, 일단 제조단계에 들어가면 50% 정도의 비싼 비용을 지불해도 20% 정도의 낮은 효과 밖에 얻을 수 없다는 것이다. 그러니 우리는 당연히 가장 적게 투자를 해서 가장 많은 효과를 얻을 수 있는 설계단계에서 문제를 찾고 해결하는 활동을 해야 한다. 이렇게 설계단계, 즉 개발단계에서 부터 적용할 수 있는 6시그마 활동이 가장 많은 돈을 벌 수 있는 활동이라고 할 수 있으며, 이러한 활동을 DFSS(Design For Six Sigma)라고 한다.

금광이 있는 곳에서 땅을 파라...

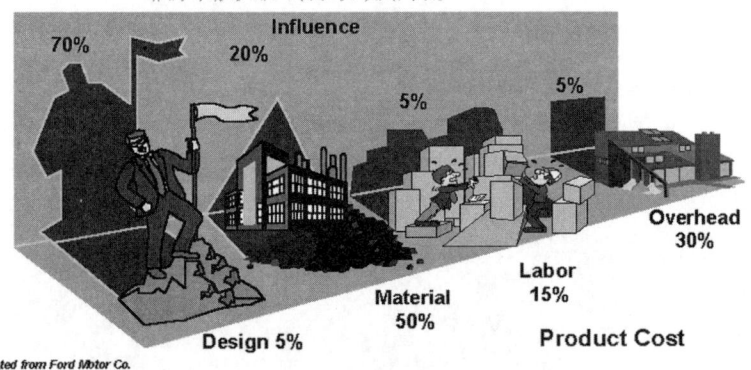

Adapted from Ford Motor Co.

6시그마 활동을 시작하는 기업은 일반적으로 제조 부문에서 가장 먼저 시작하게 된다. 이는 가장 낮은 곳에 있는 과일(개선)을 따기 위한 활동인데 낮은 곳에 있는 과일들은 따기도 쉽고 또한 많이 달려 있으므로 단기간 내에 큰 효과를 얻을 수 있기 때문이다. 처음부터 높은 데 있는 과일을 따려고 하는 것은 비효율적인 일이다. 낮은 곳에 있는 과일들부터 시작해서 점차 높은 곳으로 사다리를 놓고 올라가야 하는 것이다. 즉 제조 부문에서 비제조 부문으로, 더 높은 곳에 있는 연구, 개발 부문으로 올라가야 하는 것이다. 그리고 맨 꼭대기에 있는 과일을 따게 될 때 비로소 그 기업은 6시그마를 달성하게 된다.

제조 부문에서의 품질개선 활동은 5시그마 수준이 그 한계라고 모토롤라에서 밝힌 바가 있다. 이것을 "5시그마의 벽"이라고 한다. 일반적으로 DFSS는 4.8시그마 수준이 되는 기업에서 시작하는데 "5시그마의 벽"을 넘기 위해서는 설계를 바꿔야 한다. 그래야만 가장 꼭대기에 있는 잘 이은 과일을 딸 수 있게 된다.

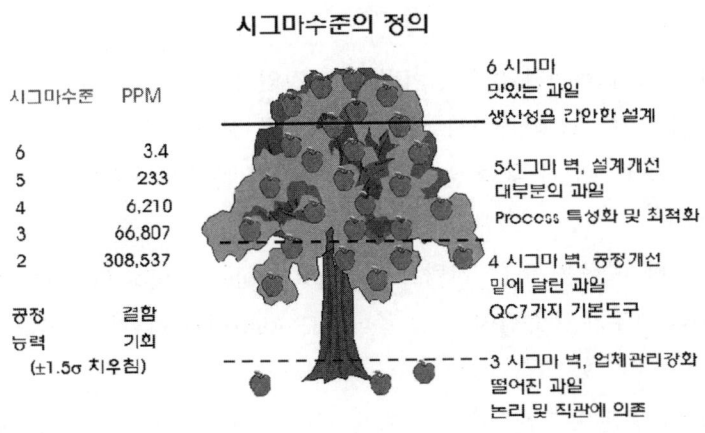

시그마수준의 정의

시그마수준	PPM
6	3.4
5	233
4	6,210
3	66,807
2	308,537

공정 결함
능력 기회
(±1.5σ 치우침)

6 시그마
맛있는 과일
생산성을 감안한 설계

5시그마 벽, 설계개선
대부분의 과일
Process 특성화 및 최적화

4 시그마 벽, 공정개선
밑에 달린 과일
QC7가지 기본도구

3 시그마 벽, 업체관리강화
떨어진 과일
논리 및 직관에 의존

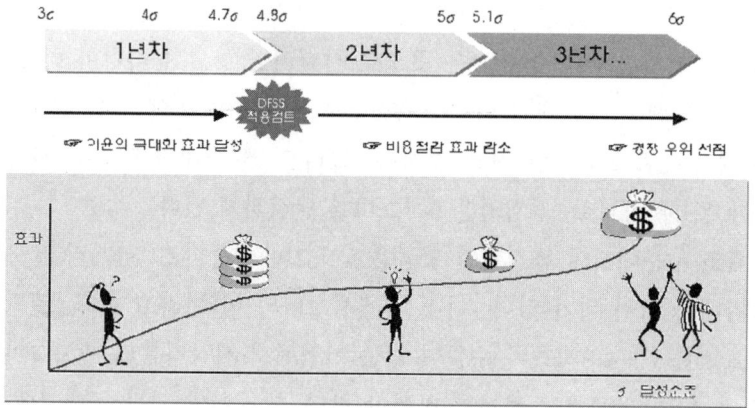

6시그마 달성단계

올바른 프로젝트란 무엇인가?

올바른 프로젝트의 선정은 어떻게 할 것인가?

우선은 돈이 될 만한 6시그마 프로젝트를 선정하여 이를 해결할 수 있는 인력을 투입한 후 좋은 방법을 사용해서 문제를 해결하는 것이 필요하다.

6시그마 활동을 하는 전략으로 **Right Project-Right People-Right Process** 모두가 중요하지만 그 중에서도 **Right Project**가 가장 중요하다.

따라서 좋은 프로젝트를 선정함에 있어서 다음과 같은 질문을 해 보도록 하자.

☞ 프로젝트가 현실적인가?

☞ 프로젝트가 성공할 수 있는가?

☞ 프로젝트가 재무성과를 낼 수 있는가?

를 검토해야 한다.

캐피탈(capital) 사업을 하고 있는 경영활동을 예로 들어 보자. 이 캐피탈 사업에 있어서의 경영은 돈을 빌려 주고 이자 수익을 올리는 일이다. 하지만 이런 사업에는 항상 돈을 떼일 수 있는 리스크가 존재한다.

이 회사가 A에게 20억원을, B에게는 3천만원을, C에게는 500만원을 빌려 주었다고 하자. 그런데 20억원을 빌려 간 A가 이자와 원금을 갚지 않는다면 어떻게 될까? 이 회사는 바로 경영에 커다란 문제가 발생하게 된다.

캐피탈 회사에는 항상 돈을 떼일 수 있는 위험을 안고 있지만 3천만원이나 5백만원의 채권문제 보다는 20억원짜리 한 건이 커다란 문제가 된다.

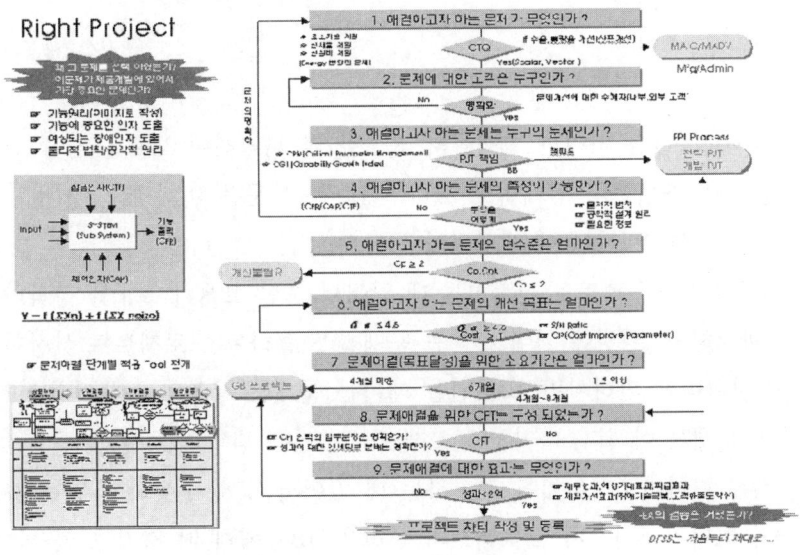

(올바른 6시그마 프로젝트 선정 Checklist)

우리는 이러한 문제를 CTQ(Critical To Quality)라고 정의할 수 있다. 6시그마를 추진하면서 올바른 CTQ를 선정하는 것은 매우 중요한 일이다. 그래서 CTQ로 부터 6시그마 프로젝트를 도출하게 된다. 올바른 CTQ를 이해하는 것에 대해서 좀 더 알아보기로 하자.

CTQ의 예로서 돈을 100억원쯤 가지고 있는 사람의 문제는 무엇일까?

최근 우리나라에서 돈 많은 사람들 대부분의 고민은 우선 자신의 돈을 안전하게 보관할 수 있는 "안전성"일 것이다. 다음으로는 가지고 있는 돈을 이용해서 얻을 수 있는 "수익성"이며, 자신의 돈을 자식들에게 안전하게 물려주고 싶은 "증여성" 등일 것이다.

돈 가진 사람들의 CTQ는
    1. 안전성
    2. 수익성
    3. 증여성

금융회사들은 이러한 고객들의 요구를 잘 파악하여 새로운 금융 신상품들을 개발하여 판매하고 있다. 이러한 부문은 비제조 중 서비스 부문의 6시그마 활동에 해당된다.

6시그마 프로젝트로 선정하는 데 있어서 우선 고객의 요구를 정확하게 파악하고, 경영에 기여도가 큰 문제를 도출하여 프로젝트로 선정한다. 정확하게 말하자면 20억원을 떼이는 문제는 사장의 문제이지 BB들의 문제는 아니다. 따라서 프로젝트의 주인은 챔피온인 것이다.

많은 회사가 6시그마를 추진하는 데 있어서 크게 잘못하고 있는 것 중의 하나가 6시그마 프로젝트의 선정을 BB들에게 떠 넘기고 있다는 것이다.

기업의 문제 중 가장 중요한 문제는 챔피온의 문제이며, 문제의 범위와 정도에 따라서 전사 프로젝트, BB 프로젝트, GB 프로젝트로 선정하여야 한다.

다음 장에서 보다 자세히 알아보겠지만, BB는 문제를 해결하는 전문 문제 해결사일 뿐이다. 프로젝트의 선정은 챔피온의 문제이며, BB는 챔피온이 선정한 문제를 해결하는 전문가이다.

따라서 6시그마 활동은 BB들의 활동이 아니라 챔피온들이 중심으로 추진되는 활동이다.

DFSS Road Map 철학

우리에게는 알고 있는 영역과 알고 있지 않는 두 가지의 영역이 있다. 또한 행동으로 옮기는 영역과 그렇지 않은 또 다른 두 가지 영역이 있다. 알고서 제대로 한다면 그 결과는 항상 올바른 것으로 나타나게 되지만 알고서도 제대로 하지 않는다면 그 결과는 항상 나쁜 것을 얻게 될 것이다. 그러나 알고서도 아무런 행동을 하지 않으면 아무런 결과도 나타나지 않게 된다.

한편 모르고 한 행동의 결과가 올바르게 나타났다면 그것은 우연에 따른 것이기 때문에 같은 결과를 계속해서 기대하기는 어려울 것이다. 그리고 모르기 때문에 잘못된 결과를 얻는 것은 어쩌면 당연한 일이지만 우리가 원하는 바는 아니다. 모르기 때문에 아무런 행동을 취하지 못하는 것은 앞으로 우리가 도전해야 하는 미지의 영역이다.

조해리의 창에서 아이디어를 얻어 다음 그림에 필자의 생각을 정리해 놓았다.

☞ The DFSS Road Map

구 분	Known	Unknown	DFSS Methodology
A C T I O n — Right	Good Results	? (Common Sense)	Integrate Standardization Control
A C T I O n — Wrong	Bad Results (Negligence)	Bad Results (Incompetence)	V – A – I – C M – A – R – C C – D – O – V C – S – O – D
None Action	Nothing (Ignorance)	N/A (Challenge Area)	Define Recognize

강군 생각

DFSS: R D C D O V C S I

Mfg.: R D M A I C S I

SIMPLIFY　　STANDARD　　INTEGRTY

　　위와 같은 경우는 우리의 조직에서 흔히 볼 수 있다. 한 조직에는 여러 부류의 사람들이 있다. 일반적으로 잘 알고 있기 때문에 항상 좋은 결과를 얻는 약 5~10%의 사람과 잘 알고 있으면서도 일부러 항상 옆으로 가는, 그래서 나쁜 결과를 만드는 5% 정도의 반대파가 존재한다. 그리고 대부분의 사람들은 이래도 그만, 저래도 그만, 그저 하루하루 눈치만 살피며 살아가는 사람들이다. 필자는 이런 사람들을 넙치족, 또는 광어족이라고 부른다. 이들은 바닥에 쫙 붙어서 눈만 위로 뜨고 물 위를 살피다가 대세를 쫓아간다.

　　조직 내에서 알아서 잘하는 사람들은 관리할 필요가 없다. 그대로 두어도 항상 좋은 결과를 내기 때문이다. 그러나 잘 알고 있으면서도 일부러 삐딱하게 나가는 반대파는 위험한 부류이다. 그들에게는 쓰리 아웃제를 적용해서 3번까지 기회를 주고, 그래도 제대로 하지 않으면 단호하게 조직 밖으로 내보내야 한다.

그러나 필자가 관심 있는 부류는 바닥에 붙어서 눈치만 살피고 있는 대부분의 넙치, 광어족에 속하는 꼼짝도 하지 않는 부류이다. 필자가 이들에게 관심을 갖는 이유는 이들은 적절한 자극을 통해 잘하는 영역에 합류시킬 수 있기 때문이다. 포상제도나 교육 기회, 또는 승진 등의 계기를 만들어서 꼼짝도 하지 않는 이들을 일단은 움직이게 만들어야 한다.

또한 잘 모르고 있는 부류에게도 교육을 통해 알 수 있는 기회를 제공함으로써 역시 잘 할 수 있는 영역으로 끌어와야 한다.

사람들은 새로운 변화에 대한 거부감과 두려움 때문에 처음에는 자기 스스로 움직이기를 싫어한다. 그래서 audit와 교육을 통하여 자신들이 무엇을 모르고 있는지를 깨닫게 해주어야만 한다. 소위 엔지니어라고 하는 기술자들은 특히나 자존심이 강하고 변화에 대한 거부가 크다. 대부분의 기술자는 "엔지니어"이지만 계중에 간혹 "엔조이니어"들이 있기 때문이다. 본인들이 최고라는 생각을 가지고 있어서 자신들의 잘못을 쉽게 인정하려고 하지 않는다. 따라서 그들의 잘못을 시인하게 하려면 잘못된 것들을 아주 철저히 분석하여 그들에게 제시하여야 한다. 우선 자신들이 정말로 잘못하고 있었구나 하고 진심으로 느낄 때 비로소 개선이 시작되는데, 이 단계가 가장 중요한 단계이며, 이 단계를 "인식의 단계(Recognize)"라고 한다.

일단 "인식"을 하고 나면 개선해야 할 문제에 대한 정확한 "정의"가 필요하다. 이 단계를 "정의 단계(Define)"라고 하며, 이 단계에서는 문제에 대한 구체적인 정의가 필요하다. 즉 문제가 회사의 고질적인 문제이며 조직의 목표와 일치하는지 또한 주어진 기간 내에 해결 가능한 문제인지 그리고 프로젝트의 성공 가능성과 완료 후 성과에 대해 구체적으로 검증을 해야 한다. 여기까지는 챔피온이 해야 하는 일이며, 이 일을 BB에게 미루면 6시그마 프로젝트를 추진하는 데 있어서 큰 실패를 하게 된다.

이렇게 해서 문제에 대한 정의가 이루어지고 나면 이제부터는 정의된 문제를 해결하기 위한 "문제해결 실행단계"로 들어간다. 문제해결을 위한 방법은 제조, 비제조, DFSS에 따라서 문제의 정의와 범위에 의하여 여러 가지 방법론을 적용할 수 있다.

그리고 문제해결을 마치면 Control 단계로 들어간다. 실제 프로젝트 성과는 이 단계에서 나타나게 되므로 프로젝트 완료 후에 Control plan을 정확하게 세워 프로젝트의 성과를 지속적으로 유지, 관리해야 한다.

정상적으로 문제가 Control이 되면 이것을 표준화(Standard)시킨다. Control plan에 의해서 정확하게 관리되고 있는 내용을 그대로 표준화시키면, 우리가 지킬 수 있는 표준을 만들 수 있다. 하지만 대부분의 기업에서 가지고 있는 표준은 형식적인 표준이 많다. 표준은 프로세스가 있으면 존재해야 하며, 지키면 성과가 있어야 하고, 또한 변화되는 프로세스에 따라 지속적으로 변화하여야 한다.

표준화가 이루어지면 마지막 단계로 다른 시스템들과 통합(Integrate)한다. 표준과 시스템 통합에 대한 자세한 내용도 뒤에 다시 이야기하도록 하겠다.

이렇게 하면 회사의 문제를 전체적으로 해결할 수 있는 6시그마 방법론이 완성된다.

신상품을 개발하기 위한 제품개발 프로세스는 4 Step으로 이루어 진다.

"상품기획 단계 – 기술검증 단계 – 개발검증 단계 – 양산검증 단계"가 그것이다.

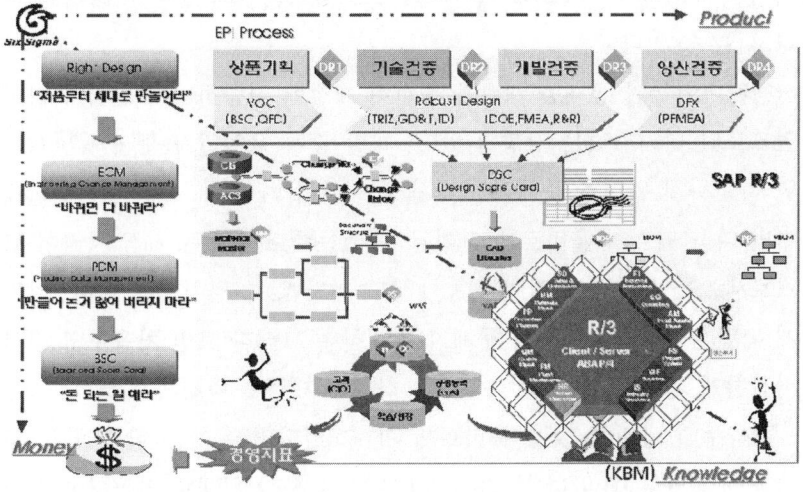

EPI(Engineering Process Innovation) 처음부터 제대로 만들어라

앞에서도 간단하게 **EPI(Engineering Process Innovation)** 프로세스에 대하여 소개한 적이 있었다.

상품기획 단계에서는 이 제품을 개발할 것인지 말 것인지를 검토하는 단계이다. 기술검증 단계에서는 상품기획 단계에서 결정된 신제품의 요소기술을 검토하는 단계이며, 설계검증 단계에서는 시제품을 만드는 단계로써 우리의 기술을 가지고 제품을 제대로 만들 수 있는가를 검토하는 단계이다. 그리고 마지막으로 양산검증 단계에서는 재현성과 양산성 그리고 신뢰성을 검토하여 좋은 제품을 만들 수 있는가를 검토하는 단계이다. 그리고 각 단계가 끝나면 **DR(Design Review)**이라는 의사 결정 프로세스를 거치게 된다.

학교 앞 도로를 보면 학생들의 안전을 위하여 통행하는 차들의 속도를 줄이고자 도로 위에 과속방지 턱을 만들어 놓은 것을 볼 수 있다. 여기서 **DR(Design Review)**이라는 프로세스는 과속을 방지하는 턱이라고 할 수 있다.

엔지니어들이 신제품 개발을 위하여 개발에 집중하다 보면 정신없이 앞으로만 달려가려는 경향이 있다. 개발 중에 무엇인가 문제가 발생되면 차분하게 원인을 분석하고 대책을 세워서 하나씩 그 문제를 해결해야만 다음 단계가 올바르게 진행될 수 있는데도 우리는 가끔 지켜야 할 프로세스를 무시하고 빨간 신호에서도 서지 않고 달려가곤 한다. 이렇게 되면 뒤에 가서 반드시 문제가 발생하여 그러다 보면 처음부터 다시 시작하게 되거나 또는 문제가 있는 상태로 제품을 출하하게 된다.

처음부터 올바른 것을 올바르게 할 수 있다면 우리는 항상 좋은 신상품을 개발할 수 있다. 따라서 우리는 처음부터 제대로 만들어야 하는 것이다.

이러한 절차로 진행되는 제품개발 신프로세스를 **EPI(Engineering Process Innovation)**라고 한다.

그림에서 **X**축의 EPI 프로세스를 잘 지키고 따라 한다면 결과적으로 좋은 신제품을 개발할 수 있다.

ECM(Engineering Change Management) 바뀌면 다 바꿔라

다음으로 개발 중에 생성되는 각종 정보에 대한 관리의 문제에 대해서 생각해 보기로 하자. 이 세상에서 변하지 않는 유일한 것은 **"이 세상의 모든 것은 변한다."**라는 정의이다.

따라서 시간이 지남에 따라서 개발 중에 만들어지는 데이터 및 정보는 계속 변화하며, 이렇게 변화하는 정보가 필요한 부분으로 제대로 전달되지 않으면 문제가 발생하게 된다.

개발부서의 설계도면은 변경되었는데 제조, 또는 협력업체의 도면은 변경되지 않았다면, 실제로 생산을 하면서 많은 문제가 속출한다. 그렇게 되면 생산을 중단하고 무엇이 문제인가를 조사하고 한바탕 소란을 피우고 나서야 도면이 변경된 사실을 발견하게 되는 경우가 많다. 그러나 그 때는 이미 많은 양의 부품들이 납품되어 생산라인에 투입된 상태이며, 설비들은 세팅이 끝난 상태이다. 이들을 정상 상태로 돌리기 위해서는 이미 많은 시간과 돈이 낭비되는 것이다. 따라서 변경이 발생되면 관련부서로 동시에 정보가 전달되고 변경될 수 있는 프로세스를 가져야 한다. 정보의 불일치로 인하여 발생되는 문제 때문에 기업에는 많은 손실 비용이 발생하게 되며, 많은 재작업과 불량을 만들어 내게 된다.

설계변경 프로세스는 ECR(Engineering Change Request)
ECO(Engineering Change Order)
ECN(Engineering Change Notice)

로 이루어진다.

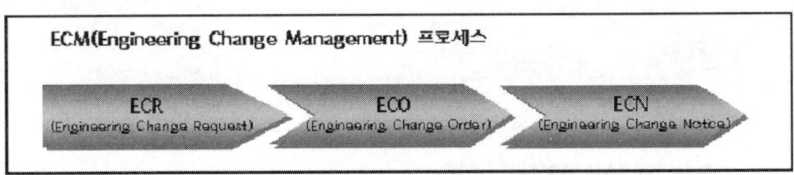

제품 또는 프로세스의 변경에 대한 필요성이 발생되면 DMC(Document Management Center)에 ECR(Engineering Change Request)을 발생하여 변경을 요청하게 된다.

접수된 ECR은 DMC에서 접수하여 담당자에게 변경지시 ECO(Engineering Change Order)를 하게 되는데 이 때 변경에 대한 의사

결정은 CCB(Change Control Board)를 통하여 이루어진다. 이렇게 결정된 ECO는 설계자에게 전달되어 최종적으로 설계가 다시 이루어지게 되며, 확정된 새로운 Spec이 관련 부서에 ECN (Engineering Change Notice)을 통하여 통보되고, 관련 데이터를 전부 변경하게 된다. ECN은 WF(Work Flow)에 의해서 자동으로 통지되며, 동시에 모든 정보를 최신 정보로 변경한다.

따라서 이러한 설계 변경 프로세스를 통해 회사 내에서 활용하게 되는 정보는 항상 최신 정보가 정확하게 공유되고, 정보의 불일치로 인해서 발생하게 되는 문제를 해결할 수 있게 된다.

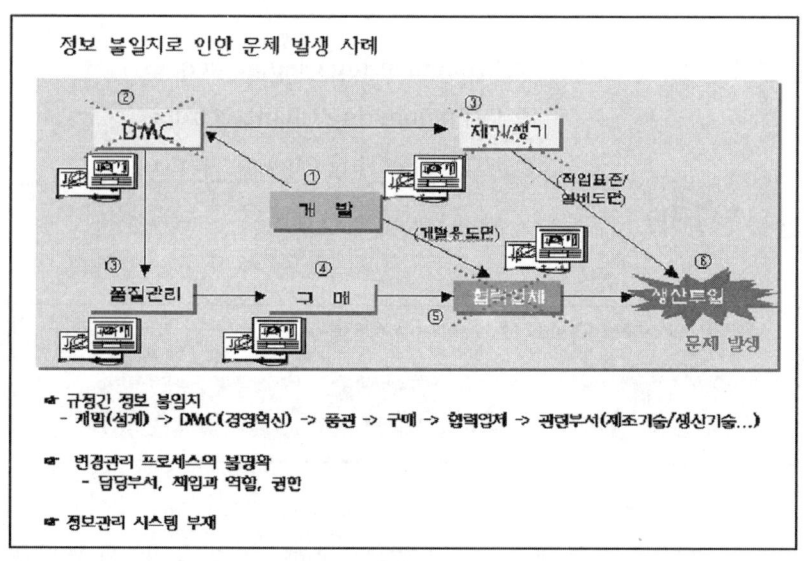

정보의 불일치로 인하여 발생되는 문제로 인하여 기업에는 많은 손실 비용이 발생하게 되며, 많은 재작업과 불량을 만들어 내게 된다. 표준 및 정보의 변경에 관련된 내용을 Audit함으로서 숨어 있는 공장을

찾아낼 수 있는데, 이렇게 문제를 찾아낼 경우, 대부분의 사람들은 뒤늦게 이미 알고 있었던 내용이라고들 말한다.

하지만 이미 알고 있거나 혹은 모르고 있는 내용이거나 실제로 변경으로 인한 문제는 항상 우리를 성가시게 하는 중요한 사항임에는 틀림없으며, 또 반드시 해결해야 하는 문제이다.

또한 이러한 문제들이 산포를 발생시키며, 중요한 문제를 야기시키는 요인이 된다.

변경 관리란 단순하게 설계도면과 개발/생산에 국한된 내용이 아니라, 개발 및 관리에 걸친 전체 프로세스에서 적용되어야 하는 것을 말한다.

PDM(Product Data Management) 만들어 놓은 것 잃어버리지 좀 마라

대부분의 개발자들은 개발 단계에서 시제품이 만들어지면 그것으로 개발이 완료되었다고 생각한다. 그러나 신제품 개발이란 단순하게 제품을 만드는 것으로만 그치는 것이 아니다.

올바른 개발이란 신제품의 개발에 필요한 기술과 아울러 이를 재현할 수 있도록 정리한 데이터가 중요하다. 따라서 각 개발 단계별로 생성되는 데이터를 그 때마다 정리하고 분석하여, 언제라도 활용할 수 있는 자료로 만들어야 한다. 그러나 우리는 개발 중에 실험에 매달리고 시제품을 만드느라 데이터 정리하는 것을 불필요한 잡업무로 생각하기 쉽다.

실제로 연구원들과의 인터뷰에서 "회사가 연구원들에게 필요없는 paper work을 많이 시켜 실제 연구 활동을 하는 데 지장이 있다."라고 대답하는 경우가 많다.

그러나 그들이 말하는 paper work야 말로 실제로 반드시 해야만 하는 일이며 이들은 그 중요성에 대하여 아직도 잘 모르고 있다. 필자는 이런 연구원들을 "엔지니어"가 아니라 "엔조이니어"라고 말한다.

처음에는 실험 데이터를 아무데나 적어 놓거나 자기 PC에 파일로 저장해 놓고 있다가 시제품이 만들어지고 품평회를 할 시점쯤 되어서야 급히 보고서를 작성한다. 그러나 이때에는 거의 데이터를 얻기가 어려워 진다. 노트에 적어논 데이터는 작성한 자기가 봐도 잘 이해가 되지 않고, PC에 저장된 데이터는 어디에 있는지 찾을 수 조차 없다.

따라서 그냥 자기 머리 속에 남아있는 기억력을 토대로 해서 단 몇 장으로 보고서를 작성하게 된다. 그러나 관리자들조차 보고서 보다는 실제 시제품에만 더욱 관심이 있어, 이에 대한 지적을 하는 관리자를 찾아보기 어렵다. 하물며 연구원이 전배, 퇴사 등으로 없을 경우에는 그 동안의 정보는 고스란히 날라가게 된다. 이것이 우리가 기술력을 축적하지 못하는 가장 커다란 이유이다.

이러한 문제는 PDM(Product Management System)을 구축함으로써 해결할 수 있다.

DFSS 프로세스는 각 Step마다 발생되는 데이터를, 각 단계에서 적용하는 Tools을 이용하여 통계적으로 분석한 데이터로 정리해 올바른 의사 결정을 하는 데 도움을 주고, 후에 활용할 수 있는 회사의 기술 노하우로써 축적하게 된다. 이렇게 해서 데이터를 정보로, 지식으로 그리고 지혜로 발전시켜 나갈 수 있게 된다.

최고의 경쟁력을 갖춘 초일류 기업이 되기 위해서는 올바른 프로세스의 구축과 이에 따른 시스템 인프라를 갖추는 것이 무엇보다도 중요하다고 할 수 있다.

EPI/PDM/표준화는 연구, 개발, 기술 부문의 경쟁력을 확보하기 위한 중요한 전략이다. EPI/PDM/표준화가 선진 경영을 하기 위한 **Infra**라 한다면 **DFSS**는 그 내용을 채우는 역할을 한다.

예를 들면 아파트를 분양하는 데 있어서 토목공사는 표준화에 비교할 수 있으며, **EPI/PDM**는 건축 공사라 할 수 있고 **DFSS**는 분양 후 입주하여 살기 위해 필요한 가구 및 편의시설을 갖추는 일이라 하겠다. 물론 아파트를 분양받고 입주를 하게 되면 당장 들어갈 집은 생긴다. 그러나 입주한 상태 그대로 그냥 사는 사람은 아무도 없다. 이제부터 가구도 사고, **TV**, 전축, 쇼파, 침대, 냉장고 그리고 보다 질적인 삶을 위해 심지어 잘 만들어 놓은 집을 뜯어내고 많은 돈을 들여서 인테리어까지 새로 한다.

또한 집을 분양받기 전에 먼저 가구를 사 놓을 수도 없다. 미리 사 놓은 짐들을 어디다 보관할 것인가? 집의 크기에 맞추어 적당한 살림살이를 사야 하는 것이다. 집은 22평인데 장롱은 14자 짜리를 산다면 방에 들여놓고 살 수 없기 때문이다.

아파트를 분양받는다고 당장 사람이 살 수 있는 것도 아니고, 그렇다고 가구만 사도 들어갈 집이 없으면 곤란하다. 그리고 집도 분양 받지 않은 상태에서 먼저 가구를 사 놓아도 안된다. 결국은 들어갈 아파트 보고 가구를 사야 하는 것이다.

EPI를 집을 짓는 것이라고 한다면 **DFSS**는 윤택한 삶을 살기 위해서 장만하는 집에 들어가는 살림살이를 마련하는 것이라고 할 수 있다.

결론적으로 EPI/PDM/표준화와 DFSS는 같이 추진해야 효과가 있으며, ERP/PDM 추진이 6시그마 추진에 앞서 시작되어야 하고 시작할 때 같이 기획이 되어야 한다. 그리고 반드시 잊지 말아야 할 것은 표준화이다.

BSC(Balanced Score Card) 돈 되는 일 좀 해라

신식 제트 비행기의 조종사가 단 한 개의 계기판만을 본다고 상상해 보라. 기장과 다음 이야기를 나눈 후 비행기에 탑승한다면 당신은 어떤 기분이 들겠는가?

질문 : 당신이 하나의 계기판만을 보면서 비행기를 조종하고 있는 모습을 보니 놀라지 않을 수 없군요. 그런데 그 계기판으로는 무엇을 측정하나요?

답 : 비행기 속도죠. 저는 이번 비행에서 비행기 속도에만 실제적으로 신경을 쓰고 있습니다

질문 : 그렇군요. 비행기 속도는 확실히 중요하죠. 그러나 고도는 어떻습니까? 고도계는 필요하지 않을까요?

답 : 저는 지난 몇 차례 비행에서는 고도에 신경을 썼고, 그리고 꽤 좋은 점수를 얻었죠. 이제 저는 비행기 속도가 적절한가에 대해서만 신경을 집중해야 합니다.

질문 : 그런데 연료 계측기 마저도 없네요. 그것은 유용하지 않습니까?

답 : 맞습니다. 연료는 중요합니다. 그러나 저는 너무나도 많은 사항들을 동시에 잘 처리하는 일에 집중할 수는 없습니다. 그래서 이번에는 비행기 속도에만 주의를 기울이고 있습니다. 제가 일단 고도뿐만 아니라 비행기 속도에 대해서도 능숙하게 되면, 다음 비행부터는 연료소비에 전력을 쏟을 의도를 가지고 있습니다.

당신은 이러한 대화를 나눈 후 계속해서 이 비행기에 타고 있을까
요?

　　　— "가치실현을 위한 통합경영지표 BSC(KPI Publishing Co.- Robert S.

　　　Kaplan & David P. Norton)중에서"

　　설계자인 당신이 오로지 세계 최상의 품질만을 생각하고 제품개발을
한다면...

　　구매자인 당신이 오로지 세계에서 가장 싼 부품만을 구매하여 현장
에 넣으려고 한다면...

　　인사 담당인 당신의 인건비 절감만을 위한 기획으로 회사에서 꼭 필
요한 사람을 회사에서 떠나게 한다면...

〔BSC에서 고려해야 하는 4가지〕

1. 재무적인 관점
2. 고객만족의 관점
3. 내부공정능력의 관점
4. 성장과 학습의 관점

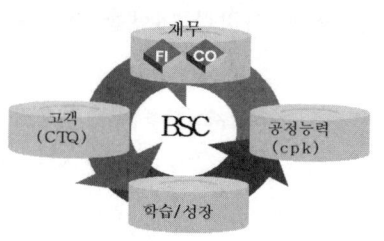

"다 좋으니 제발 돈 되는 것 좀 만들어라... 기업이 학교냐?"

BSC의 근본적인 생각을 정리해 보면 그 동안 기업활동은 재무적인 목표에만 너무 집중되어 있었다. 그러나 기업이 돈을 벌려면 고객을 생각하지 않을 수 없다. 돈은 고객의 주머니에서 나오기 때문이다. 고객의 주머니에서 돈을 꺼내게 하려면 품질을 올려야 한다.

최근 선진 기업들의 추세를 보면 외부 고객의 만족뿐만 아니라 내부 고객의 만족에도 관심을 가지고 있는 경향이다. 품질은 결국 내부 종업원들의 손끝에서 나오기 때문이다. 따라서 기업이 돈을 벌자면 우선적으로 종업원의 만족을 높이는 방향으로 생각해야 한다.

사람은 평가의 동물이다. 그리고 가치는 행동에 의해서 나타난다. 많은 종업원들은 좋은 평가를 높이기 위해서 자기의 가치를 높이는 노력을 하게 된다.

$$\text{Behavior} = f(\text{Value})$$

기업도 마찬가지다. 기업의 행동으로 고객들은 기업의 가치를 평가한다.

종업원들의 행동과 가치는 기업 발전에 원동력이라고 할 수 있다. 종업원들의 성장은 훈련과 교육에 의해서 이루어지며, 이러한 종업원들에 대한 학습이 공정능력의 향상에 기여하게 된다. 회사 내부의 공정능력이 향상되면 궁극적으로 품질이 향상되고, 품질 향상은 고객의 구매와 만족과 감동으로 연결된다. 이러한 고객감동은 매출로 연계되며, 기업의 이윤 창출에 따른 재무성과에 연계되어 결론적으로 기업은 영속적인 기업활동을 할 수 있게 된다.

기업의 행동은 그 기업이 만든 제품과 서비스의 품질로 나타나게 되며, 품질은 고객의 가치로 이어진다. 이러한 BSC(Balanced Score Card)를 이해하는 기업이 진정으로 경쟁력을 갖출 수 있게 된다.

결국 이 슬라이드의 Y축을 잘 따라가면 우리는 돈을 벌 수 있게 되는 것이다.

마지막으로 Z축을 살펴보기로 하자.

앞에서 이야기했듯이 DFSS 프로세스는 각 Step마다 발생되는 데이터를 각 단계에서 적용하는 Tools을 이용하여 통계적으로 분석한 후 데이터로 정리하여 올바른 의사 결정을 하는 데 도움을 주고, 후에는 회사의 기술 노하우 시스템인 KBM(Knowledge Based Management)을 구축하여 활용할 수 있게 된다.

이렇게 해서 데이터를 정보로, 정보를 지식으로 그리고 지식을 지혜로 발전시켜 나갈 수 있게 하는 것이다.

이 X, Y, Z축을 동시에 추진함으로써 DFSS는 성공할 수 있다.

DFSS는 "뒤지게 패서 시키면 시키는 대로 하는 방법론"이다

처음부터 올바르게 시작하면 좋은 결과를 얻을 수 있다는 것은 누구나 다 아는 사실이다. 하지만 대부분의 사람들은 말로만 하기 쉽고 행동으로 옮기지는 못한다. 지금 그대로가 편하기 때문이다.

따라서 DFSS가 성공하기 위해서는 우선 사람들이 올바르게 하고자 하는 마음을 가져야 하며, 실제로 올바른 행동을 실천해야 한다. 앞에서도 말했던 것과 같이 조직 내에는 넙치족 또는 광어족에 속하는 사람들이 대부분이다. 이들은 "항상 총론은 찬성 각론은 반대"라는 데 익숙해져 있고, 새로운 변화를 두려워하며, 움직이는 것을 싫어하고, 현재를 고수하려는 습성을 가지고 있으며, 자기에게 조그만 이익이라도 있다고 생각되면 그 방향을 쫓아가는 습성을 가지고 있다. 특히 조직 내의 중요한 의사 결정을 해야 하는 요직에 있는 사람이 이 부류인 경우 그 조직에서 좋은 결과를 기대하기는 힘들 것이다. 따라서 DFSS의 성공을 위해서는 이들을 변화시켜야 하는데, 그 방법에는 당근론과 채찍론이 있다. 사람의 성향과 문제의 성격에 따라 이 두 가지 방법을 적절하게 잘 이용해야 한다.

필자가 잘 쓰는 방법으로 우선 제일 먼저 조직을 바꾸기 위해서 뒤지게 패는 것이다. 일단 패려고 마음을 먹었으면 죽기 일보 직전까지 패서 완전히 항복을 받아 내야 한다. 그래야만 본인이 무엇을 모르고 잘못했는지를 알게 되고 자기 스스로 잘못을 진정으로 인정했을 때 변화하려는 마음이 생기게 된다. 어설프게 패면 반발을 하거나 내성만 생겨서 안 패느니만 못하다. 그러니 패려거든 완전히 죽기 일보 직전까지 뒤지게 패야 한다.

필자는 지난 15여년 동안 소위 엔지니어라고 하는 회사의 가장 똑똑

한 사람들을 훈련하고 교육시키는 일을 해 왔다. 이들은 자기들만이 이 분야에서 가장 뛰어나고 내가 아니면 누구도 그 일을 하지 못한다고 생각한다. 하지만 이것은 그야말로 착각이다. 자신들이 그 동안 얼마나 비기술적이며, 비효율적으로 연구, 개발을 해왔는지를 알지 못한다. Audit을 통해 이런 잘못들을 철저하게 분석하고 지적함으로써 자기들의 문제들을 올바르게 인식(Recognize)할 수 있도록 해주어야 한다.

특히 연구소나 개발실과 같은 전문부서에서 근무하는 사람들은 기업의 수익이나 제품의 원가 등에는 별로 관심이 없다. 그저 자기가 하는 일이 기술적으로 우수하고 나만이 그 일을 할 수 있다는 것을 증명해 보이면 된다는 식이다.

필자는 이러한 사람들을 "엔조이니어"라고 부른다. 또한 이 "엔조이니어"들은 자존심이 강하며 본인들이 하고 있는 일에 다른 사람들이 간섭하는 것을 싫어하기 때문에 철저하게 분석해서 대응하지 않으면 쉽게 잘못을 시인하지 않을 뿐더러 어설프게 지적하면 오히려 역효과가 나게 된다.

6시그마의 기본철학

측정의 가치

☞ 우리는 우리가 무엇을 모르고 있는지를 잘 모른다.

☞ 우리가 알고 있는 것을 정확하게 수시로서 표현할 수 없다면, 우리는 그것에 대해서 충분히 알고 있지 못한 것이다.

☞ 우리가 그것에 대하여 충분히 알고 있지 못하다면, 우리는 그것을 관리할 수 없을 것이다.

☞ 우리가 그것들을 관리할 수 없다면 그 결과는 운에 맡기는 수 밖에 없을 것이다.

지식의 필요성

☞ 우리가 그것에 대하여 알지 못한다면, 우리는 그것에 대하여 조치를 취할 수 없고

☞ 우리가 그것에 대한 조치를 취할 수 없다면, 그것으로 인한 손실의 위험이 높게 된다.

☞ 우리가 그것에 대하여 조치를 취할 수 있다면, 위험은 관리될 수 있으나

☞ 우리가 그것에 대하여 알고도 조치를 취하지 않는다면 그것으로 인한 손실을 입어도 마땅하다.

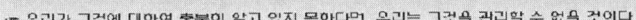

6σ 의 격언 (Dr. Mikel J. Harry)

필자가 "엔조이니어"들에게 인식(Recognize) 단계 추진을 위해 X-Project를 했었다. 3개월 정도의 DFSS audit 방법을 통하여 이 부문의 전문가라고 주장하던 사람들의 잘못을 시인하게 만들었다. 물론 필자는 그 분야에 대한 전문가는 아니다. 하지만 바둑도 훈수두는 사람이 전체 판을 보듯이 기술도 기술자들 보다는 옆에서 보는 사람이 더 많은 것을 아는 경우가 있다. 그 후로도 많은 사업부에 대한 DFSS audit를 실시하였는데 이제는 몇 일 정도면 "엔조이니어"들에게 잘못을 인식시키기에 충분한 분석을 할 수 있다.

필자가 실시하는 DFSS audit방법은 각종 규정과 설계 도면과 기술표준 그리고 데이터에 이르는 일괄적인 데이타의 흐름을 분석하는 일이다.

☞ 설계도면은 제도법에 따라서 올바르게 작성되었는가?
☞ 설계는 올바르게 하였는가?
☞ 업무에 대한 기술표준은 있는가?
☞ 표준은 올바르게 만들어졌는가?
☞ 표준을 제대로 지키고 있는가?
☞ 설계 데이터와 현장의 실물 데이터는 일치 하는가?
☞ 현장에서 사용하고 있는 각종 데이터는 정확한가?
☞ 데이터를 만들기 위한 측정 시스템은 신뢰할 수 있는가?
등을 중점적으로 audit한다.

필자는 DFSS를 "뒤지게 패서 시키면 시키는 대로 하는 방법론"이라고 한다. DFSS는 일단 audit 등을 통하여 자기의 잘못을 인식하고 규정이나 표준을 올바르게 만들고, 올바른 표준대로 일을 하면 항상 좋은 성과를 얻을 수 있기 때문이다.

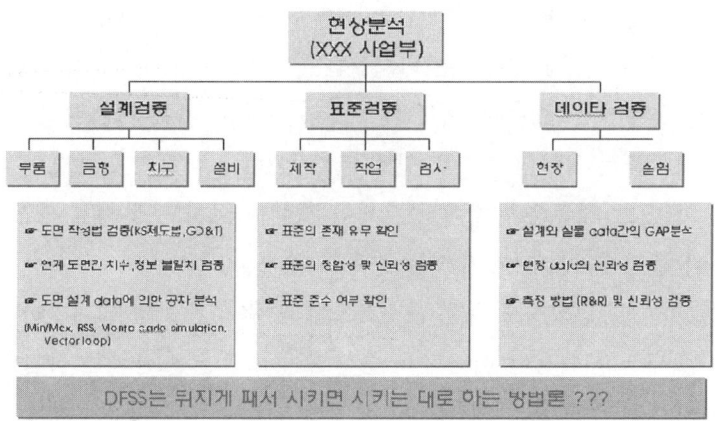

DFSS Audit (Recognition Phase)

필자의 경험에 따르면 거의 모든 부문에서 문제가 나타나는데 특기할 사항은 기술자(엔조이니어)들은 이러한 일들을 필요없는 **paper work**로 규정하고 있다는 점이다. 이러한 이유로 중요한 기술이 축적되지 않고 있으며, 과거에 발생했던 실수가 거듭하여 일어나게 된다. 그 결과 개발 기간이 길어지고 신제품의 품질이 향상되지 못하는 것이다.

대부분 기업에서의 고질적인 문제는 수십년 전부터 있었던 불량이 현재까지도 계속해서 나오고 있다는 것이다.

필자는 주로 **CAD/CAM/CAE/ERP/PDM**/인터넷 프로그램 등의 시스템 개발을 10여년이 넘게 해왔다. 그렇지만 필자에게 시스템 개발을 성공적으로 하는 방법에 대해서 물으면 별로 해줄 말이 없다. 왜냐하면 그 동안 많은 시스템을 개발하였음에도 불구하고 현재 사용되고 있는 시스템은 거의 없기 때문이다.

이는 시스템을 개발할 당시와 적용할 때에는 상황이 바뀌는 경우가 많고, 시스템을 개발할 때는 개발을 요청한 사람 조차도 본인이 원하는 것이 분명하게 무엇인지를 잘 모르는 경우가 허다하기 때문이다. 또 어렵게 시스템 개발을 완료하고나서 시스템 검증 단계에 가서야 비로소 요청자가 수정을 요구해 오기 때문에 심지어는 처음부터 프로그램을 다시 개발하는 최악의 경우도 맞게 된다. 이렇게 어렵게 시스템이 완성되면 이미 그 제품은 개발이 종료되어 사용해 보지도 못하고 시스템은 사용이 불가능하게 되어 버리는 경우도 있다.

아직까지 확정되지도 않은 프로세스에 맞추어 시스템을 개발하다 보면 프로세스가 변경될 때마다 꾸준히 프로그램을 보완하는 작업이 기업의 여건상 쉽지 않기 때문이다.

그래서 필자는 그 사람들에게 "성공해 본 적이 없어서 성공적인 시스템을 개발하는 방법은 알지 못하고, 어떻게 하면 실패하는 시스템이 만들어지는지에 대해서는 말해줄 수 있다."라고 말한다.

초기에 사내의 DFSS연구회 활동을 함께 했던 미국 MIT 기계공학 박사인 오진석 박사의 말 중에서 귀감이 되는 사례를 소개한다.

MIT에서 공부할 때 학부 2학년이 수강한 과목 중 주어진 재료들을 가지고 제품을 개발하여 학생들끼리 경쟁을 하는 설계 과목이 있었다. 이 과목은 학생들에게 인기가 좋아서 매 학기마다 300명 정도의 학생들이 수강 신청을 한다. 이 과목에서는 학생들에게 여러 가지 물건이 들어 있는 동일한 박스를 한 개씩 주고, 그 안에 있는 물건들을 이용하여 로봇을 만들어서 서로 당기는 게임을 하게 한다.

3개월 동안 밤을 꼬박 새워가며 만든 오박사의 로봇이 전체 300명중에서 최종 3등을 하였다. 결과가 좋았기 때문에 오박사는 이 과목에서 좋은 학점을 기대하였으나 생각 밖으로 형편없는 학점이 나왔다. 그래서 교수를 찾아가서 학점의 부당함에 대하여 이야기하였다.

그 때 교수는 "당신의 로봇이 매우 훌륭하게 제작되었고 또한 경쟁에서도 좋은 성적을 낸 것은 인정하나 당신은 로봇 제작에 관한 일체의 자료도 정리하지 않았고 단지 로봇만을 만들었으며, 설계에 대한 기본적인 사고가 없기 때문에 좋은 학점을 줄 수 없소. 설계란 단순히 로봇을 만드는 것에 그치는 게 아니라 그 과정의 모든 자료와 데이타를 정리하여 누구라도 똑같은 로봇을 제작할 수 있도록 하는 것이오."라고 하였다.

이것이 바로 "엔지니어"에 대한 올바른 정의가 아닐까?

우리나라에서는 대학을 졸업하고도 기업에 입사해서는 아무 것도 할 수 없는 입시 위주의 형식적인 교육을 받아 왔다. 따라서 회사에서 4~5년 이상 교육을 받아도 제대로 일하지 못하는 것이 우리의 현실이다. 더욱 안타까운 것은 본인들 스스로가 이러한 문제를 깨닫지 못하고 있다는 것이다.

물론 기업에 있어서 가장 중요한 사람들은 경영자들이다. 경영자들은 모든 일의 방향과 전략에 대한 의사 결정을 하기 때문에 잘못된 의사 결정은 기업에게 아주 치명적이다.

따라서 경영자들은 올바른 의사 결정과 올바른 지시를 해야 하기 때문에 6시그마 활동에 있어서 챔피온과 관리자들의 교육이 매우 중요하다.

실제로 현장에서 보면 작업자들에게 올바로 하라고 고함을 치고 잘못에 대한 책임을 묻는데 사실은 시키는 사람들이 잘못시키기 때문에 작업자들이 잘못하는 경우가 더 많다.

따라서 잘못은 위로부터 그 책임을 물어야 하고 위로부터 올바르게 해야 하는 것이다.

경영자는 올바른 사업전략을 세우고 개발자는 올바른 제품을 개발하여 올바른 표준을 만들고, 작업자는 올바른 표준을 올바르게 지키는 프로세스를 가지고 있는 회사가 일류회사이다.

DFSS는 시키는 사람들을 뒤지게 패서 올바른 것을 깨닫게 하고, 모든 일을 처음부터 올바른 것을 올바르게 해서 좋은 성과를 얻어, 궁극적으로 기업이 돈을 벌 수 있게 하는 방법론이다.

DFSS 프로젝트와 제조, 비제조 프로젝트

일반적으로 연구소와 개발팀 그리고 생산기술센타의 BB들은 자기가 하는 일이 모두 DFSS 프로젝트라고 착각한다. 또 제조나 생산부서의 BB는 자기의 일이 모두 제조 프로젝트라고 생각한다. 그러나 이것은 크게 잘못된 생각이다. 예를 들어 연구소의 관리 회계 업무를 맡고 있는 사람이 투자 개선 프로세스를 개선하기 위해서 BB 프로젝트를 한다면 이것도 DFSS 프로젝트라고 할 것인가? 이는 사무간접 부문의 비제조 BB 프로젝트라고 보아야 할 것이다. 따라서 부서에 따라 프로젝트의 방법론이 정해지는 것은 아니다.

물론 DFSS, 제조, 비제조 프로젝트가 반드시 구별되는 것은 아니다. 또한 DFSS 프로젝트를 연구, 개발 부문만의 프로젝트라고 정의하는 것도 곤란하다. 그러나 이 책에서는 연구, 개발 부문의 문제 해결 프로젝트를 DFSS 프로젝트라고 정의하는데 따라서 프로젝트에 대한 방법론을 결정짓는 문제를 해결하기 위해서 적용하는 방법론의 차이에서 오는 것이다.

먼저 부문별로 사용하는 방법론의 구분에 대해서 말한 바가 있다. 문제를 해결하기 위해서 가장 적당한 **tool**을 사용할 줄 알아야 효율적으로 그 문제를 해결할 수 있다는 것이다.

같은 문제를 해결하는 데 있어서 접근하는 방법에 따라서 비제조/제조/DFSS 프로젝트로 정의하는 사례를 통하여 각 부문 프로젝트 성격을 이해한다.

〔DFSS Project vs. Non DFSS Project 사례 1〕

우리 사업부는 새로운 제품을 개발하기 위하여 고객의 목소리를 분석한 후 신제품의 **spec**을 설정하였다. 그리고 이 신제품 개발을 위한 가장 중요한 물질에 대한 연구를 지난 2년간 끊임없이 해왔으나 아직까지 원하는 물질의 특성을 얻는 데는 실패를 하였다. 그러나 최근 몇몇의 업체에서 이외 비슷한 물질들을 개발하여 판매하고 있다는 정보가 입수되었다.

1. 비제조 프로젝트로 해결하기 위한 방법(**DMAIC**)

물질 개발 연구팀은 시장에 나와 있는 물질들의 **spec**을 조사하고 분석하여 당사에서 사용 가능한 물질을 최종 선택하여 구매한다.

2. 제조 프로젝트로 해결하기 위한 방법(**DMARC**)

각 업체의 물질 특성을 분석해 보았더니 기본 특성은 만족하였으나 그대로 사용할 수 있는 정도는 아니었다.

따라서 이 물질에 몇 가지 특성을 최적화하여 사용 가능성을 검토하고자 한다.

– 물질 구성의 최적 조성비 + 촉매종류

– 반응시 최적 조건 선택(최적반응 온도, 시간)

그러나 이 경우는 최적 조건을 찾은 후에도 물성치의 변화 촉매 등의 많은 차이로 오는 변화에 따라 최적 조건을 다시 찾아야 한다.

3. DFSS Project로 해결하기 위한 방법(VRFC/CSOD/CDOV)
   - 새로운 물질 개발을 위한 energy 변환의 문제를 다룬다 (에너지 보존의 법칙).
   - 새로운 물질이 해야 하는 기능을 연구한다.
   - 요구하는 기능을 갖기 위한 새로운 물질의 에너지 분석 (위치에너지, 운동에너지)
     · 원자와 전자의 배열 구조 파악
     · 원자와 전자 구조간의 거리
   - 최적의 물질 구조식 파악 및 회귀방정식 정리
   - 고객요구 Spec을 만족할 수 있는 물질의 제작기술 확보

〔DFSS Project vs. Non DFSS Project 사례 2〕
 - 해결해야 할 문제의 정의

K사에서 차대용으로 장착되는 새로운 display device개발을 요구하였다. 이 제품은 아직까지 당사에서는 제작해 본 적이 없는 신제품이다. 유사 제품의 기술을 응용하여 기본 module시 제작을 완료하였으나 기존의 기술로는 K사에서 요구하는 휘도(밝기) spec을 만족시키기가 어려웠다. K사의 reflow 공정 조건에서 device module 내부에서 가스가 발생하여 휘도를 저하시키는 문제가 발생하였다. 이는 유사 모델에서도 발생하는 문제로 기존에는 device module 내에 getter를 터뜨려서 가스가 getter에 흡수되도록 하는 공법을 사용하였다. 그러나 차대용 device module은 일반 device module보다 size가 커서 가스 발생량이 상대적으로 많았고 이 getter를 터뜨리는 방법으로는 문제가 개선되지 않았다. 그래서 새로운 방법으로 aging 공정과 K사의 reflow

와 동일한 조건의 숙성공정을 통과하여 고객에게 납품하기 전에 가스를 제거하는 방법을 생각하게 되었다.

1. 제조 프로젝트로 해결하기 위한 방법(DMAIC)

   device module 내에서 발생하는 가스를 제거하기 위하여 aging의 전압과 숙성공정 조건의 최적화(숙성온도, 시간) 및 getter가 터지는 timing을 제어한다.

2. DFSS Project로 해결하기 위한 방법(DMARC/DCDOV)

   처음부터 device module 내에서 가스가 발생하는 원리를 규명하여 가스가 발생하는 원인을 제거하고 문제가 발생되지 않도록 설계한다.

   - 고온 상태가 되어도 가스가 발생하지 않는 물질로 대체한다.

   또는 module 내부에 가스가 발생하지 않는 온도를 측정하여 reflow 공정에서 module 내부에 영향을 미치지 않는 공법으로 공정 설계를 바꾼다. reflow 공정의 목적인 리드프레임과 module과의 용접이 원래 목적이므로 이 기능을 할 수 있는 방법으로 용접에 사용되는 납의 재질을 변경하거나 리드프레임 용접 부분에만 에너지를 공급하고 module 내부에는 에너지가 전달되지 않는 새로운 공법을 개발한다. 그 결과를 K사의 공정에 적용하여 K사의 공정을 간단하게 바꾸도록 한다. 그리고 다시는 같은 불량이 발생하지 않도록 한다. 그러면 K사에서는 눈물을 흘리며 고마워하지 않을까?

   이것이 6시그마가 추구하는 고객감동 패러다임이다.

   DFSS는 제조 부문에서 다루고 있는 양품률, 불량률과 같은 계수치 데이터를 프로젝트의 목표로 잡지 않는다. DFSS 부문에서 관심있는 것은 vector와 scalar로 표현과 측정이 가능한 시스템의 성능과 기능이

Critical Function의 규명과 측정을 통한 품질과 신뢰성 개발

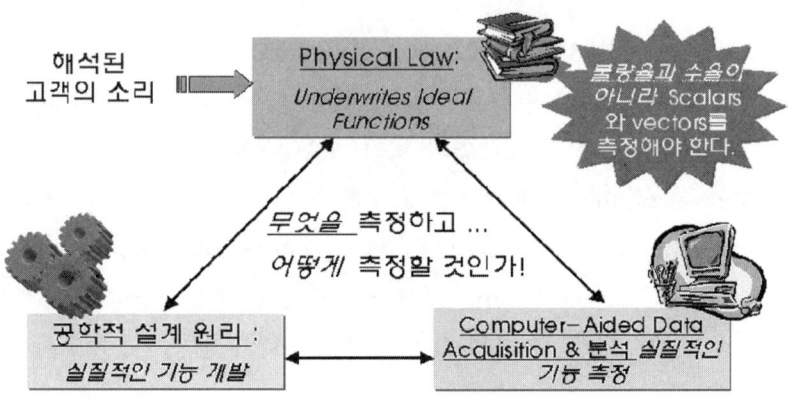

다. 이들은 공학적인 단위를 가지고 있으며, 우리는 신제품을 개발하기 위해서 이들을 향상시키고자 노력하게 될 것이다. DFSS 프로젝트는 물리적인 법칙과 공학적인 원리 그리고 측정 가능한 정보로 부터 얻을 수 있는 인자들이다.

따라서 DFSS는 "질량 불변의 법칙"과 "에너지 보존의 법칙"을 따르는 문제들을 규명하는 데 관심이 있다.

어떻게 DFSS를 해야 하는가?

DFSS 프로젝트 선정과 기업의 경영전략 연계

기업의 올바른 전략을 전개하기 위해서는 전략을 전개하는 방법을 이해해야 한다.

올바른 전략의 전개에 따라서 올바른 프로젝트가 선정되며, 또한 6 시그마 활동의 성과를 얻을 수 있다.

기업의 최상위 목표에는 Vision이 있다. Vision이란 그 기업의 가장 최상위의 개념으로서 기업이 존재하는 이유이다. 일반적으로 Vision은 포괄적인 "업의 개념"을 담고 있으며, 형이상학적인 내용을 포함하고 있다.

Vision이란 영속적인 것으로 조직을 만들 때 만들게 되며, 조직이 새로운 방향을 설정하거나 사명을 바꾸는 등 획기적인 "업의 변화"가 생길 때만 비로소 바꿀 수 있다.

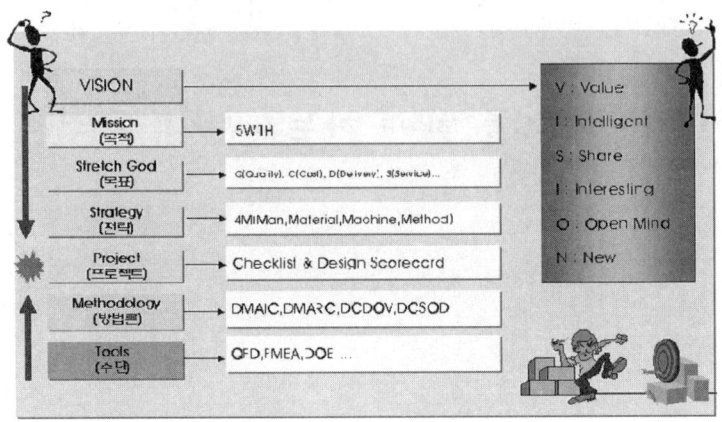

기업전략의 전개 방법

VISION	V : Value
Mission (목적) → 5W1H	I : Intelligent
Stretch Goal (목표) → Q(Quality), C(Cost), D(Delivery), S(Service)...	S : Share
Strategy (전략) → 4M(Man,Material,Machine,Method)	I : Interesting
Project (프로젝트) → Checklist & Design Scorecard	O : Open Mind
Methodology (방법론) → DMAIC,DMARC,DCDOV,DCSOD	N : New
Tools (수단) → QFD,FMEA,DOE ...	

예를 들면 Display업을 하고 있는 삼성전관의 Vision은 "영상기술로서 인류 행복에 기여한다."였다. 그러나 사명을 삼성 SDI로 바꾸면서 새로운 Vision으로 "True leader in Digital World."로 변경하였다. 필자가 많은 회사를 방문했을 때 경영자와 임직원들에게 당신 회사의 Vision이 무엇입니까? 라고 질문을 한다. 질문을 받은 사람들은 대부분 머뭇거리다가 서로 다른 Vision을 말하곤 한다. 이런 경우 필자는 '이 회사는 Vision이 없군요?' 라고 말한다.

어떤 회사는 매년 회사의 Vision을 바꾸는 것을 보게 된다. 이것은 잘못된 것이다. 매번 Vision을 바꾸는 것이 아니라 Vision 달성을 위한 목표와 전략을 바꾸는 것이 올바른 방법이다. 목표와 전략은 단기(1년), 중기(3년), 장기(5년 이상)로 수립하는 것이 일반적이다.

필자는 VISOIN에 대하여 다음과 같이 전개하였다.

　　　V : Value

I : Intelligent

S : Share

I : Interesting

O : Open Mind

N : New

Vision을 달성하기 위하여 기업은 부서별로 부서의 임무(Mission)를 나누어 갖는다.

임무(Mission)를 구체화시키기 위해서는 **5W1H**를 이용해서 정리할 수 있다.

5W1H는

Why?

What?

Who?

When?

Where?

How?

다음으로 이 임무를 통해서 도달할 수 있는 목표(Goal)를 세워야 한다.

우리가 목표를 세울 때 6시그마에서는 **Stretch Goal**을 세운다. **Stretch Goal**이란 우리가 최선을 다해서 달성할 수 있는 목표보다 훨씬 능가하는 목표를 설정하는 것을 말한다.

이러한 목표는 **Q(Quality), C(Cost), D(Delivery), S(Service)** 등을 기반으로 하게 된다.

그리고 이렇게 세운 목표를 달성하기 위해서 구체적인 전략

(Strategy)을 세우게 된다. 전략을 세울 때는 4M(Man, Machine, Material, Method)을 기반으로 세우고, 실행 가능하도록 구체화를 시켜야 한다.

여기까지는 기획 단계이며, 이 단계가 끝나면 정의된 내용을 중심으로 실행에 옮겨야 한다. 이렇게 조직의 목표와 전략이 구체화되면 이를 실행할 프로젝트를 도출하게 된다.

선정된 프로젝트에는 그 문제를 해결할 수 있는 적절한 인력을 투입하게 되고 이 때부터 본격적인 프로젝트가 시작된다.

프로젝트를 진행하면서 올바르게 프로젝트가 진행되고 있는가를 관리하기 위해서는 Checklist와 Design Score card 그리고 CPM(Critical Parameter Management)을 활용한다.

해결해야 하는 문제와 프로젝트의 성격에 따라서 VRFC, CSOD, CDOV, MARC, MAIC 등의 문제해결 프로세스 방법론을 (Methodology) 적용하게 된다. 이러한 방법론을 Road Map이라고 부

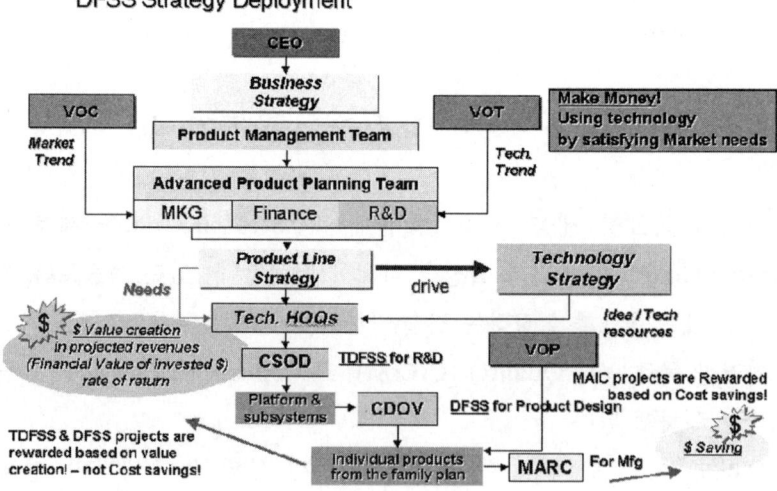

르기도 한다. 마지막으로 방법론에 따라서 **QFD, DOE** 등의 **DFSS Tools**가 결정된다.

기업에서 전략을 전개하는 방법은 여러 가지가 있지만 여기서는 기업의 경영전략을 DFSS전략과 연계하여 전개하였다.

우리가 가지고 있는 기술을 사용해서 시장에서 고객을 만족시켜 돈을 버는 **Make Money**는 조직과 조직을 이끄는 **CEO**의 궁극적인 목표이다. 이를 위해서 경영 기획팀에서는 기업의 경영전략을 수립한다. 경영 목표를 달성하기 위해서 시장에서의 고객의 소리(**VOC-Voice of Customer**)와 시장에서의 기술추이(**VOT-Voice of Technology**)를 조사하게 된다. 고객의 소리(**Market Trend**)는 마케팅팀에서, 기술의 발전 추이(**Technology Trend**)는 **R&D** 기획팀에서 조사하고 이를 재무팀과 함께 회사 진빈에 걸친 중장기, 단기 생산/판매계획 전략을 수립한다.

경영계획에 따라서 신기종 개발과 신기술 개발에 관련된 전략은 **R&D**와 개발팀에서 수립하게 된다. 이러한 전략을 가지고 개발 프로세스(**EPI**)에 따라서 신제품 개발이 진행되며, 상품기획 단계로부터 양산 이관 단계에 이르기까지 공정능력(**VOP-Voice of Process**)을 감안한 6시그마 설계인 **DFSS**를 추진하게 된다.

DFSS 프로세스는 개발이 완료된 신제품이 초기양품 수율을 6시그마 수준까지 도달할 수 있게 해준다.

DFSS 방법론 전개와 Road Map

6시그마 수준의 신제품 개발을 위해서는 상품기획 단계로 부터 양산 이관까지 철저하게 DFSS를 추진해야 한다. 삼성 SDI에서는 상품기획 단계에서 MFSS(Marketing For Six Sigma)를 추진하고 있으며, 이 단계에서는 신제품을 개발할 것인가 말아야 할 것인가를 결정하게 된다. MFSS 단계에서는 V-R-F-C Road Map을 사용한다.

다음 단계는 TFSS(Technology For Six Sigma) 단계로써 신제품 개발에 필요한 요소기술을 검증하는 단계이다. 신제품을 개발하는 데 있어서 기존의 기술과 새로 필요한 기술을 검증하고 새로운 요소기술을 개발하는 단계이다. TFSS 단계에서는 C-S-O-D Road Map을 사용한다.

이제 확보된 요소 기술을 바탕으로 한 제품 개발을 하게 되는 DFSS(Development For Six Sigma) 단계이다. 이 단계에서는 제품의

DFSS Roadmap of Samsung SDI

DFSS는 뒤지게 패서 시키면 시키는 대로 하는 방법론이다

모델명이 정해지고 구체적인 Spec이 결정된다. DFSS 단계에서는 C-D-O-V Road Map이 사용된다.

마지막으로 양산으로 넘기기 위한 안정성과 재현성 그리고 신뢰성을 확보하여 신제품 개발을 완료하는 PFSS(Product For Six Sigma) 단계로 진행된다. PFSS 단계에서는 M-A-R-C Road Map이 사용되며, MFSS/TFSS 단계에서는 주로 기술능력지수(tc-techno capability)에 중점을 주고 진행한다. 그리고 DFSS/PFSS에서는 프로세스 능력지수(cp-capability)에 중점을 두고 진행된다.

DFSS 프로세스에서는 신제품 매출기여율과 신제품 이익기여율 등을 관리한다. 이 두 가지 지표가 30%이하라면 올해는 경영에 문제가 없어 보이지만 내년에는 문제가 될 수 있다. 이 두 가지 지표를 30% 이상으로 관리하기 위해서 개발팀에서는 신제품 개발 전략을 세워야 하고 이 지표들은 기업이 계속적으로 생존하기 위해서 관리해야 한다. 그리고 DFSS 프로세스의 마지막 단계인 PFSS에서는 신제품 초기양품수율을 관리한다. 이렇게 해서 on-shot 개발을 달성할 수 있다.

〔신제품 개발을 위한 관리 지표〕
　　신제품 매출기여율
　　신제품 이익기여율
　　신제품 초기양품수율

MFSS 단계에서는 처음에 고객의 목소리와 기술의 목소리 그리고 프로세스의 목소리를 분석한다. 그리고 이들을 CCR(Critical Customer Requirement)와 CER(Critical Engineering Requirement) 그리고 CSR(Critical System Requirement)로 정리한다. 정리된 requirement를 통하여 function을 도출해 낸다. 그리고 이 function을 달성할 수

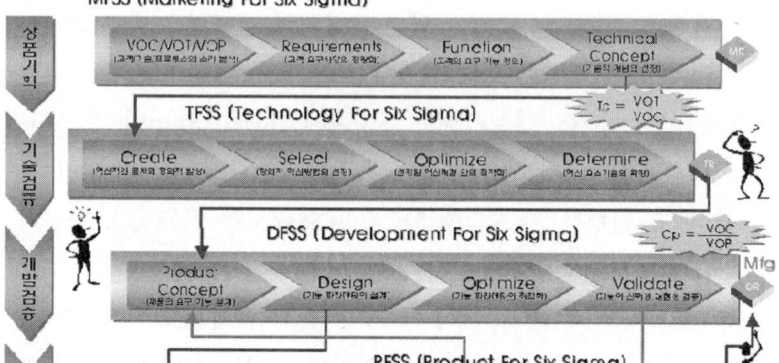

DFSS Roadmap Deployment Overview

있는 technical concept을 만들어 내는 것이 MFSS 단계에서 이루어
진다.

다음으로 TFSS 단계에서는 고객의 요구사항으로부터 도출된
technical concept을 바탕으로 신제품 개발을 위한 요소기술을 확보하
는 단계이다. 신제품 개발을 위하여 필요한 요소기술을 파악하고 이미
확보하고 있는 요소기술과 추가로 확보해야 할 요소기술을 파악하고
새로운 아이디어를 구체화시키기 위하여 새로운 문제에 대한 창의적인
발상과 혁신적 아이디어의 구체화 및 최적화를 통하여 최종적으로 확
보해야 할 혁신 요소기술을 개발한다.

이렇게 확보된 기술들을 바탕으로 구체적인 제품 개발에 들어간다.
결정된 product concept에 따른 신제품의 구체적인 기능 Design을
실시하고 각 parameter의 최적화를 실시한다.

최적화에 따른 parameter와 각 parameter의 공차를 설계하여 Robust Design을 실시하는 것이 DFSS 단계이다.

그리고 개발된 신제품이 양산에 넘어가면 바로 6시그마 품질 수준을 달성할 수 있도록 부품의 공용화 및 표준화 그리고 양산에 적합하도록 재현성과 신뢰성 검증을 실시하는 PFSS 단계를 실시한다. 각 단계별로 Check List와 DSC(Design Score Card) 그리고 CPM(Critical Parameter Management)을 통하여 Design Review를 실시하고 개발을 진행시킬 것인지 다시 전 단계로 되돌릴 것인지를 결정하게 된다.

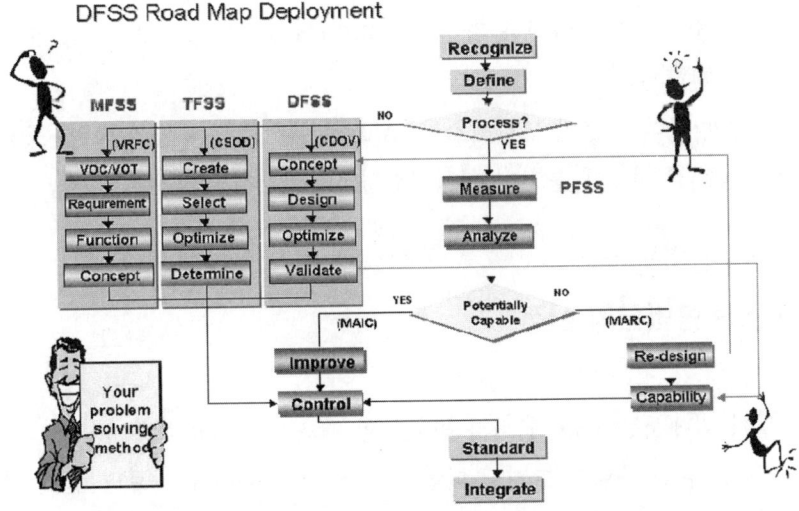

위의 프로세스는 이제껏 설명했던 DFSS Road Map을 한 장으로 정리한 것이다.

우선 문제에 대한 인식의 단계를 거쳐, 해결해야 할 문제를 정의하고 만약 정의된 문제에 프로세스가 있다면 현 문제의 수준을 측정한다. 그리고 목표수준과 현재수준의 gap을 분석하여 문제를 해결하기 위한 분석과 현장의 개선을 통한 문제해결을 실시하는 경우 MAIC라는 전통적인 Road Map을 따라가게 된다. 그러나 분석 단계에서 새로운 design을 필요로 하는 경우에는 DFSS Road Map을 따라가게 된다.

기존의 프로세스를 재설계하는 경우의 DFSS methodology 적용은 개발의 각 단계에서 발생되는 문제를 해결하기 위하여, 부분적으로 문제의 정도에 따라 MFSS/TFSS/DFSS/PFSS methodology를 적용할 수 있다.

그러나 기존의 프로세스가 없는 신제품 개발 프로젝트와 같은 경우에는 새로운 신제품과 프로세스를 개발하는 DFSS methodology를 적용하게 된다. 또한 이러한 경우에는 EPI process와 신제품 개발 프로세스가 진행된다.

이렇게 하여 완료된 프로세스는 control 상태를 유지하게 되며, 표준화를 통해서 시스템 통합화를 실시한다.

DFSS 방법론의 선정

필자 집에서는 Wife가 식사준비를 할 때 단 한 개의 칼을 가지고 파도 썰고 무도 자르고 고기도 다진다. 하지만 정육점에 가보면 껍질 벗기는 칼, 갈비 고르는 칼, 살코기 자르는 칼이 모두 다르다. 물론 정육점에서도 칼 한 자루 가지고 모든 작업을 마칠 수는 있지만 일의 능률을 위해 필요에 따라 다른 종류의 칼을 사용하는 것이다.

6시그마 활동에서도 해결하고자 하는 문제의 성격에 따라 적당한 방법론을 사용하는 것이 보다 좋은 성과를 기대할 수 있다.

일반적으로 제조 부문의 산포 문제를 해결하는 데 있어서는 전통적인 "DMAIC"를 적용한다. 그러나 비제조(사무 간접 부문)에서 다루는 대분의 문제는 프로세스를 개선하는 것이며, 이러한 경우 "DMARC" 방법론의 적용을 권장한다.

그리고 연구, 개발, 기술 부문의 문제 해결을 위해서는 "DCDOV" 방법론을 권장한다.

물론 이외에도 현재 알려져 있는 6시그마 방법론은 수십 가지가 넘는데 이 책의 마지막 장에서 다른 회사에서 사용하고 있는 6시그마 방법론들을 소개할 것이다.

DFSS Road Map 선정 프로세스

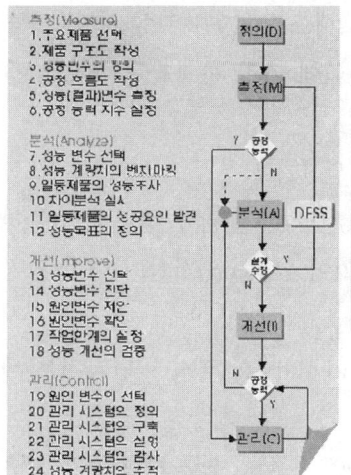

부문별 적용 Road Map

R&D 부문	비제조 부문	제조 부문	문제해결 방법론 (Road Map)
신기술개발 (R&D)			C - S - D - D
신제품개발 (Develop)	Service (신뢰성 공정상품기획)		C - D - O - V
설계개발 (AFC)	Transact (신프로세스개발)	Mfg 제조프로세스 재설계	M - A - R - C
	Admin (사무프로세스개선)	Mfg 제조프로세스 개선	M - A - I - C

하지만 대부분의 방법론은 제조/비제조/DFSS의 문제를 해결하기 위한 것으로 이름이 다를 뿐이며, 기본적인 사상은 같다고 할 수 있다.

DFSS 부문은 크게 3가지 부문으로 나누어 진다. 새로운 제품이나 서비스를 개발하는 R&D 부문과 기존의 제품을 변경하여 기능을 향상시키는 개발 부문, 그리고 하나의 제품만을 만드는 생산기술 부문이 있다.

첫 번째 R&D 부문은 창조, 발명의 문제로써 아직까지 고객의 요구(VOC)나 만드는 프로세스(VOP)가 없는 경우이다. cp = VOC/VOP를 계산할 수 없는 경우이며, 이 부문은 concept design의 경우에 해당된다. 새로운 concept은 고객의 목소리(VOC)를 분석하여 고객의 요구(Customer Requirement)로 변환시키고 이를 기능(Function)으로 변환시켜 궁극적으로 concept을 만들어야 가능하다. 우리는 이것을 개념설계라고 하며, 설계 단계에서 가장 중요하고 높은 가치를 가질 수 있는 영역이다. 대부분의 기업에서는 신제품을 개발할 대상을 벤치마킹 또는 reverse engineering으로 대치한다.

두 번째로는 기존의 제품을 변경하여 기능을 향상시키는 개발 부문으로, 고객의 요구(spec)와 만드는 프로세스(VOP)가 모두 측정 가능한 경우이다. 이 부문이 DFSS를 적용하기에 가장 수월한 부문으로 정통적인 DFSS 방법론이 적용된다.

세 번째로는 하나의 제품만을 만드는 생산기술 부문으로, 금형, 생산전용 설비 등은 고객의 요구(spec)는 있지만 한 개밖에 제품을 만들지 않기 때문에 공정의 산포를 측정할 수 없어 역시 cp 계산이 어려운 경우이다.

사무 간접(비제조) 부문의 방법론(Road Map)도 역시 마찬가지로 세 가지로 나눌 수 있다.

첫 번째로는 새로운 보험상품 개발, 새로운 금융상품 개발 등과 같은 DFSS 프로젝트 부문과 두 번째로는 신규인력 충원, 퇴직율 감소 등과 같이 기존의 프로세스를 변경하여 새로운 프로세스를 개발하는 DMARC를 적용하는 부문이다.

마지막으로 세 번째는 출납, 일반 사무 업무 등과 같이 현재의 프로세스를 개선하기 위한 DMAIC를 적용할 수 있는 부문이다.

제조 부문에서도 두 가지로 나눌 수가 있다.

실제로 제조 부문에서 6시그마 BB 프로젝트를 진행하다 보면 현재의 프로세스 개선(DMAIC)만으로는 문제가 해결되지 않는 경우가 종종 있다.

그런 경우에는 프로세스를 재설계하는 방법론(DMARC)을 가지고 접근해야 문제가 해결된다.

다시 말하지만 6시그마는 일을 하는 Road Map이 중요하며, 질문과 대답의 프로세스이다.

따라서 우리가 해결하고자 하는 문제의 증상에 따라 올바른 프로세스(Road Map)를 적용해야 한다.

그리고 일반적으로 제조부문에는 DMAIC, 비제조 부문은 DMARC, 연구, 개발 부문은 DCDOV를 적용해야 한다는 생각은 잘못된 것이다. 문제 해결 방법론의 적용은 부서에 따라서 정해지는 것이 아니라 해결해야 하는 문제의 성격에 따라서 가장 올바른 방법론을 적용해야 하기 때문이다.

DFSS Road Map은 질문과 대답의 프로세스이다

우리가 처음 가는 길을 헤메지 않고 한 번에 바로 찾아 갈 수 있는 방법은 무엇일까?

서울에서 부산까지 차를 운전해서 간다고 생각해 보자. (Goal & Objects) 당신은 그곳에 한 번도 가보지 않았고 가는 도로에는 안내 표지판이 하나도 없다. 조금 가다보니 세 갈래 길이 나왔다. 자, 당신이라면 어디로 갈 것인가? 영등포로 갈까요? 청량리로 갈까요? 차라리 오던 길로 돌아갈까요? 물어 물어서 우여곡절 끝에 대전까지는 왔다고 치자. 부산까지 가려면 또 얼마나 많은 삼거리, 사거리를 만나게 될 것인가? 이때마다 당신은 올바르고 현명한 판단을 내려야 한다. 그렇다면 당신의 판단 기준은 무엇인가?

부산까지 갈 수 있는 길은 여러 개가 있다. 그러나 국도로 간다면 꽤 많은 시간이 걸려야 부산에 갈 수 있게 될 것이다. 이럴 때 당신에게 전국 도로지도책이 한 권 주어졌다면 이제부터는 걱정하지 않아도 된다. 지도를 보면서 부산까지 가는 길을 올바르게 찾아 한 번에 갈 수 있기 때문이다.

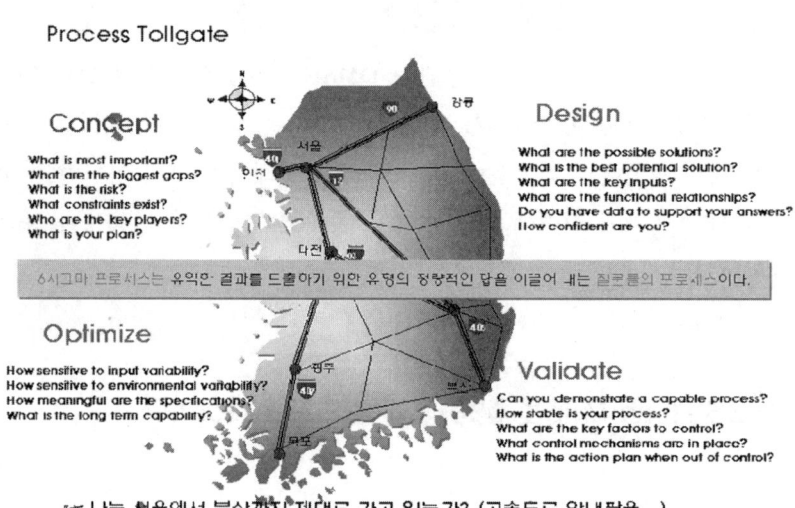

☞ 나는 서울에서 부산까지 제대로 가고 있는가? (고속도로 안내판을...)

우리가 새로운 제품을 개발하는 것도 한 번도 가보지 않은 길을 가는 것과 마찬가지이다. 우리는 새로운 제품을 개발하기 위해서 가야 할 먼 길이 있다. 그 길은 삼거리, 사거리는 물론이고 비포장 길과 산 길도 있을 것이다. 그러나 역시 걱정할 필요는 없다. 이제부터 우리는 신제품을 완성시킬 수 있는 지도를 가지고 있으니 말이다. (DFSS Road Map)

6시그마의 기본철학

질문의 역할

새로운 지식은 어쩔 수 없이 새로운 의문을 낳는다.

- ☞ 질문이 있는 곳에만 해답이 있다.
  동일한 질문은 항상 동일한 해답만을 유도할 뿐이며, 그 결과는 항상 일정이다.
  결과를 바꾸고 싶다면 의문을 바꾸어라.

- ☞ 관리자는 조직의 질문을 제기하도록 하는 리더쉽의 요소이다.
  표준의 측정방법을 논의할 때에는 새로운 질문들이 계속해서 제기될 수 있어야 한다.

- ☞ 질문들이 제기되어야만 비전이 만들어 지고, 방향이 설정되며, 애매한 부분이 없어 진다.
  이렇게 되어야만 인력이 조직화되고 조직의 공통의 행동 규범이 정해진다.

- ☞ 조직이 공통의 행동규범을 가질 때 성장하려는 조직의 능력이 증대되고, 아직까지 해결되지
  않은 문제점들에 대한 해답을 발견할 수 있을 것이다.

질문이 있는 곳에만 해답이 있다.
결과를 바꾸고 싶다면 질문을 바꾸어라.

그러나 국도뿐만 아니라 고속도로도 있기 때문에 우리가 고속도로로 간다면 훨씬 빨리 부산에 도착할 수 있다. (strategy) 경부고속도로를 타면 부산까지 늦어도 5시간 정도면 갈 수 있다는 것을 알고 있으니 명절을 제외하고는 바보가 아니라면 고속도로를 놔두고 굳이 국도를 타야 할 이유는 없다.

경부고속도로를 달리다 보면 중간중간에 IC를 만나게 된다. (Design Review or Tollgate)

지도를 가지고 있어도 고속도로에 표지판이나 안내판이 없다면 당신은 또 엉뚱한 곳에서 헤멜 수 있다. 다행히도 우리나라 고속도로에는 서울부터 수원, 천안, 대전, 대구, 부산까지(process mapping) 자세한 안내 표지판이 있어 당신이 그 표지판을 보고 달리면 가장 빠른 길을 찾아서 (C&E matrix) 주어진 시간 안에 부산에 무사히 도착할 수 있다. (Design Score Card) 물론 예기치 못한 기후 등으로 약간의 시간이 더 걸릴 수도 있지만 이럴 경우 사전에 비나 눈이 올 것에 대비하여

준비를 한다면 안전하게 운전할 수 있게 된다. 또는 고속도로에 예기치 못했던 사고가 일어나 길이 막혀 있을 수도 있는데 이럴 때는 가장 가까운 톨게이트를 찾아 국도를 이용한다면 사고 지역을 우회할 수도 있을 것이다. (DFMEA) 그리고 프로세스 중에서 중요한 사항들을 잘 정리(control plan)해 놓으면 계속해서 무사히 목적지까지 도착할 수 있다. 따라서 우리는 한 step step을 진행할 때마다 묻고 그에 대한 올바른 답(checklist)을 구하면서 가야 한다.

6시그마 프로세스는 유익한 결과를 도출하기 위한 유형의 정량적인 답을 이끌어 내는 질문들의 프로세스이다.

얼만큼 DFSS를 해야 하는가?

MAIC와 DFSS의 차이

제조 부문의 6시그마 활동과 연구개발 부문의 DFSS의 차이는 무엇인가?

기본적으로 6시그마 활동이라는 관점에서 볼 때는 같은 활동이지만 DFSS는 새로운 제품이나 서비스를 개발할 때 적용되는 방법론이다.

일반적으로 제조 부문의 6시그마 활동은 기존 프로세스의 공정능력을 개선하는 데 그 목적이 있다. 그러나 DFSS는 프로세스가 없거나 또는 기존의 프로세스를 새롭게 개발하고자 할 때 적용되는 방법론이다. 또한 제품의 개발/설계에 있어서의 DFSS는 일반적으로 공차(Tolerance)의 문제를 다룬다.

필자는 "우수한 설계자는 공차를 넓힐 수 있는 사람이다."라고 항상 강조한다.

다음은 필자가 설계자들과 하는 대화의 내용들이다.

이제부터 우리는 DFSS를 해야 하는데, DFSS가 뭔지 알고 있나요?

설계 단계에서 6시그마 수준의 설계를 해야 한다고 한다. 다시 말하면 완벽한 설계를 해야 한다는 것인데, 보통은 설계가 끝난 후에도 아직 많은 부분의 설계를 바꿔야 하고, 또한 설계 도면대로 일이 될 지도 해봐야 한다.

그런데 6시그마 수준의 설계란 cp가 2.0이 되도록 설계하는 것이다. (cp = USL - LSL/6σ) 다시 말하면 설계자가 공차를 늘리면 금방 6시그마가 된다. 이것은 산포를 줄이기 위해서 들어가는 노력에 비하면 무척 쉽고 돈도 거의 들지 않는다.

그런데도 설계자는 공차를 늘리지 못한다. 그래서 필자는 다음과 같은 질문을 한다.

우리는 공차를 제대로 설계해 본 적이 있는가?

공차를 늘리면 혹시 품질이 엉망이 되는 것은 아닐까?

아니면 현장에서 산포에 자신이 없으니까 자꾸 설계자에게 공차를 줄여 달라고 하는 건 아닌가?

또 설계자들도 자신이 적은 공차에 자신이 없으니 현장에서 요구하는 대로 끌려 가는 것은 아닌가?

현장에서 높은 정도의 공차를 요구했을 때 설계자가 작업자에게 그에 대한 이유를 물어 보았나?

마찬가지로 설계자가 적어 놓은 공차에 대해서 작업자가 설계자에게 공차의 합리성에 대하여 따져 본적이 있는가?

어쨌든 설계에서 잘하면 많은 돈을 벌 수 있다. 숫자만 고치면 되니까.

앞에서 말한 내용을 이해하지 못하는 설계자는 설계자가 아니라 제도자다. 설계자는 단순히 도면만을 그리는 것이 아니라 비용($)을 생각할 수 있는 사람을 말한다. 그냥 아무 생각 없이 도면을 그리는 사람을 우리는 설계자라고 부르지는 않는다. 그런데도 많은 사람들이 자신이 설계자라고 착각하고 있다.

그리고 엔지니어는 그런 설계 능력과 프로젝트를 기획하고 관리하는 능력을 가진 사람을 말한다. 역시 대부분의 사람들이 자신이 "엔지니어"라고 착각을 한다.

그냥 "엔조이니어"이면서.....

여기서 DFSS 부문과 제조 부문의 6시그마 활동과의 차이점을 생각해 보자.

앞에서 말했듯이 제조 부문의 6시그마 활동은 공정의 산포를 줄이는 데 중점을 두고 있다. 그러나 DFSS는 산포도 물론이지만 제품의 spec을 넓히는 데 보다 많은 관심을 가지고 있다.

그러면 공정능력 cp(process capability)에 대해서 알아보자. cp란

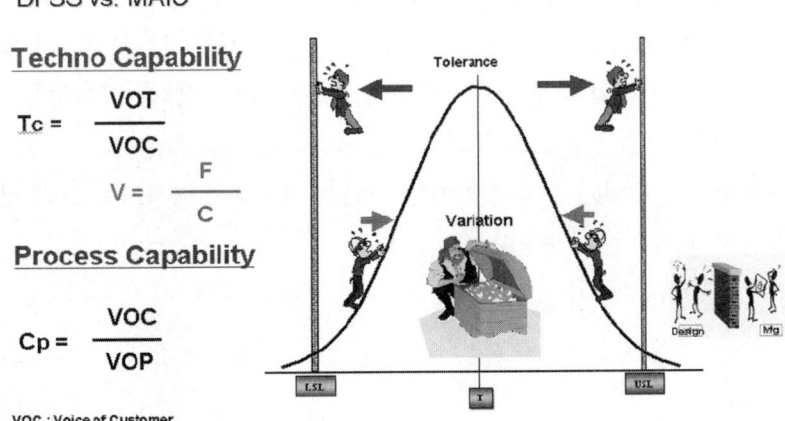

DFSS vs. MAIC

Techno Capability

$$T_c = \frac{VOT}{VOC}$$

$$V = \frac{F}{C}$$

Process Capability

$$C_p = \frac{VOC}{VOP}$$

VOC : Voice of Customer
VOT : Voice of Technology
VOP : Voice of Process

그림의 공식에서 보는 바와 같이 고객의 요구(VOC)를 우리의 공정 능력(VOP)으로 나누는 것이다. 고객의 요구는 USL - LSL이고 공정능력은 6표준편차이다. 그래서 cp 공식은 USL - LSL/6σ 로 나타낸다. 다시 말해서 cp는 중심과 산포를 나타내는 공정능력 지수이다.

그러나 DFSS는 우리가 개발하고자 하는 신제품이 과연 시장에 나가서 팔릴 수 있는 것인가? 하는 것이다. 팔리지 않을 제품을 열심히 개발하고 만들어봐야 무엇에다 쓸 것인가? 따라서 신제품 개발을 할 것인가? 말 것인가?를 상품 기획 단계에서 충분히 검토해야 할 필요가 있다.

필자는 기술능력 지수인 tc(techno capability)를 제안하고자 한다. 이것은 연구, 개발의 기술능력을 나타낸다.

cp가 VOC/VOP의 첫 글자인 것을 감안해서 tc는 VOT/VOC의 첫 글자를 따왔다. 이것은 고객의 요구를 만족시킬 수 있는 기술력을 확보하여 개발된 신제품이 시장에서 돈을 벌 수 있는 가를 판단할 수 있는 지표이다. 다시 말하면 이 제품을 개발할 것인가 말 것인가를 판단하는 지수이다.

이 지수는 V = F/C(value = function/cost)로 표현할 수도 있다. 이는 VE 개념으로 역시 시장에서 팔릴 수 있는 가치를 정량화시키는 방법이다. TC가 2.0 이상이면 개발될 신제품은 hit 상품이 될 가능성이 높아진다.

이 방법은 필자가 현재까지 개발 중인 방법으로 아직까지는 보다 많은 연구가 필요한 부분이다.

DFSS 프로젝트와 DFSS BB 프로젝트

DFSS BB 프로젝트는 제품 개발을 대상으로 하되 제품 자체의 개발에 있는 것이 아니라 제품을 개발하는 데 장애가 되는 문제를 해결하는 것을 대상으로 한다. 물론 최종적으로는 신제품 개발을 성공시키는 것이 목적이지만 이는 챔피온의 프로젝트로 정의하고 BB 프로젝트는 신제품 개발을 성공시키기 위한 CFRs을 6시그마 수준으로 달성하는 것이 목표이다. 예를 들면 신제품 개발에 있어서 소음을 설정한 목표에 대하여 6시그마 수준으로 달성하는 것이나 브라운관의 두께를 설정한 목표 수준 만큼 줄이는 것 등을 말한다.

따라서 신제품의 개발을 성공시키기 위해서는 수십 개의 DFSS BB 프로젝트가 진행되어야 하며, 챔피온은 이들 프로젝트를 효과적으로 관리하기 위하여 CPM(Critical Parameter Management)을 운영한다.

Road Map은 각 단계별로 필요한 checklist와 DSC(Design Score Card)가 제공되고 on-site consulting시 이들 checklist와 DSC(Design Score Card)를 점검하여 프로젝트가 올바르게 진행되고 있는지를 점검해야 한다. 이것은 DFSS BB 프로젝트가 성공하는 데 중요한 요소이다.

일반적으로 연구소나 개발팀에서 DFSS BB 프로젝트를 선정함에 있어서 기존에 하고 있던 프로젝트와 DFSS 프로젝트에 대한 구별이 모호하다. 또한 DFSS 프로젝트로 선정된 경우와 그렇지 않은 경우에 대한 기준이 정확하지 않다. 연구원이나 개발자가 하는 일이나 DFSS 프로젝트나 그렇게 다르지 않다는 주장인 것이다. 물론 그들의 주장도 일리가 있다고 생각된다.

그러나 이러한 게 문제가 되는 것은 DFSS 프로젝트에 대해서는 커다란 인센티브가 부여되기 때문이다. 똑같은 일을 해도 DFSS 프로젝트냐 아니냐에 따라서 인사고과 및 프로젝트 재무성과에 대한 인센티브가 주어지기 때문에 DFSS 프로젝트를 하지 않는 사람들에게 불만의 요지가 있다. DFSS BB 프로젝트로 해결하지 않았으면 안했을 것이며, 또 효과가 나지 않았겠느냐는 것이다.

또 DFSS 프로젝트의 효과가 BB 혼자서 열심히 했다고 과연 해결되었는가? DFSS BB 프로젝트만의 효과로 정말로 그 문제가 해결되었겠는가? 하는 등의 문제들이다.

그래서 필자는 DFSS 프로젝트와 DFSS BB/GB 프로젝트를 나누어 생각할 것을 제안한다. 특히 신제품 개발의 문제에 있어서 하나의 신제품이 개발되기 위해서는 많은 인력이 오랜 시간 동안 프로젝트를 진행해야 한다. 따라서 신제품 개발 프로젝트는 챔피온이 주관하는 DFSS 프로젝트로 운영되어야 하며, DFSS 프로젝트는 수십개 또는 수백개의 DFSS BB/GB 프로젝트로 나누어져 운영되어야 한다.

신제품을 개발하는 데 있어서 Road Map은 상품기획-기술검증-개발 검증-양산검증을 따르며, 이를 DFSS 프로젝트로 추진한다. 그리고 각 단계에서 해결해야 하는 중요한 문제를 DFSS BB 또는 GB 프로젝트로 해결한다.

예를 들어 GE의 잭 웰치 회장이 자랑하는 GE 최초의 DFSS 프로젝트인 "Light Speed CT Scanner"의 경우에는 90개의 CTQs를 33 DFSS BB Project로 5년간 수행하여 6시그마 수준을 달성하였다. 그리고 GE의 두 번째 DFSS 프로젝트인 "Spectra Range"의 경우에도 150개의 CTQs를 DFSS BB Project를 수행하여 신제품 개발을 완성하였다.

최근 GE, Motorola, Sony 등의 선진 기업들의 6시그마 추진 방향은 이와 같이 DFSS 프로젝트 위주로 방향을 전환하고 있는 것이다. 이와

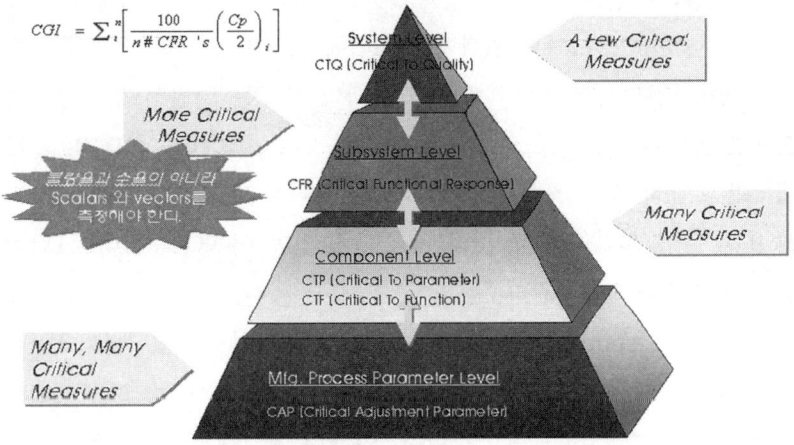

Critical Parameter Management

☞ CGI (Capability Growth Index)를 6시그마 수준(Z_{value})의 평가 기준으로 활용
☞ CIP (Cost Improve Parameter) 비용 개선 파라메터

$$CGI = \sum_{i}^{n} \left[\frac{100}{n \# CFR's} \left(\frac{Cp}{2} \right)_i \right]$$

System Level
CTQ (Critical To Quality)

A Few Critical Measures

More Critical Measures

Subsystem Level
CFR (Critical Functional Response)

특성값과 순서의 아니라 Scalars 와 vectors를 측정해야 한다.

Many Critical Measures

Component Level
CTP (Critical To Parameter)
CTF (Critical To Function)

Many, Many Critical Measures

Mfg. Process Parameter Level
CAP (Critical Adjustment Parameter)

같이 DFSS 프로젝트는 회사의 전 부문에 걸쳐서 관련 부서가 함께 문제를 해결하는 CFT 형태의 프로젝트로 CEO 또는 사업부 책임자인 챔피온이 주관하여 이루어지는 프로젝트이다.

이러한 프로젝트의 성공은 6시그마를 통하여 진정으로 얻을 수 있는 "높은 나무의 과일"에 해당하는 커다란 재무성과를 의미한다.

제품 개발은 System level, Sub System level, Component Level 그리고 Process level로 구분할 수 있다. CPM을 전개함에 있어서 DFSS에서는 이와 같이 4 level로 해결하고자 하는 문제의 발생 영역을 나눈다.

일반적으로 CTQ라고 말하는 해결하고자 하는 문제, 다시 말하면 프로젝트의 목표는 각 level별로 정의할 수 있다. 제조 부문에서 대부분 CTQ는 Y를 일컫게 되며, 프로젝트의 목표이다. 그러나 Big Y, Large

Y, Y, Small Y 등과 같이 Y도 해결해야 하는 문제의 level에 따라서 여러 가지로 구분된다.

필자는 이러한 혼란을 막기 위해서 각 level별 Y에 대한 용어를 다음과 같이 정의하였다.

우선 System level에서 고객이 시스템에 요구하는 가장 중요한 문제를 CTQ로 정의하였고, 이 경우에 고객의 요구는 일반적으로 정성적 요구로 고객이 시스템을 구매하는 중요한 factor가 된다. CTQ가 프로젝트의 목표가 되는 경우 이는 챔피온 프로젝트인 전사 프로젝트로 수개 또는 수십 개의 BB/GB project로 구성되고, 이 단계는 QFD 1단계를 전개하여 구체화시킨다.

다음 Sub System level의 경우는 엔지니어의 목표로 고객이 요구하는 정성적인 요구를 구체화시키기 위하여 각 Sub System이 가져야 하는 중요한 기능을 전개하는 것이다. 이 단계에서 가장 중요한 문제를 CFR(Critical Functional Response)로 정의하였다. CFR은 시스템의 기능에 영향을 미치는 측정이 가능하며, 공학적인 단위를 가지고 있는 factor로써 대부분 DFSS BB 프로젝트의 목표가 된다. 또한 이 CFR은 물리적인 법칙과 에너지 보존의 법칙을 따르며, QFD 2단계 전개를 통하여 결정된다.

다음은 Component level에서 각 부품이 가지고 있는 기능에 영향을 미치는 중요한 특성을 전개하는 단계로써 CTP(Critical to Parameter) 또는 CTF(Critical to Function)로 정의한다. 이 단계의 factor들은 설계의 대상이 되는 인자들이며, QFD 3단계에서 전개를 통하여 얻어진다.

마지막 단계로서 각 Components를 조립하거나 Sub System들을 조립하기 위한 프로세스 단계이다. 이 level에서는 제조를 위한 각 프로세스의 중요한 인자를 CAP(Critical Adjustment Parameter)로 정의하고 DOE, 다구찌 실험계획 등을 통하여 각 인자의 최적화를 실시하여 6시그마 설계를 달성하게 된다.

CPM(Critical Parameter Management)은 각 level별로 중요한 인자들을 관리하는 방법으로 DFSS 프로젝트를 추진하는 데 있어서 주요한 관리 방법이다. CPM에서는 프로젝트의 달성도를 CGI(Capability Growth Index)로 시그마 수준을 100분율로 환산하여 관리한다. 이것은 우리에게 6시그마 수준인 Z value보다는 100점 중 몇 점인가가 훨씬 쉽게 이해되기 때문이다.

또한 DFSS 프로젝트의 효과를 CIP(Cost Improvement Parameter)를 통하여 금액으로 환산하게 된다. 이 CIP는 DFSS 프로젝트의 성과를 산출하는 데 사용된다.

다시 정리를 해본다면 DFSS 프로젝트는 불량률이나 수율 등익 향상이 목표가 아닌, scalar와 vector로 표현할 수 있는 측정 가능한 인자의 최적 설계를 통하여 시스템의 성능을 향상시키는 것을 목표로 해야 하며, 각 단계의 문제에 따라 챔피온, BB, GB 프로젝트를 선정하고, checklist, DSC(Design Score card)와 CPM을 통하여 프로젝트의 진행과 성과를 관리하여 문제의 원인을 근본적으로 해결하도록 해야 한다.

CFR/CTF/CAP 용어의 이해

여기서 간단한 사례를 통하여 CFR/CTF/CAP라는 용어에 대하여 알아보도록 하겠다.

Understanding CFR/CAP/CTF

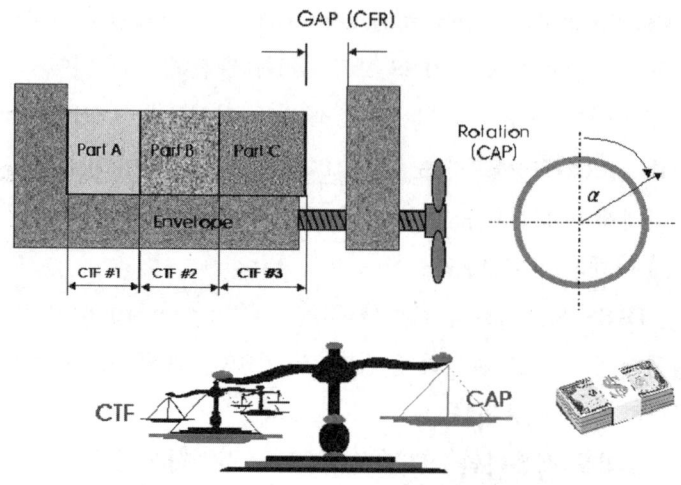

그림에서 보는 것과 같이 envelope에 3개의 부품을 조립하는 시스템을 설계한다고 가정해보자. 이 시스템에서 우리가 원하는 목표는 envelope에 각 부품을 조립해서 이상적인 기능을 가지게 하는 것이다. 이를 위해서 우리가 관심을 가지는 부분은 시스템의 gap과 각 부품의 설계이다. 다시 말하면 gap과 각 부품의 중심과 공차를 설계하는 것이다. gap이 너무 넓으면 시스템이 정상적인 기능을 가질 수 없게 되며, 너무 작으면 조립의 어려움과 동시에 수율이 낮아지게 될 것이다.

여기서 gap을 CFR이라고 한다. 또한 각 부품의 X방향 치수를 CTF라고 한다. 이러한 시스템 설계에서는 각 부품의 CTF는 gap에 커다란 영향을 미치게 된다. CFR의 품질을 높이기 위해서는 각 부품의 CTF, 즉 X방향 치수와 산포가 중요한 인자가 된다. 따라서 CFR의 품질을 높이기 위해서는 각 부품의 가공정도를 높여야 하는데, 보다 정밀한 가공을 위해서는 비용이 추가로 발생하게 된다.

그렇다면 이번에는 생각을 바꿔 보기로 하자.

이제 시스템을 다음과 같이 새로운 아이디어를 통하여 재설계하였다. 그림에서 보는 바와 같이 envelope를 분리하고 envelope에 bolt를 삽입해서 핸들을 돌리면 오른쪽 envelope가 이동할 수 있게 하였다. 우리가 원하는 목표는 이상적인 gap을 얻는 것인데, 이제부터는 CFR인 gap에 영향을 미치는 인자는 각 부품의 CTF가 아니라 핸들이 돌아간 각도이다. 이 핸들이 돌아간 각도를 CAP(Critical Adjustment Parameter)라고 한다. 이제는 부품의 가공 품질이 조금 떨어져도 원하는 gap은 언제든지 6시그마의 품질을 얻을 수 있다.

그러나 엔지니어는 여기서 중요한 결정을 해야 하는데, CFT의 비용과 CAP의 비용을 비교하여 보다 cost가 낮은 부분으로 결정하는 것이다.

일반적으로 엔지니어들은 새로운 설계가 무조건 좋다고 생각하기 때문이다. 하지만 DFSS는 돈을 버는 것을 목적으로 하기 때문에 새로운 시스템 설계가 비록 기능적으로 우수하다 할지라도 cost가 높다면 새로운 설계안을 채택하는 것은 어리석은 짓이다.

DFSS 프로젝트의 CPM 전개

다음 그림은 CPM을 전개한 사례를 보여 주고 있다. CPM은 각 level별로 관리해야 하는 중요한 parameter를 상위 level부터 하위 level로 계단식으로 전개하는 방식이다. 각 parameter에 cp, cpk를 관리함으로써 한눈에 가장 중점적으로 관심을 가지고 해결해야 하는 문제를 관리할 수 있다. 또한 CPM을 전개하면 각 level에 따라서 프로젝트의 owner가 누구인지를 알 수 있고, 프로젝트의 규모를 결정지을 수 있다.

Flow-Down example of Critical Parameters

　새로운 제품을 개발하는 데 있어서 어느 한 부문이라도 품질이 낮게 되면 전체 시스템의 품질은 가장 낮은 기능에 따라 좌우된다. 다시 말하면 전체 프로세스의 효율은 가장 낮은 효율을 가진 Sub-process에 의해 결정되기 때문이다. 따라서 DFSS BB 프로젝트는 이러한 가장 낮은 효율을 가진 CFR을 개선하는 것이 목표가 된다.

　이러한 모든 인자들의 성능을 향상시켜 전체 최적화를 도모하는 것이 DFSS Mega Project이다. DFSS Mega Project는 챔피온의 책임 아래 MBB와 여러 BB/GB Project를 동시에 진행하게 된다. DFSS Mega Project는 CFT(Cross Functional Team) 활동에 의해서 진행되며 보다 큰 효과를 얻을 수 있다.

　CPM은 QFD와 연계하여 진행되며 각 parameter는 DSC(Design Score Card)로 수준을 측정하고 관리한다.

Design Score Card

Design Score Card는 신제품 개발 단계에서 올바른 의사 결정을 하기 위해서 작성한다.

신제품 개발 프로세스인 **EPI Process**는 상품기획-기술검증-개발검증-양산검증의 4단계로 운영되며, 표준화와 **PDM(Product Data Management)**라는 시스템을 통하여 운영된다.

상품기획 단계에서는 "이 신제품을 개발할 것인가? 말 것인가?"를 결정한다.

기술검증 단계에서는 "신제품 개발을 위한 요소기술이 충분한지"를 검증한다.

개발검증 단계에서는 "신제품 개발을 위한 설계가 충분한지"를 검증한다.

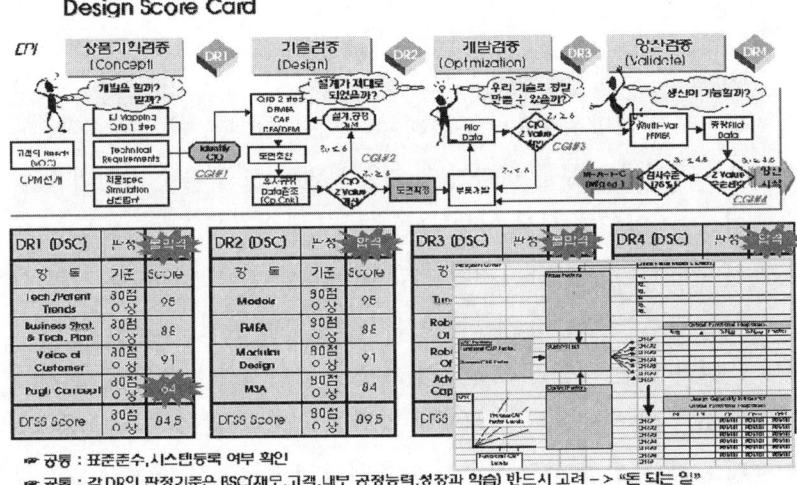

Design Score Card

☞ 공통 : 표준준수, 시스템등록 여부 확인
☞ 공통 : 각 DR의 판정기준은 BSC(재무,고객,내부 공정능력,성장과 학습) 반드시 고려 -> "돈 되는 일"

양산검증 단계에서는 "개발된 신제품의 재현성과 양산성 그리고 신뢰성"을 검증한다.

이러한 EPI 신제품의 개발 프로세스는 각 단계별로 DR(Design Review)을 통하여 다음 단계로 넘어가는 의사결정 프로세스를 가지고 있으며 이때 활용되는 것이 DSC(Design Score Card)이다.

DSC(Design Score Card)는 checklist에 의해서 각 단계별로 BSC(Balanced Score Card) Concept에 의해서 Design되어 있으며, CPM과 연계되어 운영된다.

EPI 프로세스에서의 Design Review는 앞에서 설명했던 CGI Score가 각 단계별로 80점을 넘었을 때 다음 단계로 진행하게 된다.

올바른 의사결정 시스템

우리가 하고 있는 업무 가운데 DR(Design Review)라는 프로세스가 있다.

이 DR은 각 단계마다 올바르게 일을 하고 있는가를 check하는 역할을 한다. 각 단계별로 DR을 통과해야만 다음 단계로 넘어갈 수 있다. 즉, DR은 우리가 업무를 하다가 과속을 하면 속도를 늦추고 한번쯤 뒤를 돌아볼 수 있도록 해서 처음부터 올바르게 업무를 할 수 있도록 해주는 역할을 하는 것이다. DR이 제대로 역할을 한다면 DR4를 마친 개발이 끝난 제품은 생산 초기부터 6시그마 수준의 품질을 갖게 된다. 그런데 DR4가 끝난 제품이 개발에서 제조로 넘어가서 처음 라인을 가동시키면 초기 양품 수율이 기대했던 것만큼 나오지 않는다. 이것은 DR이 제대로 제 역할을 하지 못했기 때문이다. DR규정 및 프로세스가 있음에도 불구하고 대부분의 DR은 형식적으로 이루어지는 경우가 많다.

DR checklist는 형식적으로 작성되어 있고 심지어는 DR을 통과하지 않고도 생산을 하는 경우가 많다.

DR1은 상품기획 단계로서 이 제품을 개발할 것인가 아닌가를 검증하는 단계이다. DR1단계의 주관은 상품기획에서 하게 되며 영업, 개발, 구매, 제조 등의 부서가 함께 참여하게 된다. 따라서 DR1단계에서는 주로 고객의 요구사항 분석과 시장 및 환경분석, 경쟁사 동향 및 원가 분석 등을 통하여 돈이 될 수 있는 신제품의 concept design을 결정하게 된다.

DR2는 설계검증 단계로서 상품기획 단계에서 결정된 concept대로 올바르게 설계하였는가를 검증하는 단계이다. 엔지니어의 머리 속에서 상상하는 내용을 시뮬레이션을 통해서 확인하게 된다. 이 단계에서는 임시 도면과 협력업체 및 세조를 위한 임시 spec이 만들어 지며, DR3, 4를 통하여 확정하게 된다.

DR3는 기술검증 단계로서 우리 기술로 설계한 concept대로 제품을 만들 수 있는가를 검증하는 단계이다. 이 단계에서는 시제품이 만들어지며, 시제품을 통하여 기술적 검증과 단기공정의 품질을 확인할 수 있게 된다. 또한 설계가 확정되며, PDM 시스템에서 E-BOM이 완성된다. E-BOM이 완성되었다는 말은 제품과 부품의 코드가 확정되고 구매 부서를 통하여 부품의 발주가 가능하다는 것을 의미한다. 상품기획 단계에서 설정된 제품 Spec과 제조를 위한 단기공정 능력이 확보되면 실제적인 개발은 완료되었다고 볼 수 있다.

DR2, 3는 개발부서가 주관하며 구매, 제조, 생산기술 및 관련 협력업체가 참여하게 된다.

이렇게 시제품에 대한 검증이 완료되면 이제부터는 양산을 하기 위한 재현성 및 신뢰성 그리고 장기공력 능력을 확보하기 위한 양산검증단계로 이관된다.

DR4는 제조기술이 주관하여 실시하며, 마케팅을 비롯하여 개발 및 제조부서까지 관련된 모든 부서가 참여하게 된다. DR4를 완료하면, 정식으로 개발이 완료된 것으로 인정하게 되며, PDM 시스템에서 M-BOM이 만들어지게 되고, 이후부터 제조 부서에 모든 내용을 이관하게 된다.

이렇게 개발 프로세스가 진행되는 데 각 단계별 DR은 무척 중요한 역할을 하게 된다. 다시 말하면 DR만 올바르게 한다면 이관 처음부터 완벽한 품질의 제품을 생산할 수 있다는 것이다.

그러나 앞에서 지적한 것과 같이 DR이 제대로 역할을 하지 못하기 때문에 개발이 완료된 이후에도 오랫동안 생산에서 고생을 하게 되고, 심지어는 생산을 포기하는 경우까지도 생기게 된다. 그런데 이렇게 중요한 DR이 올바르게 진행되지 못하는 이유를 잘 분석해 보면, 실제로 DR에서 back-data가 부실하여 올바른 의사결정을 하지 못하는 경우도 있고, 많은 문제가 있음에도 불구하고 납기 또는 다른 정책상의 이유 때문에 알고도 다음 단계로 넘기는 경우가 있다. 분명히 이 상태에서 다음 단계로 넘어가면 문제가 될 것을 뻔히 알면서도 나중에 하면 되겠지, 우선은 넘기고 보자는 식으로 업무가 진행되고 결국 뒤로 갈 수록 문제는 복잡해지고 풀 수 없는 상태까지 가고야 마는 신제품 개발을 하게 된다.

이러한 DR 프로세스를 보다 객관화시키고 계수화시킴으로써 각 단계별 DR이 올바르게 진행될 수 있도록 Design Score Card를 활용한다. Design Score Card는 각 단계별 DR checklist와 연계하여 DR시 check해야 할 항목 및 각 항목의 수준을 Score로 환산하여 올바르게 의사결정을 할 수 있도록 도와주는 시스템이다.

각 DR 단계의 checklist 항목과 수준은 QFD 또는 process map과 C&E Matrix, control board 등을 통하여 결정되고 CPM(Critical

Parameter Management)시스템을 통하여 관리된다.

올바른 DR이 처음부터 완벽한 품질을 만든다.

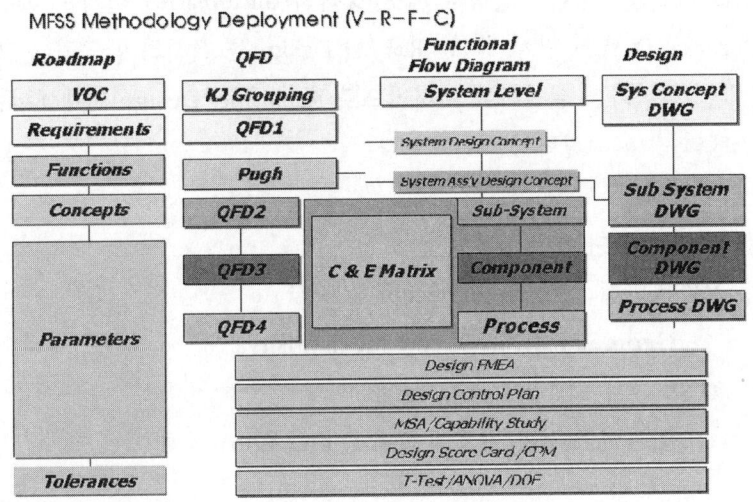

DFSS 방법론과 tools과의 연계

각 DFSS Road Map 단계를 DFSS tools과 연계하여 설명하기로 해
보자. 먼저 고객의 목소리와 기술의 목소리 그리고 프로세스의 목소리
로 부터 CCR(Critical Customer Requirement), CER(Critical
Engineering Requirement) 그 리 고 CSR(Critical System
Requirement)를 도출해 낸다. 이러한 requirement을 만족시킬 수 있
는 기능(function)을 설계하고 이를 달성할 수 있는 system concept을
찾아낸다. 전반적으로 시스템을 설계하는 방법으로는 Concept

Design, Parameter Design, Tolerance Design 그리고 Reliability Design 단계로 시행한다.

Concept Design 단계에서는 개발하고자 하는 제품의 geometry와 기구학적인 mechanism을 설계하고, Parameter Design 단계에서는 선정된 중요한 인자의 선정과 최적 중심치(dimension) 설계를 한다. Tolerance Design 단계에서는 Robust Design을 실시하여 공차(산포)에 대한 최적화를 실시하고 마지막으로 Reliability Design 단계에서는 시스템의 수명과 신뢰성을 확보한다.

〔신제품 개발 단계 및 설계 내용〕

　　MFSS 단계 : Concept Design

　　　- Geometry와 기구학적인 Mechanism설계

　　TFSS 단계 : Parameter Design

　　　- 인자의 선정과 최적 중심치(Dimension) 설계

Identify Inputs and Outputs

Tools
- C&E Matrix
- FMEA
- Fishbone
- Short-term Capability

Examples
- Different Operators
- Different Machines
- Different Shifts

Noise Inputs (Discrete)

Tools
- Boxplots
- Main Effects and Interaction Plots
- ANOVAs, T-test

Controlled Inputs

Examples
- Temperature
- Pressure
- Time

Process

Key Process Outputs

Noise Inputs (Continuous)

Tools
- Scatterplots
- Correlation
- Regression

Examples
- Room Temperature
- Barometric Pressure
- Relative Humidity
- Raw Material Characteristics

DFSS 단계 : Tolerance Design
　- Robust Deign 공차(산포) 설계
PFSS 단계 : Reliability Design
　- 양산성, 재현성과 수명, 신뢰성 설계

　각 단계에서 사용되는 Tools을 DFSS methodology와 연계해 보면 앞의 그림과 같다.

　주로 MFSS 단계에서는 QFD 또는 process mapping, C&E Matrix DFMEA 등의 tools을 사용하며, TFSS 단계에서는 TRIZ와 같은 idea generation tools을 사용한다. DFSS 단계에서는 DFMA와 DOE, regression 등과 같은 통계 tools을 사용하며, PFSS에서는 reliability 를 통한 수명과 신뢰성을 확보한다.

　이렇게 각 단계별 결정된 내용으로 설계자들은 조립도와 부분 조립도, 부품도 등의 도면 작업을 하게 된다.

누가 DFSS를 해야 하는가?

DFSS BB 교육과정

　DFSS BB 프로젝트를 수행하면서 받게 되는 DFSS BB 과정은 모두 5주간의 교육과정을 5개월간에 걸쳐 실시하는 것이 일반적이다.

　첫째 주에는 Define 단계로써, DFV(Design For Voice)을 주요 교육 목표로 잡고 있으며, 고객의 목소리에서 신제품의 Concept을 만들어 내기 위한 QFD를 실시하는 방법을 중점적으로 교육한다.

　둘째 주에는 Concept 단계로 DFC(Design For Concept)을 target 으로 하고 TRIZ를 비롯한 idea generation을 통하여 CFR과 CTF 등의 주요한 인자를 선정하기 위한 Functional Flow Diagram과 C&E Matrix 등의 process tools을 교육하게 된다.

　셋째 주에는 Design 단계로 DFM(Design For Manufacturing & Assembly)을 중심으로 Modula Design, DFMA, GD&T, Tolerance

Right Process & Methodology

Design 등의 각종 engineering tools을 중점적으로 교육한다.

넷째 주에는 Optimize 단계로 DFS(Design For Statistics)이 주된 내용으로 기초 통계와 실험계획법(DOE) 및 상관회귀 분석, 그리고 표면반응분석(RSM)과 다구찌 실험계획인 Robust Design을 중점적으로 교육한다.

마지막 다섯째 주에는 Validate 단계로서 DFR(Design For Reliability)을 중점적으로 하여 수명과 신뢰성을 확보하는 내용이 중점적으로 진행된다.

또한 DFSS BB 5주간의 교육을 마치면 1주부터 5주까지 배운 내용을 토대로 하여 종합 실습 게임을 진행한다. 대부분의 BB들은 교육 중에 배운 Tools을 자신들의 프로젝트에 적용하는 것이 어렵다고 한다. 그래서 프로젝트가 끝날 때, 비로소 DFSS를 통해 프로젝트를 진행하는 방법을 이해하는 경우가 많다.

물 BB와 말로만 BB

6시그마 활동에 있어서 BB의 역할은 무엇인가?

우리는 농담으로 BB는 "바보", GB는 "그래도 바보", MBB는 "못된 바보"라고 한다.

또한 MBB는 물 BB, 말로만 BB, 무늬만 BB, 못된 BB, 막연한 BB, 마이가리 BB, 멍청한 BB, 무식한 BB, 문제있는 BB, 막가파 BB, 못난 BB, 모자란 BB, 못생긴 BB... 등으로도 불린다.

현업에서 업무를 겸하면서 문제를 해결하는 사람을 GB라고 한다면, BB는 현업을 떠나서 전문적으로 문제만을 해결하는 문제 해결 전문가이다. 그리고 MBB는 이들을 훈련시키고 교육시키는 교관으로 보면 된다.

몇 년 전에 GE의 방기택 이사에게서 진정한 물 BB란 무엇인가에 대한 소개를 받은 적이 있다.

우리가 집을 지을 때 자갈과 모래 그리고 시멘트와 철근으로 콘크리트를 만든다. 이때 이들을 결합시키기 위해서 필요한 것이 "물"이다. 그러나 콘크리트가 완전히 굳어지고 난 후에 "물"은 완전히 증발해서 빠져 나가야 한다. 콘크리트에 "물"이 남아 있게 되면 콘크리트는 충분히 그 강도를 낼 수 없게 되기 때문이다.

이와 마찬가지로 진정한 물 BB의 역할은 프로젝트를 수행함에 있어서 조직간의 벽을 허물어 서로가 시너지를 낼 수 있는 촉매로서의 역할을 하고, 그 문제가 해결되면 빠져 나와 다른 프로젝트를 하는 역할을 계속해서 맡게 된다. 물이 계속해서 콘크리트 내에 남아 있게 되면 건물은 올바르게 서있을 수 없게 된다.

이것이 우리가 바라는 진정한 물 BB로서의 역할이 아닐까?

그러면 어떤 사람을 BB로 선발해야 하는가?

우리나라의 문화를 한마디로 표현한다면, 필자는 "한(恨)이 서린 신바람의 문화"라고 말한다.

우리나라를 대표하는 아리랑이나 농악을 보면 우리의 정서를 잘 알 수 있다. 끊어질 듯 끊어질 듯 이어지는 애절한 가락과 신명나게 돌아가는 농악가락, 애절한 피리소리 그리고 요즘 한국을 대표하는 "사물놀이"나 "난타" 등의 공연을 보면 정말로 신바람이 나는 것을 볼 수 있다. "가장 한국적인 것이 가장 세계적인 것"이란 말을 새삼 돌이켜 본다.

하지만 우리의 신바람 문화의 근본에는 한(恨)이 서려 있는 것을 알 수 있다. 예로부터 강대국의 사이에 끼여서 5천 년이나 이어온 우리의 끈질긴 생명력은 들에 피어 있는 들풀처럼 강인하고 끈질겼다. 우리는 국가적으로 개인적으로 어려움을 당할 때마다 슬기롭게 그 어려움을 극복하였고 그 때마다 쌓여 온 한(恨)은 우리 민족의 정서로 자리 잡았다.

그래서 우리는 때때로 한마당을 열어 신명나게 놀면서, 가슴 속 깊이 서려 있는 한(恨)을 풀어내는 것이다. 이렇게 한(恨)을 일로서 승화시킬 때는 정말로 신명나게 일을 할 수 있다.

우리 조직 내에도 한(恨)이 서린 사람이 있다. 정말로 조직의 문화를 바꾸어 보고자 노력하다가 매번 벽에 부딪쳐서 가슴에 응어리가 맺힌 사람이 있다. 처음에는

의욕과 정의감에 불타 앞뒤 안 가리고 혁신의 선봉에 서서 나가다가 기존의 변화를 거부하는 기득권 세력과의 마찰에서 많은 상처를 입고, 조용히 세월을 낚는 사람들이 있다.

필자는 이런 사람을 BB로 선정할 것을 권장한다. 이들에게 정말로 신명나게 한(恨)을 풀 수 있는 6시그마 변화의 한마당을 열어 주는 것이다. 6시그마를 통해서 그들은 조직내 변화의 전도사로 거듭나게 되어, 그 동안 쌓여 있던 한(恨)을 마음껏 풀 수 있다. 그렇게 되었을 때 6시그마의 중요한 전략인 "Right People"을 구현할 수 있다.

또 다른 정의로 BB를 "Best of Best"라고 부른다.

기업에서 BB를 선발할 때 가장 우수한 인력을 선발해야 한다. BB로 선발되는 인력은 단순히 통계적인 지식만을 요구하는 것이 아니라, 챔피온과 함께 문제를 해결할 수 있는 역량을 고루 갖춘 인력이어야 한다.

따라서 BB로 선발되는 사람은 다음 다섯 가지의 자격을 갖추도록 한다.

1) **Problem Domain Knowledge**(기술적인 경험과 능력)

2) **Problem Solving Skill**(문제 해결을 위한 지식)

3) **Project Management**(프로젝트 관리 능력)

4) **Team Leadership**(조직의 리더쉽)

5) **Change Management**(변화에 대한 의지 및 새로운 영역에 대한 도전 의식)

그런데 우수한 사람만을 선발했다고 해서 모든 문제를 다 해결할 수 있는 것은 아니다.

BB로 선발된 인력은 6시그마에서 제공되는 문제 해결을 위한 많은 **Tools**을 배워야 한다.

여기서 **MBB**는 태권도, 합기도 등의 고단자로써 해결사를 가르치는 시범을 말한다. **MBB**는 태권도 9단, 합기도 9단과 같이 그 분야의 전문가이기는 하지만 **BB**들에 비해서 실제 문제 해결 능력은 떨어질 수도 있다.

많은 기업들이 6시그마를 추진하면서 잘못을 저지르기 쉬운 부분이 챔피온, **MBB**, **BB**, **GB** 등을 직급 체계로 착각한다는 것이다. 챔피온은 임원, **MBB**는 부장, **BB**는 과장, **GB**는 대리로 대상자를 정한다. 6시그마 자격은 직급으로 하는 것이 아니라 주어진 문제를 해결하기 위한 기능으로 구별되어야 하는 것이다.

또 하나의 중요한 문제로 **BB**의 업무 전담에 관한 것이다.

대부분의 6시그마를 추진하는 기업에서는 **BB**를 전담한다고 말을 하고 있지만 정말로 전담하지는 않는다. 우리가 군대에서 군인들을 훈련시킬 때, 그 목적은 유사시에 딱 한번 제대로 제 역할을 해주기를 기대하며, 엄청난 투자를 해가며 훈련시킨다. **BB**도 마찬가지로 필요할 때 제 역할을 해주기를 기대하며, 기업에서 많은 투자를 하는 것이다. 따라서 **BB**는 주어진 기간동안에는 전담으로 운영해야 하며. 일반적으로

BB의 전담 기간은 2년 정도면 적당하다고 하겠다. 또한 BB로 선발된 인력은 그 조직 내에서 우수한 인력이기 때문에 부서장들은 기존의 업무를 계속해 주기를 기대한다. 챔피온은 6시그마 활동을 하라고 강력하게 지시를 하지만 중간 관리자들은 6시그마에 대한 이해가 부족하여, BB들은 중간에 껴서 눈치만 보게 된다.

필자는 BB를 문제해결 전문가라고 말한다. 이들은 조직에서 가장 중요하고 시급한 문제를 해결해야 하는 것이다. 일반적으로 BB들이 초기에 프로젝트를 수행할 때 대부분이 본인이 현업에서 하던 일들을 가지고 들어온다. 그렇다면 6시그마 프로젝트와 현업 업무와 다른 점이 무엇인가? 만일 그 문제를 6시그마 프로젝트로 추진하지 않았다면 하지 않았을 일인가?

이러한 의문은 BB들에게 끊임없이 제기되고 있는데, 올바른 6시그마 활동을 이해하지 못해서 생기는 문제이다. 또 다른 예로는 BB를 고속도로의 견인차에 비유할 수도 있다. 고속도로상에 사고가 생기면 도로가 꽉 막히게 된다. 그 때 견인차가 사고차를 정리해 주어야만 다른 차들이 원만하게 갈 수 있게 된다. 그러므로 신제품을 개발하는 데 있어서도 제품개발 프로세스는 EPI(Engineering Process Innovation) 프로세스이며, DFSS 프로세스는 제품 개발중에 나타나는 문제를 해결하는 문제해결 프로세스이다.

진정으로 6시그마 활동을 성공시키기를 원한다면 BB를 전업시켜야 한다.

언제까지 DFSS를 해야 하는가?

표준이란?

표준이란 무엇일까? 누구나 다 아는 듯한 용어이며, 또 알고 있다고 생각한다. 그러나 막상 말해보라고 하면 머뭇거린다. 우리는 너무나 당연한 것에 대해서 막상 잘 모르는 경우가 흔히 있다.

필자는 표준이란 "모든 사람이 반드시 따르고 지켜야 하는 것"으로 간단히 설명한다.

우리 회사에 표준시스템이 있느냐 하는 질문에 대하여 다음과 같이 생각해 보자.

우선 현재 프로세스가 있다면 표준은 반드시 존재해야 한다. 이 단계가 제대로 관리되고 있는지를 알기 위해서 표준 보유율과 표준 준수율을 관리한다. 표준 보유율과 표준 준수율은 관리력으로서 향상시킬 수 있으며, 이러한 것들은 짧은 시간 내에 목표에 도달할 수 있다. 또한 이 단계는 가장 기본적인 낮은 과일에 속하는 영역으로 제조 프로세스의 표준 등이 이에 속한다.

다음으로 표준은 지키면 반드시 성과가 나타나야 한다. 표준대로 일을 처리하였더니 업무가 엉망이 되더라 하면 이러한 표준은 차라리 없는 편이 낫다.

특히 올바른 표준을 만들고 운영하는 부문은 우리가 취약한 부분이다. 우리들은 형식적인 것을 좋아하고 대충하는 것에 익숙하다. KS, ISO9000 등의 인증만을 위해서 대충 만들어 놓은 표준은 현업에서 실제로 지킬 수 없는 경우가 많다.

따라서 우리가 가지고 있는 표준의 대부분은 "장식용 액자"에 불과하다. "우리는 이렇게 멋있는 표준을 가지고 있습니다."라는 것을 과시하기 위해서 여기 저기에 표준을 붙여 놓은 것을 보게 되며, 실제 작업은 자기들의 경험에 의해서 진행된다. 이 단계에서 관리해야 할 항목으로 표준 완전율이 있다.

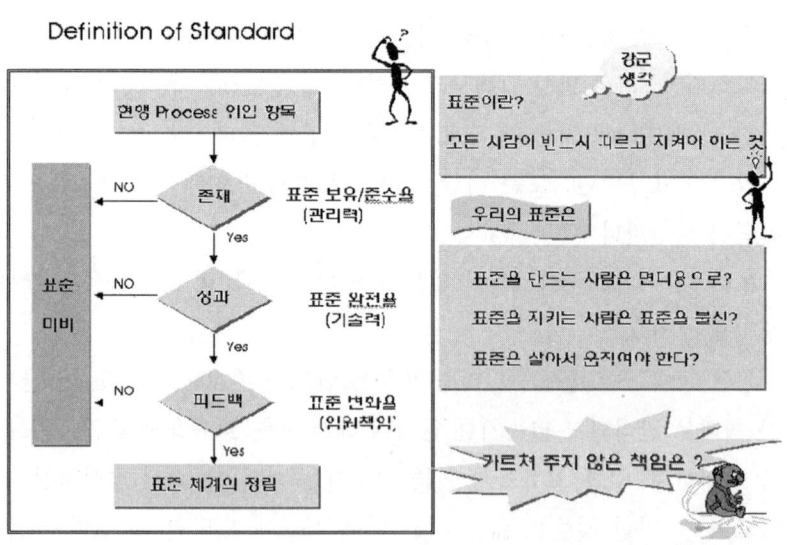

얼마나 표준이 제대로 만들어졌는가를 관리하는 항목이다. 이는 기술력에 관련된 내용이다. 주로 설계 단계에서 부터 제대로 표준을 만들 수 있는 기술을 확보해야 하는 것이다. 표준 완전율을 높이기 위해서는 결국 표준을 만드는 기술자들의 기술 수준을 높이는 것이 중요하며, DFSS가 이를 달성하기 위해서 도입된 전략이다.

마지막으로 표준은 계속해서 변경된다. 시장의 환경이 바뀌고, 고객의 요구 사항이 바뀌고, 또 보다 나은 프로세스의 개선 등에 의해서 spec은 지금도 계속해서 바뀌고 있다. 이러한 spec의 변화는 표준에 바로 반영되어야 하고 real time으로 관리되고 유지되어야 한다.

그래서 표준이란 필요한 사람이 필요한 장소에서 필요한 시점에 정확한 표준을 활용할 수 있어야 하며, 이러한 시스템이 구축되었을 때 "표준 시스템이 운영된다."라고 말할 수 있다.

그런데 우리의 표준은 표준을 만드는 사람의 면피용으로, 지키는 사람은 표준에 대한 불신으로 제대로 운용되지 못하는 실정이다.

대부분의 설계자들은 공차라는 것을 설계해 본 적이 없다. 일반적으로는 기존의 도면에 적혀 있는 공차를 적거나 설계자의 생각에 의해서 공차가 결정된다. 가공 능력이나 제조 비용을 감안해서 공차를 설계하지 않는다.

정밀한 공차가 품질을 높일 수 있다고 생각하고 설계자들은 의례 도면에 엄청나게 정밀한 공차를 적어 놓는다. 만일 문제가 생기면 현장에 책임을 전가시킬 수 있는 최선의 방어책이다. 그러니 현장 사람들은 설계도면에 적혀 있는 공차를 무시하는 경우가 많다. 비현실적이기 때문이다.

현장에서 오랜 동안 근무한 베테랑에게 도면은 참조용일 뿐이다. 그리고 실제로 그들의 경험이 옳은 경우도 많다. 하지만 문제가 발생되면 설계자와 작업자의 책임 전가에 대한 논쟁은 끊임없이 반복된다. 설계자는 자기의 기술적인 무식함을 작업자에게 전가시키고, 작업자는 엉터리 공차에 대한 반론으로 설계자를 공격한다. 그러다 보니 항상 설계와 현장은 불편한 관계를 유지하게 된다.

설계자는 현장의 공정능력을 감안한 설계를, 현장은 부단히 공정능력을 향상시키는 노력을 해서 서로 믿을 수 있는 표준을 만들 수 있는 실력을 갖추어야 DFSS가 성공할 수 있다.

표준시스템

어느 책에선가 맥도널드 햄버거 가게에 대한 이야기를 읽은 적이 있다. 맥도널드 햄버거 회사의 업(業)이 무엇일까?

식료품업, 유통업 또는 서비스업이라고 생각하는 사람이 대다수 일 것이다. 하지만 이 책에서는 맥도널드의 업종을 부동산업으로 결론지었다. 일리가 있는 말이다. 자세히 보면 미국뿐만이 아니라 우리나라에서도 맥도널드 햄버거 가게는 상권의 가장 핵심적인 위치에 자리를 하고 있다. 그래서 실제로는 햄버거를 팔아서 얻는 이익보다는 부동산을 통해서 얻는 이익이 훨씬 크다는 말이다.

맥도널드 햄버거의 또 다른 하나의 특징은 종업원의 대부분이 일용직이라는 점이다. 실제 직원은 얼마되지 않고 대부분이 아르바이트 직원을 통해서 운영하고 있다. 이 때문에 고정비가 감소되고 보다 많은 이익을 창출할 수 있다.

패스트푸드점의 중요한 CTQ는 햄버거 맛에 대한 품질의 균일성이다. 맥도널드 햄버거는 전 세계 체인의 햄버거 맛의 균일성을 유지하고 있다. 그런데 대부분의 아르바이트 직원으로 운영되는 맥도널드 햄버거에서 동일한 맛을 유지하는 것은 쉽지 않은 일이다.

그래서 맥도널드는 국가에 따라서 지역에 따라서, 그리고 각 점포에 따라서 맛이 차이가 나지 않도록 모든 재료와 프로세스를 표준화시켜서 운영하고 있다. 우선 재료와 소스는 중앙 일괄적으로 구매하여 각 점포에 공급하고 각 점포에는 동일 설비와 조리방법으로 햄버거를 만든다.

예를 들면 양배추를 써는 테이블 위에는 양배추를 써는 크기와 모양에 대한 작업 지도서가 붙어 있고 종업원은 별도의 숙련자가 아니라도 쉽게 작업을 할 수 있다. 그리고 가끔 자기가 썰어 놓은 양배추가 규격에 맞는지를 테이블에 붙어 있는 자로 확인하면 된다. 또한 고기를 자를 때 두께와 크기, 구울 때 오븐의 온도와 시간 등 모든 프로세스 단위 작업별로 자세한 작업 방법 및 규격을 작성하고 이 규격에 맞추는 작업을 하게 되면, 결과적으로 모든 점포의 맥도널드 햄버거 맛을 동일하게 유지할 수 있다.

이것이 맥도널드 햄버거의 품질이자 사업의 핵심 전략이다. 관리자는 가끔 종업원들이 표준을 지키는가를 확인하는 일을 하게 되며, 이것조차도 관리자의 검사 표준에서 제시하고 있다. 물론 테이블에서 서빙을 하는 종업원들의 서비스에 대한 표준도 마련되어 있다. 다시 말하면 모든 일이 철저하게 표준화되어 있고 아르바이트를 쓰면서도 높은 품질을 유지할 수 있다는 것이다.

DFSS를 추진함에 있어서도 프로세스와 표준은 가장 중요한 핵심이라 할 수 있다.

새로운 제품을 만들 때 설계자는 우선 자신이 가지고 있는 자료와 정보를 기본으로 하여 설계를 한다.

대부분의 기업에서는 회사의 운영을 위한 표준(규정, 지침)과 제조

맥도널드의 철저함

★ 고기두께 : 13mm(사람이 햄버거를 먹을 때 가장 맛을 내는 두께)

★ 계산대 : 바닥에서부터 57cm(돈을 꺼내기가 가장 쉬움)

★ 빵에 붙어 있는 참깨 수 : 평균 178개(가장 감칠맛을 내는 개수)

★ 고기 : 뉴질랜드와 호주산 중 풀을 먹고 자란 최상급

★ 빵 : 이스트볼트가 맥도널드를 위해 개발하고 납품한 제품

★ 매장의 불문율 : 옷깃만 스쳐도 손을 씻는다.

★ 위생관리 : 20초 이상 맥도널드 전용비누를 이용하여 외과의사처럼 세차
          게 손씻기, 매시간마다 손소독하기, 조리기구와 장비들은 하루
          에 한번씩 분리세척하기, 고기관리는 매장에 배달되기 전에 40
          여 가지 품질검사하기

★ 화법 : 약 500여 가지 표준화법(입사 후 3개월간 암기)

     예) 감사합니다. 콜라는요?

          (아이들은 햄버거와 콜라는 반드시 함께 먹어야 한다고 생각
          함)

맥도날드 햄버거
빅맥의 대기록!!
세계119여개국 25,000여 매장
하루 5000만개 1년 매출 25조원
WHY? HOW?

햄버거에 목숨을 건다

에 대한 공정표준, 작업표준 등은 잘 되어 있는 반면에 연구, 개발, 설계 등에 대한 표준은 미흡한 경우가 많다.

대개의 경우 기술이란 기술자의 개인적인 능력이나 고문들로부터 얻어지는 노하우를 바탕으로 설계를 하게 된다. 또한 연구나 개발이라는 분야에서는 새로운 아이디어나 창의력이 중요한 요소로, 어떤 정형화된 틀에서 일을 진행하는 것을 배타시하고 있다 (대부분의 엔지니어는 간섭하는 것을 싫어한다).

그러나 우리가 하고 있는 신제품 개발이란 상당부분 이미 가지고 있는 제품 concept에서 기능의 일부를 변경하거나 개선 또는 향상시키는 것이다.

TRIZ에서 말하는 발명 수준의 5단계 중에 인류가 발명한 발명품 중 기존의 Concept을 변경하는 1, 5단계 수준의 신개발이 77% 이상을 차지하고 새로운 concept을 설계하는 3단계 이상이 18%, field를 바꾸는 영역이 4%, 그리고 진정한 발명이라고 할 수 있는 1단계 수준은

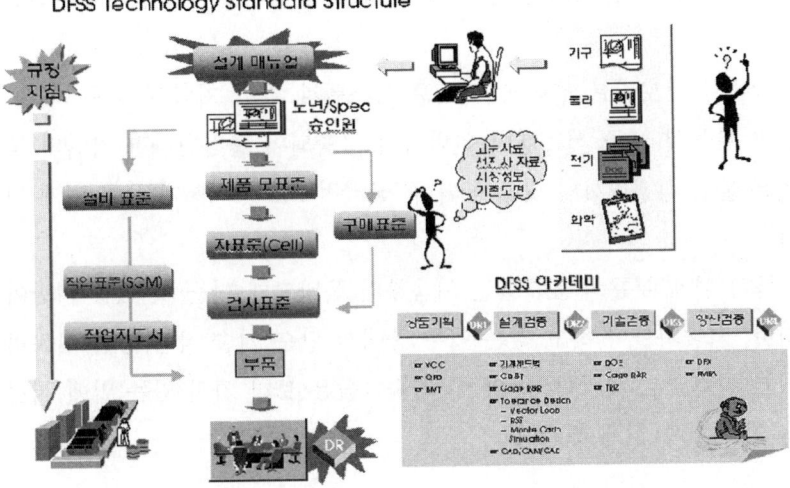

1%도 되지 않는다고 한다. 그러니까 대부분의 개발은 기존의 제품 concept에서 많은 정보를 얻을 수 있다는 말이다.

기업이 그 동안 설계했던 기술적인 노하우를 잘 정리하고 체계화시켜 놓았다면 그것이 기업의 EDB(Engineering DataBase)가 된다. 이러한 EDB는 설계 매뉴얼이라는 형태로 활용하는 것이 일반적이다. 설계 매뉴얼을 통해서 엔지니어는 기본적인 신제품에 대한 정보를 얻게 되며, 생산과 기타 제조에 필요한 표준을 활용하여 표준설계가 이루어지게 된다.

엔지니어들의 공통 언어는 도면이다. 도면을 통해서 설계자와 제작자간의 의사 소통이 이루어지고 엔지니어 부문에서 발생되는 loss의 대부분을 발생시키는 원천이 된다. 따라서 기업 내의 엔지니어링 부문의 모든 용어 및 프로세스는 표준화되어 있어야 하며, 지속적으로 교육, 훈련을 통해 표준 시스템을 유지시켜야 한다.

표준 설계 도면을 통해서 제품의 모 표준과 자 표준 그리고 검사 표준 등이 만들어지며, 동시에 설비 표준과 작업 표준, 구매 표준 등이 만들어진다. 이들 표준을 통하여 제품은 설계되고 만들어지고 관리된다.

앞에서 맥도널드 햄버거의 표준 시스템과 같이 기업의 설계, 제조, 관리 부문의 표준 시스템이 완벽하게 구축되어 운영된다면 기업의 품질은 물론 경쟁력까지 갖추게 되며, 궁극적으로는 회사가 돈을 벌게 된다.

특히 설계 부문의 표준화는 처음부터 올바르게 만들 수 있는 기반이 되며, 기술자들이 하고 있는 업무 중에서 단순 기술 작업 등을 아르바이트 인력으로 대치할 수 있고, 기술자들은 보다 가치 있는 일에 시간을 집중할 수 있게 해준다.

기술자가 업무 시간 중 정말 창의적인 부문에 집중할 수 있는 시간은
얼마나 될까?

DFSS 통합 시스템

DFSS 활동은 SAP/R3를 이용하여 구축을 완료한 ERP 시스템과
DFSS를 연계하여 추진한다. 특히 ERP 시스템은 연구, 개발 부문의
EPI 근간으로 한 PDM 시스템과 통합되어 개발에서 만들어진 설계정
보가 바로 생산, 구매까지 연결되는 통합 정보 시스템 환경으로 운영된
다.

신제품 개발을 위한 상품기획 단계로부터 설계단계와
CAD/CAM/CAE 시스템과의 연계 그리고 부품 표준화 및 공용화를 위
한 CIS(Components Information System) 시스템 운영, 시제품을 만

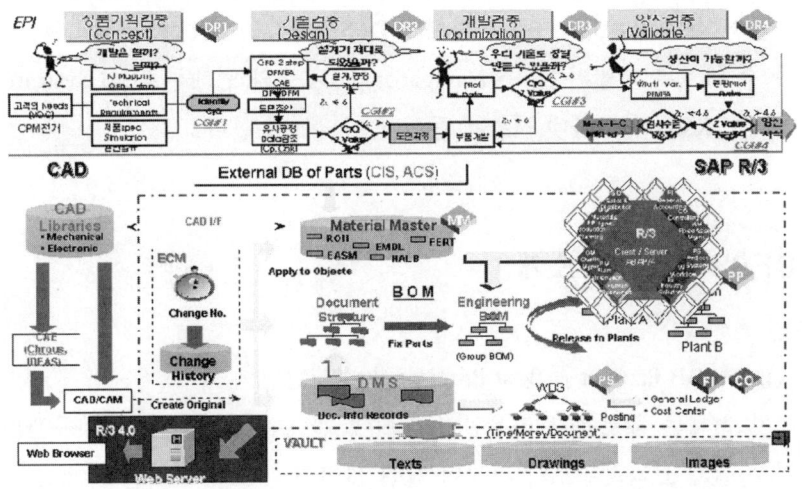

Adopting DFSS for PDM Using SAP R/3

들어 평가하기 위한 **E-BOM System**과 생산을 위한 **M-BOM**과의 연계 등이 **DFSS**와 **PDM** 시스템을 연계한 통합 정보관리 시스템이다.

　PDM 시스템에는 신제품 개발에 중에 발생되는 모든 정보를 관리하는 **DMS(Document Management System)**, 개발 중 발생되는 설계변경 데이터를 관리하는 **ECM(Engineering Change Management)**, 그리고 부품 정보 및 제품 정보를 관리하는 **CIS, ACS** 그리고 구매를 위한 **MM(Material Master Data)**을 활용한다.

　또한 **CAD System**과 연계하기 위한 **CAD Interface** 및 **Engineering BOM**, 개발 프로세스 및 진행을 관리하는 **PS**, 개발원가를 관리하는 **FI, CO Module** 등이 제조를 위한 **M-BOM**과 연계하여 운영된다.

　이 모든 프로세스는 기존에 운영되고 있는 **ERP** 시스템과 통합되어 마케팅부터 개발, 제조 프로세스를 연계하여 운영하고 **ERP**와 **DFSS**가 통합, 운용되어야 보다 큰 효과를 얻을 수 있다.

　기존의 시스템 연계하여 **DFSS**를 추진하기 위한 **DFSS** 관련 인트라넷 시스템을 활용하면 현업에서 **DFSS** 활동을 하는 데 많은 도움을 얻을 수 있다.

　앞서 소개한 **PDM** 시스템 외에도 **DFSS** 과정을 **Cyber** 상에서 **Study** 할 수 있도록 개발된 **DFSS Navigator**와 **DFSS**와 연계한 **PDM System**, 그리고 **R&D** 인트라넷 시스템 등이 운영되어야 한다.

DFSS 프로젝트 소개

　DFSS BB Project중 **Best Practice**를 소개한다.

　첫 번째는 새로운 브라운관의 개발에 관련된 사례이다. 브라운관의 경우 현재 브라운관보다 전장이 훨씬 짧아진 새로운 브라운관 개발 사

레이다. 고객의 요구가 점차 커다란 화면의 **TV**를 원하고 있는데, 화면이 커질수록 **TV**의 전장도 커지게 된다. 이러한 경우 일반 가정에서 **TV**를 사용하기 위해서는 훨씬 전장이 짧은 **TV**가 필요하게 된다. **DFSS**를 통하여 기존의 브라운관보다 전장이 **30%**이상 축소된 새로운 형태의 브라운관 개발할 수 있었다.

두 번째 사례로는 **PDP** 개발에 관련된 **DFSS** 프로젝트이다. 궁극적인 고객의 요구는 커다란 화면에 두께가 얇은 **Display Device**를 원하고 있다. **DFSS**는 '꿈의 **TV**'라고 하는 세계에서 가장 크고 가장 얇은 **PDP** 시스템 개발에도 적용되었다. 이 **PDP** 시스템은 **65″** 크기의 화면에 두께가 불과 **8cm**밖에 되지 않아 여러분 집의 벽에 걸고 **TV**와 인터넷을 동시에 할 수 있는 **Digital TV**이다.

세 번째 사례는 최근 고갈되는 석유에너지를 대체할 수 있는 새로운 무공해 에너지원인 자동차용 **Battery** 개발에도 **DFSS**는 적용되었다.

이와 같이 **DFSS**는 모든 사업 부문에 새로운 경쟁력을 확보하기 위한 신제품 개발 단계에서 효과를 내고 있으며, 앞으로도 더욱 성공적인 효과를 기대하고 있다.

DFSS 효과는 앞서 소개한 것 이외에도 신제품 개발의 납기 단축, 설계변경의 감소 그리고 신제품 개발 후 양산이관시 초기양품수율의 향상 등이 **DFSS** 체질효과(**Non financial benefit**)로 볼 수 있다.

모든 6시그마 프로젝트의 재무성과는 손익계산서와 대차대조표에 기록되는 실질인 재무성과만을 인정한다. 그러나 **DFSS Project**의 재무성과를 검증한다는 것은 쉽지가 않다.

일반적으로 **DFSS Project**의 효과는 단기간 내에 나타나기 보다는 훨씬 오랜 기간 동안 지속적으로 발생되기 때문이다.

그래서 많은 기업들이 **DFSS**의 재무성과를 평가하지 않는 경향이 있다.

그러나 어떤 방법으로든 효과에 대한 평가는 필요하다고 생각하고 있으며, 앞 장에서 소개한 **CIP(Cost Improvement Parameter)**을 통하

■ DFSS 체질개선 효과

효과금액 ???

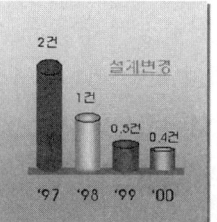

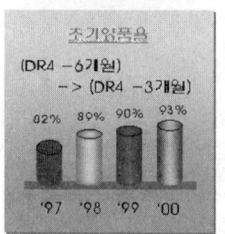

여 DFSS의 재무성과를 측정하는 것이 가능하다.

DFSS 성공의 열쇠

6시그마를 성공적으로 추진하기 위한 요소로는 다음과 같은 내용을 들 수 있다.

무엇보다도 강력한 Top의 의지가 중요하며, 실질적으로 재무성과가 발생할 수 있는 프로젝트의 선정과 좋은 BB 인력의 선정 그리고 문제를 해결하기 위한 올바른 방법론을 적용하는 것이 프로젝트를 성공으로 이끌 수 있는 요소이다.

지속적으로 6시그마가 추진될 수 있도록 하기 위하여 프로젝트 결과에 대한 명확한 재무성과의 파악 및 프로젝트를 성공한 BB에 대한 적절한 인센티브의 지급이다.

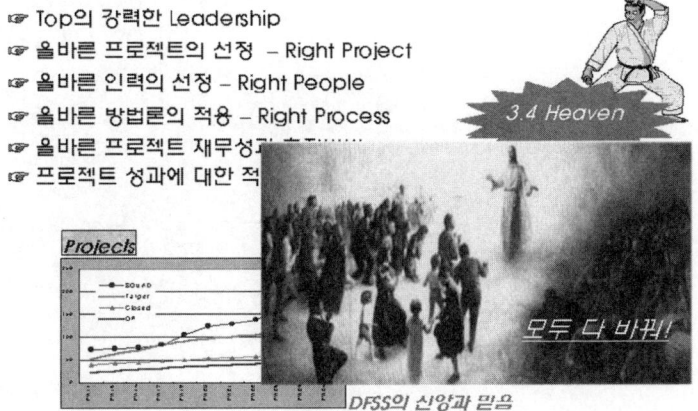

DFSS 성공의 열쇠

☞ Top의 강력한 Leadership
☞ 올바른 프로젝트의 선정 – Right Project
☞ 올바른 인력의 선정 – Right People
☞ 올바른 방법론의 적용 – Right Process
☞ 올바른 프로젝트 재무성과 측정......
☞ 프로젝트 성과에 대한 적......

3.4 Heaven

Projects

모두 다 바뀜!

DFSS의 신앙과 믿음

올바른 프로젝트 재무성과를 측정하기 위한 **FEA(Financial Effect Analysis)**제도는 6시그마 재무성과를 평가하는 전담 인력으로 6시그마 활동을 성공시키기 위한 중요한 활동이다. 또한 성공한 프로젝트에 대해서 재무성과의 일정 금액을 인센티브로 지급하는 것도 6시그마 활동을 성공적으로 이끌어 갈 수 있는 중요한 전략이다.

그러나 **DFSS**를 성공하기 위한 정말로 중요한 핵심 요소는 모든 사람이 **DFSS**를 신뢰하고 진심으로 **DFSS**를 추진하는 것이다. 기존에 해오던 잘못된 행동과 생각, 그리고 나쁜 습관 등을 모두 바꾸는 것이다.

따라서 이제는 처음부터 올바른 것을 올바르게 한다는 믿음과 행동이 진정으로 여러분과 여러분의 기업이 최고의 경쟁력을 갖출 수 있는 방법이라고 생각해야 한다.

2장

DFSS
Design For Six Sigma

6시그마의
이해

6시그마 출현배경

21세기에 들어 가장 성공적인 품질경영 기법을 들라면 누구든지 주저하지 않고 6시그마 활동이라고 말한다. 6시그마 활동은 오늘날 기업의 CEO들이 가장 선호하는 품질경영 활동이다. 왜냐하면 6시그마 활동은 최고의 품질 경쟁력을 향상시켜 기업의 이익을 극대화할 수 있는 방법이기 때문이다. 이를 통하여 기업은 영속적으로 비즈니스 활동을 유지하고 항상 고객들 옆에 있을 수 있기 때문이다. 따라서 이미 많은 선진 기업들이 6시그마 활동을 도입하여 운영하고 있으며, 많은 경영성과를 내었다. 6시그마 활동은 새로운 품질개선 방법이나 품질경영 활동의 또다른 최신 유행이 아니라, 보다 향상된 품질경영 리더쉽과 성과 창출을 위한 하나의 유연한 시스템이다. 6시그마 활동의 본질은 기업경영의 새로운 패러다임(new business paradigm)이며, 모든 프로세스를 평가, 개선할 수 있는 과학적이고 통계적인 방법이다. 또한 6시그마 활동은 고객감동에 바탕을 둔 품질문화를 조성하기 위한 기업의 경영철학(business management philosophy)이자 기업전략(business strategy)이며, 인력정예화를 도모하는 리더쉽 향상 프로그램

(leadership promotion program)이다.

이러한 6시그마 활동에서 주로 사용하고 있는 Measure, Analyze, Improve, Control 단계는 기존의 통계적 공정 관리에서 출발한 문제 해결 방법론이다. 1924년에 Bell 연구소의 왈트 슈와르츠(W.A. Shewhart)는 SPC(Statistical Process Control)와 Quality Tools & Process Capability Analysis를 기반으로 통계적 공정관리를 제창하였다. SPC는 기존의 제조 프로세스에서 우연원인과 이상원인에 의해 발생되는 자연적 변동으로 인하여 중심이탈과 산포의 문제를 해결하기 위해서 고안된 것이다.

이 방법론은 데밍(W.Edwards Deming)과 이시가와(石川)에 의해서 TQC(Total Quality Control) 활동의 P(Plan)-D(Do)-C(Control)-A(Action) Cycle과 QC7가지 도구, 품질 분임조 활동, 개선제안 등의 방법으로 구체화되었다. 6시그마 활동의 모체가 되는 TQC 활동은 2차 세계 대전의 패전국인 일본을 부활시켜 1970년대부터 세계 제일의 품질 경쟁력을 갖춘 나라로 만들었다. 이러한 일본의 품질개선 활동은 지금도 다구찌(田口)로 이어져 내려오고 있다.

한편 1920년대에 생겨나 자동차용 라디오, 경찰용 무전기, 워키토기, 무선 호출기, 우주 통신 송수신기 등 첨단 기술제품을 만들어 온 모토롤라(Motorola)사는 1980년대 초에 강한 위기를 맞게 된다. 모토롤라사의 제품들이 일본을 비롯한 여러 신흥국가의 회사들과 극심한 품질경쟁을 하게 되고, 그때까지 굳건하게 지켜오던 모토롤라사가 차지했던 위치가 흔들리게 되었기 때문이다.

이에 1981년 당시 모토롤라사의 회장이었던 갈빈(Robert W. Galvin)은 품질경쟁력을 획기적으로 향상시키기 위해서 야심찬 전략인 '모든 부문에서 품질의 10배 향상'을 발표하고, 일본의 품질전략을 연구하였다. 이에 따라 품질개선 전략 연구가 조지 피셔(George Fisher)

를 중심으로 빌 스미스(Bill Smith)와 마이클 해리(Mikel J. Harry) 등이 통계적 방법에 의한 품질개선 방법론 연구를 진행하였다.

6시그마의 연구는 모토롤라사의 정부용 전자기기사업 부문에서 근무하던 마이클 해리(Mikel J. harry)를 중심으로 한 몇 명의 연구가들에 의해 1987년 창안되었다. 해리는 어떻게 하면 품질을 획기적으로 향상시킬 수 있을 것인가를 고민하던 중 통계 지식을 활용하자는 착안을 하게 되었다. 이 통계적 기법과 제품 품질에 대한 위기감이 1970년 대 말부터 사내에 공유되어온 갈빈 회장이 시작한 품질개선 운동과 결합하여 탄생한 것이 바로 6시그마 운동이다.

그 후, 마이클 해리는 1990년 모토롤라사 사내에 설립된 모토롤라 대학 내에서 "6시그마 인스티튜트"를 열고 연구를 거듭하여 6시그마 컨셉에 익한 높은 수준의 엔지니어링 기법을 개발해 나갔고, 관련 기술을 체계화하여 수준 높게 발전시켰다. 그 결과 6시그마는 모토롤라 이외의 기업에도 적용 가능한 경영기법으로 확립되었으며 제품품질 또한 획기적으로 좋아졌다.

모토롤라사는 이 6시그마 활동을 시작한지 2년만인 1989년에 말콤 볼드리지 국가 품질상(Malcolm Baldrige National Quality Award)을 수상했다. 또한 일본으로 부터 빼앗긴 고객과 시장을 다시 찾을 수 있었다. 그러나 모토롤라에서 시작된 6시그마 활동은 Bottom-up 방식의 활동으로, 현장의 품질 문제 해결의 활동인 지금과 같은 경영전략과 연계한 현대적 모습의 활동은 아니었다.

현대적인 Top-Down 방식의 6시그마 활동이 추진된 것은 얼라이드 시그널(AlliedSignal)사로부터이다. 얼라이드 시그날사의 대표이사인 레리 보시디(Larry Bossidy)는 파산의 기로에서 모토롤라 6시그마 활동을 도입하였고, 모든 사업부의 종업원에게 6시그마와 혁신 전략에 대해 교육하였다. 게다가 6시그마 활동을 경영활동에 접목시켜 비로소

Top-Down의 강력한 품질경영의 도구로 활용하게 되었다.

그리고 6시그마는 GE사에서 그 효과를 본격적으로 나타내었다. 품질 프로그램에 부정적이었던 GE사는 1995년부터 신용카드 사업에서 항공기 엔진 제작 사업, NBC 방송 사업에 이르기까지 모든 사업 분야에 6시그마 활동을 전개하고 있다. GE사의 잭 웰치 회장은 6시그마를 'GE사가 이제까지 도입했던 모든 기법 중에서 가장 중요한 기법'이라고 찬사했다.

우리나라에서의 품질경영 발전과정과 현재 대두되고 있는 6시그마 활동에 대하여 알아보도록 하자. 우리나라는 1950년대 초 6·25 사변으로 인하여 그나마 조금 있었던 산업 기반이 폐허화되었고, 1960년대까지는 세계 속의 빈민국으로 어려운 살림살이를 꾸려왔다. 1961년 5·16 군사혁명 이후 새 정부는 산업화 정책을 채택하여 공업입국의 길을 열기 시작하였다. 우리나라는 1961년에 공업표준화법(industrial standardization law)이 제정되면서 불량품을 만들어 내지 않기 위한 품질관리(Quality Control) 활동이 시작하였다. 이 법률에 따라 한국공업규격이 제정되고, QC 활동의 기준이 만들어졌다. 60년대와 70년대 초까지 QC 활동은 불량품 출하를 방지하기 위한 검사위주로 많이 강조되었다. 이 때에는 불량품을 가려내기 위한 샘플링 검사, 공정에서의 품질 흐름을 보기 위한 관리도의 사용 등 SQC(Statistical Quality Control : 통계적 품질관리) 활동이 주류를 이루었다.

1970년대에 접어들면서 QC 활동은 공업진흥청의 주도 하에 범산업적으로 강력히 추진되었고, 불량품 생산을 미연에 방지하기 위한 현장의 공정관리가 강조되면서 샘플링 검사, 관리도의 사용, 공정능력 조사 등 SQC(statistical quality control : 통계적 품질관리) 활동이 주류를 이루었다. 이런 활동이 품질향상과 현장관리의 과학화에 많은 기여를 해온 것이 사실이다. 그러나 아직도 SQC의 도입이 제대로 되지 않은 기업이 많고, 대부분의 중소기업은 그 도입이 매우 늦은 편이다. 이것은 그동안 우리 기업의 QC 활동이 정신적인 측면을 강조한 구호적이고 홍보적인 활동에만 관심을 가지다 보니, 각종 과학적 관리기법의 사용이 미숙하여 한계를 드러냈기 때문이다.

1980년대에 접어들면서 우리 기업들은 QC를 발전시킨 TQC(전사적 품질관리 : Total Quality Control)를 도입하기 시작하였다. TQC는 일본 기업들이 적용하여 성공한 경영기법으로, 고객 만족을 달성하기 위해 기업의 모든 부서에서 전사적으로 실행하는 QC 활동이라고 볼 수 있다. 이러한 TQC를 통하여 분임조활동, 제안활동, 방침관리, SQC 등이 활발히 전개되어 좋은 성과를 올린 기업들이 다수 나타나게 되었나. 이것은 그동안 우리 기업의 QC 활동이 대부분 생산현장 및 제품 중심으로 추진되어 오면서 한계를 나타내다가 타 부서들(구매, 설계, 영업, 기획 등)의 도움을 전사적으로 실행되면서 성과가 나타났기 때문이다.

1980년대 후반에 접어들면서 우리 산업계에 불어닥친 급격한 변화(이를테면, 무역장벽이 심화되고, 3D(Dirty, Difficult, Dangerous)에 속한 일을 기피하는 현상이 나타나고, 강한 노조의 출현과 고임금 현상)에 적응하기 위한 경영전략으로서의 종래의 QC 활동이 한계를 드러냈다. 급격한 산업 여건 변화와 다양해진 소비자 요구에 부응하고, 우리 산업 경쟁력 제고의 전환점을 마련하기 위해서는 제품의 기획·설계로부터 제조·판매에 이르기까지 최고경영자의 리더쉽 아래 경영 전략적 차원에서의 종합적 대응이 요구되기에 이르렀다. 품질경영(Quality Management)은 이러한 요구에 부응하기 위하여 대두된 것으로 다음과 같이 정의할 수 있다. 품질경영이란 최고 경영자의 리더쉽 아래 품질을 경영의 최우선 과제로 하고, 고객만족을 확보·유지하여 나가기 위해 품질방침(Quality Policy), 품질관리(Quality Control), 품질향상(Quality Improvement), 품질보증(Quality Assurance) 등과 같은 수단에 의해 기업의 모든 부서에서 전사적으로 시행하는 종합적인 경영관리체계이다. 이 정의에서 사용된 QP, QC, QI, QA의 의미는 다음과 같다.

> QP : 품질에 관한 최고 경영자의 의지와 운영철학
> QC : 품질규격을 만족시켜 주기 위한 현장의 관리활동
> QI : 설계 및 공정단계에서 품질의 유효성을 증가시키는 활동
> QA : 고객만족을 보장하기 위한 서비스 위주의 관리활동

QM활동에서 전사적인 경영을 강조하기 위하여 미국이나 유럽에서는 QM을 TQM(total QM)이란 용어로 흔히 사용하기도 한다.

TQC와 TQM은 상당 부분 유사하나 강조하는 사항에서 약간의 차이점이 있다. TQM에서는 최고경영자의 QP와 고객만족(Customer Satisfaction)을 위한 QA가 강조되는 반면에, TQC에서는 품질을 생산하는 현장 종업원 중심의 QC와 QI 활동이 더 강조된다. TQM이 1980년대 후반에 도입된 것은 품질관리 활동에 경영자의 참여를 적극적으로 유도하고, 고객 지향적 기업경영을 도모하기 위한 것이라고 볼 수 있다. 1990년대에 접어들면서 TQM이 더욱 꽃을 피우게 된 것은 품질경영 및 품질보증을 위한 국제규격으로 국제표준화기구(International Organization for Standardization)가 ISO 9000 시리즈를 1987년에 제정하여 발표하면서 TQM을 적극 장려하였기 때문이다. 우리나라는 이 국제규격을 KS A9000-9004로 채택하여 사용하고 있다. 이 규격에서는 품질보증을 ISO 9001-3에, 품질경영을 ISO 9004에 기술하고 있으며, 품질경영을 위한 기본적인 사항들이 잘 기술되어 있어 품질경영

의 발전에 크게 이바지하고 있다.

ISO 9000 시리즈의 도입과 TQM의 발전은 품질에 대한 경영자의 관심을 불러 일으키고 업무 표준화에 크게 기여하였다. 그러나 이들은 주로 품질혁신을 염두에 두고 있는 기업에는 적절한 경영전략이 되지 못하였다. 이 때 과학적인 품질혁신 전략으로 대두된 것이 모토롤라에서 시작된 6시그마 활동이다.

6시그마 활동은 품질혁신에 통계적으로 접근하면서도 경영전략적인 차원에서 인재양성, 품질개선활동 등을 조직적으로 다루고 있으며, GE사에서 기업 문화의 변화와 경영철학으로 발전시켰다. 최근에 국내의 많은 기업들도 6시그마 도입에 큰 관심을 가지고 있다. 그러나 6시그마를 단순히 통계적인 문제해결 방법으로만 오해하여 경영과 연계시키지 못하고 단순한 품질 개선 활동으로만 추진하여 실질적인 성공을 거두지 못하는 기업도 있다.

GE사가 6시그마 활동으로 성공한 이래 전 세계의 많은 기업들이 앞을 다투어 6시그마 활동을 도입하였고, 국내에서도 1996년에 삼성전관(현 삼성 SDI)과 1997년에 LG전자가 6시그마 활동을 시작한 이후 많은 성과를 보았다. 이 성공에 힘입어 2000년을 기점으로 국내에도 6시그마 활동이 대기업과 중소기업에 도입되기 시작하여 기존의 품질활동과 연계되어 추진하고 있다.

결론적으로 6시그마는 도입한 기업의 경영을 대부분 성공적으로 이끌었으며, 6시그마를 통하여 성공한 기업은 6시그마 활동을 기업의 생존을 위한 과학적인 경영혁신 전략으로 발전시켰다. 그리하여 최고 경영자를 중심으로 한 Top-Down 방식의 전략을 통하여 전 사원을 6시그마식으로 훈련시키며, 모든 문제를 고객의 관점에서 바라보는 경영전략이 생겨났다. 또한 통계의 시그마(σ) 척도를 사용하여 모든 품질수준을 정량적으로 평가하며, 품질혁신과 고객감동을 달성하기 위하여 문제의 해결과정과 전문가 양성과정 등에서 효율적인 품질문화를 조성해, 프로세스의 질을 6시그마 수준으로 높여 기업 경영 성과를 획기적으로 향상시키고자 하는 기업의 경영전략으로 자리하게 되었다.

6시그마 활동의 목적과 본질

어떤 도시에 A, B 두 개의 공항이 있다고 하자. A공항은 1년에 평균 40건의 항공기 이착륙 사고가 일어나고, B공항은 500년에 평균 1건의 항공기 이착륙 사고가 일어난다면, 사람들은 A공항과 B공항 중에서 어느 공항을 이용하겠는가? 아마도 사람들은 대부분 B공항을 이용할 것이다. 그러나 만약 500년에 1번 일어나는 사고가 오늘 발생한다면 오늘 B공항에 간 사람들은 어떻게 될까?

공항측의 입장에서 B공항은 고객에게 안전한 공항, 우수한 공항이라고 홍보할 것이다. 그러나 500년에 1번 있는 사고가 일어난 비행기에 탑승한 고객에게 B공항은 우수한 공항이 아니다. 즉, 몇 % 안전율, 몇 % 사고율을 운운하는 것은 공항의 입장이지 고객에게는 중요하지 않다는 것이다.

일반적으로 많은 기업들이 생산을 하는 데 있어서 품질 척도를 양품률로써 관리한다. 그리고 "양품률이 99.9%이면 좋은 품질이고 90%이면 나쁜 품질이다."라고 한다. 그러나 양품률이 99.9%라 할지라도 1000개의 생산품 중에서 1개의 불량이 있다는 것을 의미한다. 1000개

중에 1개인 그 불량품을 산 고객 입장에서 보면 그 회사의 **99.9%** 양품률이 무슨 의미를 가지고 있는 것일까?

또 다른 예를 들어보자. 전구를 만드는 공장에서 전구의 품질 검사를 하고 있다. 불이 켜지면 양품, 안켜지면 불량으로 관리를 하고 있다고 하자. 모든 전구를 전수 검사해서 불량을 전부 골라내고 양품인 전구만을 시장에 판매를 하였다. 회사에서는 **100%**의 양품만을 판매한 셈이 된다. 그런데 전구를 사간 고객이 일주일 후에 전구를 들고 찾아왔다. 처음에는 불이 들어오다가 일주일도 안되서 불이 안들어 온다는 것이다. 전구를 산 고객은 최소한 얼마의 기간 동안은 전구를 사용할 것이라고 기대하고 있다.

이러한 사례에서 보듯이 그 동안의 기업에서의 품질에 대한 생각은 생산자 입장에서의 품질이었다고 할 수 있다. 예전에는 공급이 풍부하지 못했기 때문에, 비행기의 이착륙 사고나 공항측에 대한 불만족 사항이 크게 대두되지 못했지만 지금은 비행기와 공항의 공급이 많아졌을 뿐만 아니라 모든 공산품의 공급이 풍부해졌고, 또한 인간 개별 가치를 중요시하는 시대이기 때문에 기업의 경영 방식은 고객중심, 고객만족을 넘어서 고객감동을 위한 것으로 바뀌어야 한다. 다시 말해서 기업은 고객만족과 고객감동 경영을 해야 한다는 것이다.

그렇다면 완전한 고객만족과 고객감동 경영을 위해서 6시그마 활동이 무엇을 할 수 있는가에 대해 알아보자.

6시그마는 기업 경영의 새로운 패러다임이다

시대의 흐름에 따라 모든 것은 변화한다. 교통 수단인 비행기만 해도 그렇다. 1960~70년대에는 일반인들의 경우 비행기 타기가 어려웠지만 1990년대로 접어들면서부터 누구라도 쉽게 비행기를 이용할 수 있을 뿐만 아니라 양질의 서비스를 제공받을 수 있게 되었다. 이는 새로운 기술 도입으로 인한 정보화, 지능화 시대가 열리면서 가능하게 된 것이다.

기업 역시 시대의 흐름에 맞는 경영 방식을 채택해야 한다. 고객의 개념, 품질의 개념이 바뀌는 시점에서 과거의 공급자 중심 경영 방식을 고수한다면 그 기업은 생존하기 어려울 것이다. 기업은 다양한 고객의 요구를 인식하고, 그 결과를 적절한 시기에 프로세스에 반영해서 고객의 만족과 감동을 얻어야 한다. 이를 위해서 기업은 핵심 품질요소가 무엇인지, 품질 개선을 위해서 어떻게 프로세스를 개선해 나갈 것인지를 파악해야 하고, 기업의 모든 구성원들은 전체 생산공정은 물론, 구매, 인사, 마케팅, 시비스, 연구개발 등의 직무를 유기적으로 수행해야 한다.

이러한 관점에서 새롭고 획기적인 경영혁신 전략으로 6시그마가 등장하고, 우리나라에서도 많은 기업들이 이를 도입하여 경영혁신에 성공하고 있다. 6시그마 활동은 기업에게 어떤 일이 가치가 있으며, 어떤 방법으로 일을 수행할 것인가를 제시해 준다. 기업의 최상의 목표인 vision 달성을 위하여 각 부서의 Mission을 5W1H의 질문을 통해서 방향을 잡고, 각 분야별로 최고의 경쟁력을 갖출 수 있는 품질, 가격, 서비스, 납기 등에 관한 목표를 세우고, 사람과 재료, 설비와 프로세스(4M)에 대한 구체적인 추진 전략을 세워 수행하게 될 프로젝트를 선정하게 되며, 선정된 프로젝트가 성공적으로 추진될 수 있도록 올바른 방법론을 제시하고, 가장 중요한 문제에 대한 측정, 분석, 개선, 관리를 통해 문제를 해결한다.

6시그마 활동은 고객의 만족을 극대화하면서 자원과 낭비를 최소화하는 일련의 비즈니스 활동을 설계하고 제어함으로써 기업의 수익을 혁신적으로 개선시키는 비즈니스 프로세스이다.

6시그마는 프로세스를 측정, 개선하는 과학적이고 통계적인 방법이다

원래 시그마(sigma)는 통계학에서 사용하는 그리스 문자로서 데이터가 중심으로부터 얼마나 흩어져 있는지를 알려주는 하나의 통계 척도이다. 일반적으로 사용되는 시그마는 공정에서 평균을 기준으로 허용한계 내에서 데이터의 흩어짐 정도(산포)를 나타내기 위해서 사용되지만, 시그마 수준이라고 할 때는 프로세스의 질을 나타내는 용어로 사용된다. 즉, 한 제품의 품질이 중심으로부터 떨어진 정도를 시그마 수준이라고 한다. 시그마 수준은 품질분포의 평균에서 규격상한(USL : Upper Specification Limit)이나 규격하한(LSL : Lower Specification Limit)까지의 거리이다. 따라서 시그마 수준은 결함이 없이 작업을 수행할 수 있는 프로세스의 질, 능력을 의미하는 것으로 시그마 수준이 크면 클수록 프로세스가 향상되며, 공정에서 양품이 나올 확률이 커진다. 기업에서는 시그마 수준을 제품 및 서비스, 프로세스 등의 질을 평가하는 측정의 척도로 삼는다. 예를 들면 3시그마 수준이 100만개의 기회결함(DPMO) 중에서 2,700개가 결함인 품질 수준이라면, 6시그마 수준은 100만개의 기회결함(DPMO)중에서 단지 3.4개만이 결함인 품질 수준을 의미한다. 기업의 입장에서 보면, 시그마 수준이 올라 갈수록 낭비가 줄어들어 비용이 감소하게 되고 고객의 만족도는 높아진다.

일반적으로 공정에서 생산되는 제품의 품질 변동이 작을수록 공정의 능력이 좋다고 한다. 이때 변동에 대한 기준은 규격이다. 즉, 공정능력

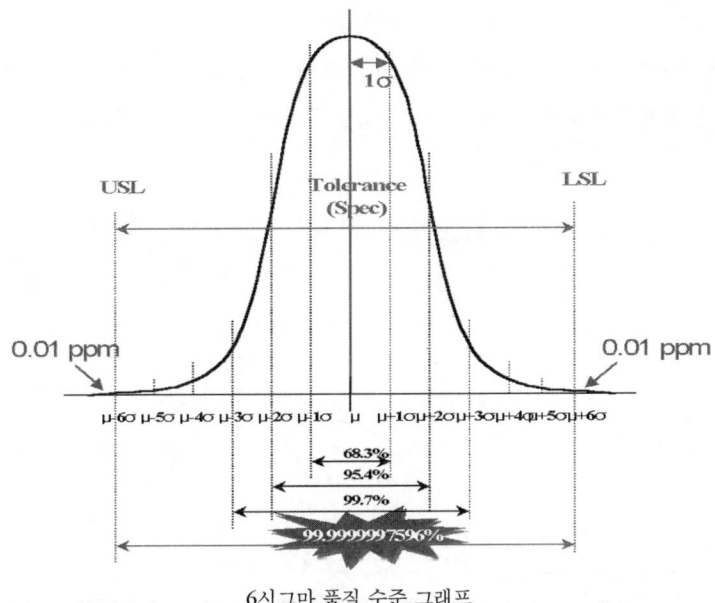

6시그마 품질 수준 그래프

이 좋다는 것의 의미는 제품이 규격에 잘 맞는다는 것이다. 규격은 품질특성에 따라서 규격상한(USL : Upper Specification Limit)과 규격하한(LSL : Lower Specification Limit)으로 나뉘게 된다. 규격상한과 규격하한은 품질 특성치의 분포에 대해서 최대 산포를 의미한다. 공정을 통해 생산된 제품의 품질 특성이 갖는 각각의 값은 공정평균을 중심으로 다양한 값을 갖게 된다. 3시그마 품질 수준은 데이터의 99.73%가 규격 내에 속하는 범위이다. 따라서 3시그마 품질 수준 범위는 불량률이 0.27% 정도에 지나지 않으므로 비교적 이상적인 공정이다.

그러나 6시그마 품질 수준 달성을 위해서는 10억개 중 단지 2개만의 불량을 허용하는 품질 수준을 달성하는 것을 말하나, 모토롤라에서 6시그마를 추진하면서 현실적으로는 여러 가지의 산포의 원인(재료, 방법, 설비, 사람, 환경, 측정 등)에 의해서 장기적으로 볼때 1.5 Shift가 발생

한다고 한다. 이 **1.5 shift**를 감안했을 때 실제로 6시그마 품질 수준은
99.9999997596%가 규격 내에 존재하게 되어 불량이 단지 **3.4ppm** 수
준인, 통계적으로는 **4.5시그마** 품질을 달성하는 것을 말한다.

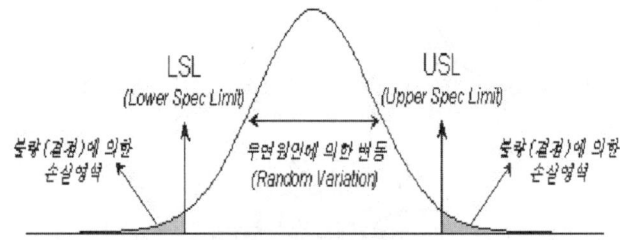

[규격한계의 변화에 따른 불량률 변화]

규격 관계	양품률(%)	불량률 (PPM)	불량률	불량률×(1/2)	표준정규분포의 우측퍼센트점 (SigmaPro-21 패키지 계산 값)
±σ	68.27	317300	0.3173	0.15865	0.158655256032944
±2σ	95.4	45500	0.0455	0.02275	0.0227500610053539
±3σ	99.73	2700	0.0027	0.00135	0.00134996720589697
±4σ	99.9937	63	0.000063	0.0000315	0.0000316860350721981
±5σ	99.999943	0.57	0.0000057	0.000000285	0.00000287104995777554
±6σ	99.9999998	0.002	0.000000002	0.000000001	0.00000000000990121873379769

[평균이 ±1.5σ움직이는 경우의 불량 확률영역 분석]

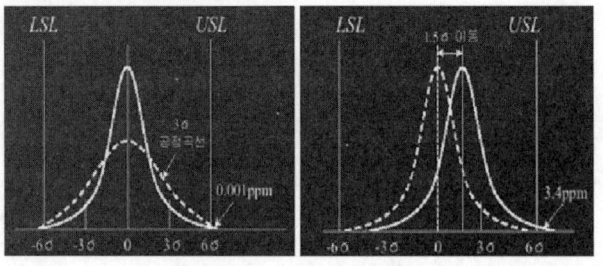

6시그마는 고객만족을 바탕으로 한 기업의 경영 철학이자 전략이다

6시그마 활동을 추진하기 위해 기업은 무엇을 해야 하는가? 일반적으로 사람이 생각하는 것과는 달리, 6시그마 활동의 목표는 6시그마 수준의 품질을 달성하는 것이 아니다. 품질의 향상과 효율은 6시그마 활동의 부산물로 즉시 나타나지만, 6시그마 활동은 궁극적으로 기업 경영의 수익성을 개선하기 위한 것이다. 개선된 품질과 효율의 향상이 비록 6시그마 활동의 직접적인 부산물이라 할지라도 6시그마 활동으로 인한 이윤의 증대야말로 가장 큰 수익이라 할 수 있다. 6시그마 활동 이전의 품질개선 프로그램들은 순이익 향상에 별 영향을 미치지 못했다. 품질 향상이 이익에 미치는 효과를 모르는 소식은 그들의 이익을 증대시키기 위해 필요한 변화가 무엇인지 알 수 없다.

오늘날, 6시그마 활동을 성공적으로 수행한 거의 대부분의 기업은 시그마 수준이 변하면서(4.8~5시그마까지 시그마가 향상됨) 이익이 20%씩 증대되었다. 대부분의 기업은 시장 점유율을 높이기 위해 가격을 내릴 여유가 없고, 시장에서의 경쟁 때문에 이익을 높이기 위해 제품의 가격을 인상할 수 없었다. 고객에게 새로운 제품과 서비스를 특별한 이윤 없이 제공했을 때, 시장 점유율은 늘어났지만 이윤은 줄어들었다.

따라서 기업이 이윤을 높이기 위해서는 돈이 될 만한 일을 해야 한다. 기업의 이윤은 고객으로부터 나온다. 고객이 그 기업을 신뢰하고 기꺼이 그들의 제품을 사 주었을 때 발생하는 것이다. 그러자면 기업은 고객을 잘 파악하고 고객이 원하는 바를 파악하여 고객을 감동시켜야 한다. 과학의 시대, 개성의 시대, 디지털 시대를 살아가는 고객의 요구는 점차 다양해지고 또 자주 바뀌는 것이 특징이다. 이런 다양한 요구를 만족 시키기 위해서 기업은 어떤 노력을 해야 할까? 간단히 말해서 기업은 결함없는 제품이나 서비스를 제공하면 된다. 하지만 결함이 없는 제품을 생산하는 것은 쉬운 일이 아니다. 6시그마 활동은 기업의 프로세스를 정량적으로 평가하여 품질개선 활동의 우선 순위를 정하고 이에 따라서 기업이 효율적으로 생산활동을 할 수 있도록 해준다. 무조건 열심히 일하는 것만이 효율적인 것은 아니다. 효율적으로 일을 한다는 것은 주어진 여건에서 객관적 통계 데이터에 근거해 효과를 극대화시킬 수 있도록 지혜롭게 일하는 것을 의미한다. 즉, 사원들의 일하는 자세, 생각하는 습관, 품질을 중요시하는 기업 문화를 조성하는 것이다. 이것이 바로 6시그마 철학이다. 전통적인 6시그마 활동은 고객의 관점에서 출발하여 프로세스의 문제를 찾아 통계적 분석을 통해 문제를 해결할 수 있는 과정을 제시한다. 따라서 6시그마 활동은 혁신적으로 품질을 개선하므로, 기업의 경쟁력을 확보하는 기업의 품질경영 전략이라 할 수 있다. 결론적으로 말하면 6시그마 활동은 기업 내의 쓸데 없이 발생하는 낭비를 제거함으로써 숨겨진 공장을 제거하는 방법이다.

6시그마는 인력 정예화를 도모하는 리더쉽 증진 프로그램이다

기업이 아무리 좋은 프로세스와 품질 개선 전략을 가지고 있다 하더라도 그것을 잘 운용할 수 없으면 아무런 소용이 없다. 따라서 고객이 추구하는 것에 맞춰 고객의 요구에 가장 경제적으로 대응하기 위해서는, 프로세스를 제대로 운용할 수 있는 전문 인력이 필요하다. 6시그마는 과학적이고 조직적인 인력 양성 관리 프로그램이다. 6시그마가 추진하는 인력 관리 프로그램은 다음과 같이 단계별로 정리할 수 있다.

표 1-1 전문인력의 Belt 자격 및 역할

품질요원구분	주요인력	역할
Champion	사업부 책임자	6시그마 목표설정 및 전략수립 6시그마 이념확산 및 추진 방법의 확정
Master Black Belt	전문추진 지도자 (전업)	품질요원 지도교육 및 감독 품질기법의 이전
Black Belt	전담요원 (현업)	6시그마 프로젝트 추진
Green Belt	현업 담당자 (모든 임직원 포함)	6시그마 교육을 받은 요원으로 현 조직에서 업무를 수행하면서 부분적으로 개선활동에 참여
White Belt	현업 담당자 (모든 임직원 포함)	품질관리의 기본자질을 습득한 모든 사람

현재 컨설팅 업체인 "6시그마 아카데미"의 회장이며 이 활동의 원조 격인 마이클 해리(Mikel J. Harry) 박사는 6시그마에 대해 어떻게 정의를 내리고 있을까 ?

- 첫째, 통계적 측정치(Statistical Measurement)다.

객관적인 통계수치로 나타나기 때문에 제품이나 업종, 업무 및 생산 process가 다르더라도 비교할 수 있다는 뜻이다. 따라서 고객만족(CS) 의 달성 정도와 방향 등을 정확히 알 수 있게 해주는 척도다. 즉 "제품과 서비스, 공정의 적합성을 재는 탁월한 척도"라는 것이 그의 정의다.

- 둘째, 기업 전략(Business Strategy)이다.

경쟁 우위를 갖게 해주기 때문이다. 시그마 수준을 높이는 만큼 제품 품질이 높아지고 원가는 떨어진다. 그 결과 고객만족 경영을 달성할 수 있다.

• 셋째, 철학(philosophy)이다.

6시그마는 기업 내의 업무에 대한 사고방식을 바꿔버린다. 무조건 열심히 일하는 것 보다는 "스마트하게" 일하도록 하는 철학이 바로 6시그마다. 이 활동은 제품을 생산하는 제조 방식에서부터 구매 오더를 작성하는 방식까지 모든 작업에서 발생할 수 있는 에러를 줄이는 일이다.

또한 해리는 6시그마 추진시 "6가지 금언"을 제시하고 있다. 물론 모토롤라와 GE에서 축적한 현장 노하우를 응축해 놓은 것들이다. 따라서 이 금언들은 6시그마를 제대로 이해하고 성공시킬 수 있는 가이드로 해석된다.

(1) 살아 있는 질문을 던져라

대부분의 경우 동일한 질문은 같은 행동이나 결과만을 초래한다. 살아 있는 공격적인 질문을 해야 한다. 이렇게 하면 새로운 방향과 비전을 만들어 낼 수 있다. 따라서 새로운 질문을 던지는 행동은 바로 리더쉽이 된다.

(2) 새롭게 사고하라

6시그마는 공정 1백만개 중 3.4이하의 에러라는 목표치를 갖고 있다. 대단히 높은 기준이지만 기업에 따라 상황은 다를 수 있다. 예컨대 항공사나 병원입장에서는 단 한 번의 실수도 고객에게 치명적인 손실을 가져다 줄 수 있다. 혁신과 지속적인 발전을 위해 새로운 기준을 찾는 신사고가 필요하다.

(3) 제조업 성공의 열쇠는 공정능력이다

공정 능력을 모른다면 품질을 높일 수 없다. 카드발급을 가정해 보자. 20분만에 제작했는데 고객이 받기까지 2주일이 걸렸다면 공정

(process)에 문제가 있는 것이다. 공정 능력(process capability)을 높여야 시간 낭비나 고객 피해를 줄일 수 있다. 공정 능력을 이해하지 않고 품질혁신을 기대하는 것은 오븐의 적당한 온도도 모른 채 맛있는 파이를 구우려고 노력하는 것과 마찬가지다.

(4) 시그마는 측정수단이다

시그마는 동질적이거나 이질적인 모든 것들을 동일한 척도로 비교 가능하게 해준다. 고객 만족이 제대로 추진되고 있는지, 다른 기업과 비교하면 어떤지를 알려준다. 예컨대 공정이 6시그마 수준이면 세계 최고수준이고 4시그마 수준이면 평균수준이라고 말한다. 모든 것을 데이터로 나타냄으로써 판정을 쉽게 할 수 있다. 경영에서 시그마라는 측정기준은 달리기 경주에서 초시계와 같은 역할을 한다.

(5) 품질은 설계 때부터 만들어진다

품질은 사후검사보다 잘못된 공정 및 설계를 찾아 고칠 때 보장된다. 일반적으로 공정능력을 개선하면 제조비용은 30%, 납기는 절반으로 줄어든다. 공정에 집중함으로써 총 매출의 25%에 해당하는 비용을 줄일 수 있다.

(6) 전문가가 필요하다

6시그마에 도달하려면 새로운 지식과 도구가 필요하다. 따라서 6시그마의 인프라를 일관성 있게 구축해야 한다. 인프라를 만드는 것은 사내 전문가인 블랙벨트들이다. 만약 지식이 부족하면 보다 나은 결과를 만들어 낼 수 있는 조치들을 행할 수 없다.

전통적 품질관리 운동의 목표는 고객에게 인도되는 최종 생산품의 불량을 줄이는 것이었다. 제조 공정에서 불량품이 나오는 것엔 별 관심이 없었고 회사 밖으로 나가는 제품에 대해서 불량품이 있는지 여부만을 따졌다. 여기에 문제가 있었다. 회사 내에서 실제로 제조된 제품은 출하된 제품의 평균 3배에 달한다. 그만큼 "품질 실패비용"이 크다는 얘기다. 수익 구조가 나빠지는 것은 당연하다. 이에 반해 6시그마는 불량이 일어날 수 있는 원인을 근본적으로 제거하는 기법이다. 회사 내 전 부문에서 오류가 발생할 수 있는 구조, 시스템 그 자체에 메스를 가한다는 데 강점이 있다.

6시그마의 추진 방법

제조의 6시그마 추진 방법론

일반적으로 제조 부문에서 사용되고 있는 6시그마의 대표적인 방법론은 모토롤라사에서 채택하여 혁신적인 품질개선 성과를 얻었던 방법인 MAIC(Measure, Analyze, Improve, Control) 방법이다. 후에 다른 기업에서 Define단계를 추가하여 지금은 DMAIC 방법론이 보다 일반적으로 활용되고 있다. DMAIC의 주요 내용은 다음과 같다.

〔Step 1〕 정의(Define)

정의 단계에서는 공정이 불량한지를 파악하거나 고객의 불만 사항을 파악해서 프로세스를 재구성하거나 효과적인 프로젝트 팀 구축을 준비한다.

　1. 현황파악 및 문제정의

〔Step 2〕측정(Measure)

측정 단계에서는 고객 핵심 요구 사항을 충족했는지를 평가하고 프로세스의 성과를 측정하기 위한 자료를 수집하고 방법을 탐색한다.

1. 주요 제품 특성치 선택
2. 측정 실시
3. 품질 수준 조사
4. 단기 또는 장기 공정 능력 추정

〔Step 3〕분석(Analyze)

분석 단계에서는 근본적인 문제점을 구체적으로 도출하고 문제의 원인을 분석한다.

1. 주요 제품 특성치와 타사 특성치의 비교
2. 특성치의 차이 비교
3. 제품이 성공적인 성능을 내기 위한 요인 조사
4. 성능 목표 정의

〔Step 4〕개선 (Improve)

개선 단계에서는 해결 방안을 탐색하고 프로세스를 개선, 개발한다.

1. 목표 달성을 위한 성능 특성치 선택
2. 특성치에 대한 주요 변동 요인 진단
3. 통계적 방법을 통한 공정 변수 탐색 및 최적 공정 조건 확인
4. 공정 변수의 영향 관계 조사
5. 각 공정 변수에 대한 수행 규칙 결정

〔Step 5〕관리(Control)

관리 단계에서는 프로세스의 개선에 대한 효과를 확인하고 통합 관

리한다.
1. 새로운 공정 조건의 표준화
2. 통계적 공정 관리 방법을 통한 변화 식별
3. 공정 능력의 재평가

측정(Measure)
1. 주요제품 선택
2. 제품 구조도 작성
3. 성능변수의 정의
4. 공정 흐름도 작성
5. 성능(결과)변수 측정
6. 공정 능력 지수 설정

분석(Analyze)
7. 성능 변수 선택
8. 성능 계량치의 벤치마킹
9. 일등제품의 성능조사
10. 차이분석 실시
11. 일등제품의 성공요인 발견
12. 성능목표의 정의

개선(Improve)
13. 성능변수 선택
14. 성능변수 진단
15. 원인변수 제안
16. 원인변수 확인
17. 작업한계의 설정
18. 성능 개선의 검증

관리(Control)
19. 원인 변수의 선택
20. 관리 시스템의 정의
21. 관리 시스템의 구축
22. 관리 시스템의 실행
23. 관리 시스템의 감사
24. 성능 계량치의 추적

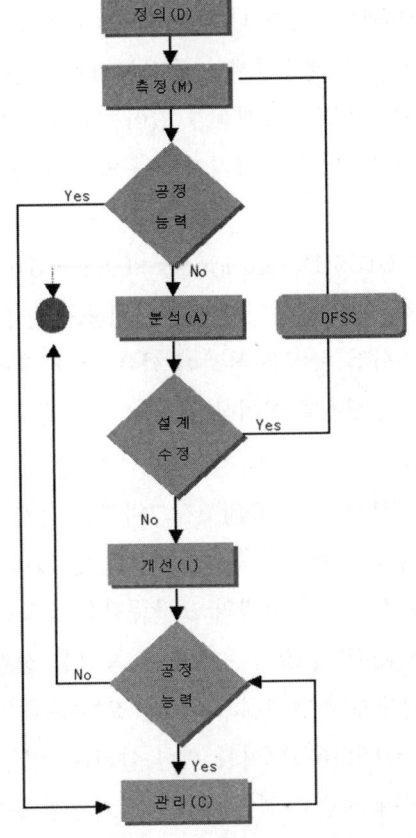

제조의 DMIC 추진 방법론

DFSS의 추진 방법론

6시그마가 초기에 시작될 때에는 제조 부문의 품질혁신에 초점이 맞추어져 있었으나, 차츰 사무간접 부문, 연구개발 부문으로 확산되었고, 지금은 경영혁신 전략으로 기업의 모든 부문이 혁신의 대상이 되고 있다. 6시그마의 목표를 달성하기 위해서는 생산부문보다도 연구개발(R&D)부문이 더 중요하다. 고객감동을 위한 제품의 품질은 생산공정보다는 제품설계나 공정설계와 같은 연구개발 단계에서 더 크게 좌우되고 있다. 설계품질 없이는 6시그마 달성은 불가능하며, 설계 단계에서 품질/가격/납기의 70~80%가 좌우되는 것으로 알려져 있다.

DFSS(Design for Six Sigma : 6σ를 위한 설계)는 연구개발 단계에서 고객요구를 반영하여 제품의 품질·신뢰성·가공성 등의 측면에서 과학적 방법을 통하여 짧은 기간 내에 6σ 제품을 생산하기 위한 제반 프로세스를 의미한다.

DFSS를 R&D의 6시그마라고 흔히 부르기도 한다. DFSS에서는 고객의 요구품질을 품질기능전개(QFD)와 같은 방법에 의하여 반영하는데, 일반적으로 고객의 요구품질을 조사하여 기술품질 특성으로 변환하고, 부품 및 공정의 주요품질 특성을 선정하여 이를 특별히 관리함으로써 설계개발 단계에서 6σ 품질 수준을 사전에 확보하고자 하는 것이다.

DFSS(6시그마를 위한 설계)는 연구개발 단계에서 고객 요구를 반영하여 제품의 품질, 신뢰성, 가공성 등의 측면에 과학적 방법을 통해 짧은 기간동안 6시그마 제품을 생산하기 위한 제반 프로세스를 의미한다. 특히 DFSS는 고객의 요구 품질을 조사하여 처음 설계 개발 단계에서 주요 품질 특성에 대한 6시그마 품질 수준을 확보하는 것이다.

그러나 요즘 들어서는 DFSS를 R&D 부문에만 국한하여 부르지 않고 비제조의 서비스 부문이나 업무 프로세스 재설계 그리고 재설계가 필요한 제조 부문의 문제를 해결할 때도 사용한다.

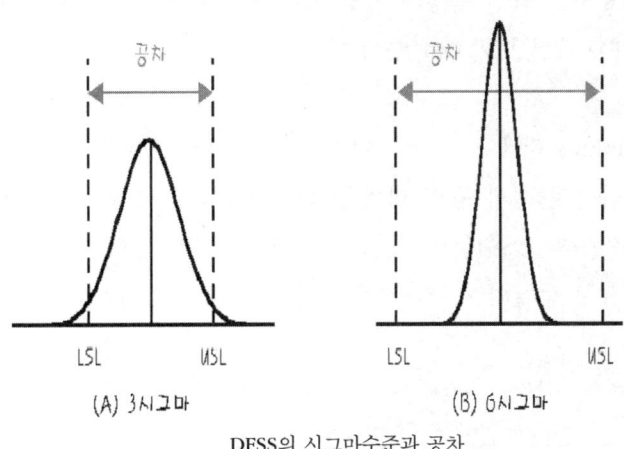

DFSS의 시그마수준과 공차

(1) GE의 DFSS 추진 방법론

1997년 GE에서 시작된 DFSS는 6시그마 활동이 기존 프로세스의 공정능력 개선에 있다면, DFSS는 새로운 제품 또는 서비스를 개발할 때 프로세스가 존재하지 않거나 프로세스에 대한 재설계가 필요할 때 사용하게 된다.

연구개발 부문에서 DFSS는 GE사가 고안한 IDOV 단계를 주로 사용한다.

I(Identify) 단계는 확인 단계로 기술적 요구 사항이나 고객 요구 사항을 조사, 분석하고 구체화하여 CTQ를 인식한다. 그리고 나서 품질

목표 즉, 개선해야 할 부분을 설정한다. 또한 I 단계에서 측정 시스템 능력에 대한 검증도 수행되어야 한다.

D(Design) 단계는 설계 단계로 CTQ를 품질 특성치로 변환하는 시스템을 설계하고 품질 특성치에 영향을 주는 주요 설계 파라미터를 선정한다. TRIZ기법을 이용할 수 있다.

O(Optimize) 단계는 최적화 단계로 직교 배열표 실험, 파라미터 설계 실험, 다구찌 실험 등의 방법을 통해서 파라미터를 설계하고 최적 조건이 무엇인지 찾아내어 확인하는 실험을 한다. 또한 허용차 설계를 실시하고 요구 품질의 제조규격을 설정하게 된다.

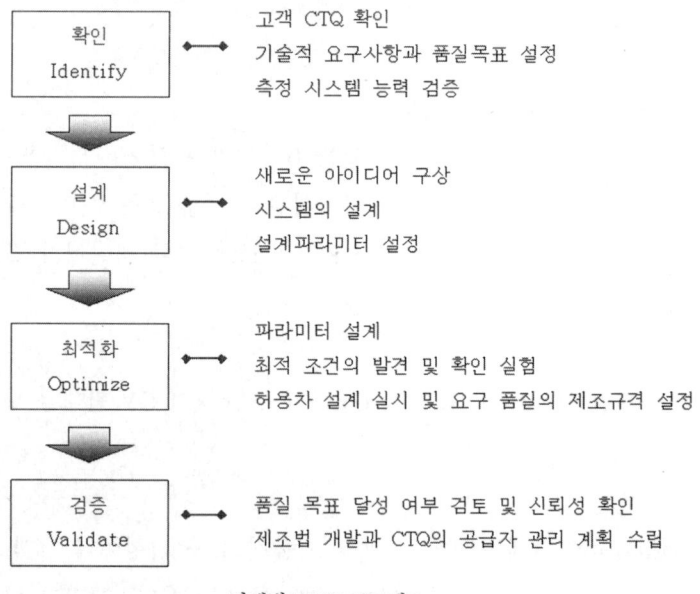

단계별 DFSS 프로세스

DFSS는 뒤지게 패서 시키면 시키는 대로 하는 방법론이다

V(Validate) 단계는 설계가 적절한지를 검증하는 단계이다. 재현성과 반복성에 대해 확인 실험하고, σ를 추정해서 산포를 파악하고 Cp, Cpk, 시그마 수준을 통해서 품질목표가 달성되었는지 검토한다. 그렇지 않다면 설계 단계부터 다시 시작한다. 반대로 품질 목표에 달성했다면, 신뢰성을 평가해 본다. 신뢰성도 만족스럽게 나온 경우 제조법 개발과 CTQ의 공급자 관리 계획을 수립한다.

(2) 제품 개발 프로세스에 근간한 새로운 DFSS 추진 방법론

제품개발 프로세스에 근간한 새로운 DFSS 추진 방법론은 EPI(Engineering Process Innovation)에 따라 기존의 연구/개발 부문에서 추진해오던 E-CIM 활동의 연장선에서 6시그마와 연계하는 방법이다. 이는 기존의 제품 개발 프로세스인 EPI 프로세스와 문제 해결 프로세스인 DFSS 프로세스를 접목하여 만든 것이다. 6시그마 수준의 신제품 개발을 위해서는 상품기획 단계로부터 양산이관까지 철저하게 DFSS를 추진해야 한다.

DFSS(Design for Six Sigma)는
   ☞ MFSS(Marketing For Six Sigma)
   ☞ TFSS(Technology For Six Sigma)
   ☞ DFSS(Development For Six Sigma)
   ☞ PFSS(Product For Six Sigma)의 4 단계로 나뉜다.

상품기획 단계 MFSS(Marketing For Six Sigma)에서는 신상품을 개발할 것인가 말 것인가를 결정하고, 신제품 개발에 필요한 요소기술을 검증하는 단계인 TFSS(Technology For Six Sigma)에서는 신상품을 만들 수 있는 기술을 확보하고 있는지 또는 기술 개발을 해야 하는지를

확인하는 단계이다. 확보된 요소 기술을 바탕으로 제품 개발을 하는 DFSS(Development For Six Sigma)이다. 이 단계에서는 제품의 모델 명이 정해지고 구체적인 제품규격이 결정된다. 마지막으로 개발된 완료된 제품을 양산으로 이관하는 단계인 PFSS(Product For Six Sigma)에서는 신제품의 재현성과 양산성 그리고 신뢰성을 확보하게 된다.

DFSS 프로젝트를 추진하기 위해서 첫째로 고객의 목소리(VOC)와 기술의 목소리(VOT) 그리고 프로세스의 목소리(VOP)로부터 고객의 요구(Customer Requirement), 기술의 요구(Engineering Requirement), 그리고 시스템의 요구(System Requirement)를 도출해 낸다. 둘째로 이러한 요구(Requirement)를 만족시킬 수 있는 기능 (Function)을 설계하고 이를 달성할 수 있는 System Concept을 도출한다.

전반적으로 시스템을 설계하는 방법으로는
 ☞ 개념 설계(Concept Design),
 ☞ 파라미터 설계(Parameter Design),
 ☞ 공차 설계(Tolerance Design),
 ☞ 신뢰성 설계(Reliability Design)의 4단계로 시행한다.

각 단계별로 결정된 내용으로 설계자들은 조립도와 부분 조립도, 부품도 등의 도면 작업을 하게 된다.

Concept Design 단계에서는 개발하고자 하는 제품의 Geometry와 기구학적인 Mechanism을 설계한다. Parameter Design 단계에서는 선정된 중요한 인자의 선정과 최적 중심치(Dimension) 설계를 한다. Tolerance Design 단계에서는 Robust Deign을 실시하여 공차(산포)에 대한 최적화를 실시한다. 마지막으로 Reliability Design 단계에서는 시스템의 수명과 신뢰성을 확보한다. 다음의 그림은 DFSS Road Map 단계를 DFSS Tools과 연계하여 설명한 것이다.

[MFSS단계]

1. Marketing tools

   (Market segment, MSQS, Value Map, SWOT, Marketing FMEA...)

2. Idea Generation tools

   (Customer Interview, KJ Mapping, Kano diagram)

3. Concept Generation tools

   (TRIZ, Pugh concept selection, QFD...)

[TFSS단계]

1. Process Management tools

   (FFD, Process Map, C&E Matrix, Design FMEA...)

2. Engineering tools

   (Modula Design, DFMA, Statistic Tolerance...)

[DFSS단계]

1. Statistic tools

   (ANOVA, DOE, RSM...)

2. Analyze tools

   (Correlation & Regression, Residual...)

3. Robust Design tools

   (Taguchi, Empirical Tolerance...)

4. Design tools

(CAD/CAM/CAE, GD&T...)

〔PFSS단계〕

1. Mass Product tools

(PDM, Control Plan, Validation Test, SPC...)

2. Reliability tools

(Reliability & Maintainability)

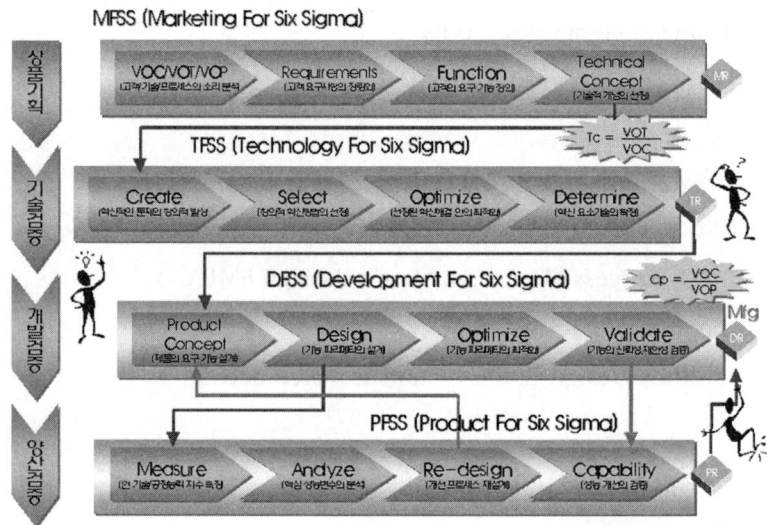

DFSS는 뒤지게 꽤서 시키면 시키는 대로 하는 방법론이다

6시그마의 성공사례

 GE사의 경우, 지난 수십 년 동안 사업의 효율싱과 수익률의 칙도인 영업 이익이 10%대에서 맴돌고 있었다. 잭 웰치 회장은 1995년 신용 카드 사업에서 항공기 엔진 제작 사업, NBC 방송 사업에 이르기까지 모든 사업 분야가 6시그마를 목표로 삼도록 지시하였다. GE사는 6시그마 프로그램을 도입할 당시 3.5시그마 수준이었지만 6시그마 활동이 전 그룹의 프로세스에 확산되면서, 1995년도에 13.6%였던 영업 수입률이 1998년에는 16.7%라는 믿기 어려운 수준까지 올라갔다. 이것을 금액으로 환산하면, 1997년에는 6시그마 활동을 통해 3억 달러 이상의 영업 이익을 얻었고, 1998년에는 6시그마 재무적 효과가 2배 이상 증가되어 6억 달러 이상의 이익을 얻은 것이다.

 미국의 오하이오주에 있는 GE의 공업용 다이아몬드 사업부를 책임 지고 있던 윌리엄 우두번은 1994년부터 6시그마를 사업부에 도입하여 투자 이익률을 4배로 향상시키고, 운영비용을 절반으로 감소시켰다. 그는 기존 설비의 효율을 극대화하여 적어도 10년 동안은 새로운 공장의 건설이나 설비의 도입이 필요없도록 하였다. GE의 공업용 다이아몬드 사업부는 6시그마를 도입한 기업이 어떻게 비용 절감을 하며, 어떻게 생산을 극대화하는지, 또 새로운 공장의 건설이나 설비 도입에 따른 추가적인 투자의 필요성을 어떻게 제거하는지를 보여 주는 좋은 본보기가 되고 있다.

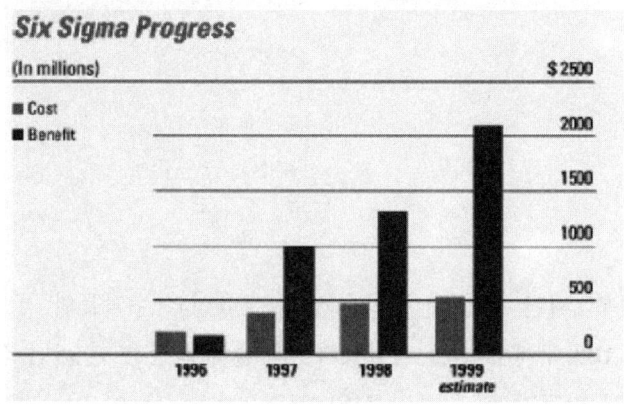

한편 얼라이드 시그널사의 대표인 레리 보시디는 파산의 기로에서 6시그마 혁신 전략을 도입하여 145억 달러의 효과를 보았다. 이 기업은 매년 6%의 생산성 향상을 목표로, 모든 사업부의 종업원에게 6시그마와 혁신전략에 대해 교육하였다. 그 결과 전사적인 6시그마 도입은 12%였던 운영 마진을 14.1%까지 향상시켰으며, 6시그마가 도입된 1994년부터 지금까지 직접 비용이 20억 달러 이상 감소했다.

얼라이드 시그널사의 임원이었다가 1998년에 레이튼사의 대표 이사가 된 다니엘 번함도 6시그마를 기업 전략 계획의 초석으로 도입하였다. 번함은 전사적으로 6시그마를 추진함으로써 2001년 매년 10억 달러 이상의 사업 비용이 감소할 것으로 기대하고 있다.

폴라로이드사의 경우에도 6시그마의 효과를 잘 보여주고 있다. 폴라로이드사는 다른 품질 프로그램들이 제품이나 서비스의 품질 향상에만 초점을 맞추었을 뿐, 실제로 가장 중요한 기업의 이익 수익률 향상에는 기여하지 못한다고 믿고 있었다. 이에 폴라로이드사는 프로젝트의 단계에 따라서 기업의 품질과 수익성에 영향을 미치는 프로세스에 중점을 두기 위해 6시그마를 도입했고, 그 결과 6%의 수익 향상을 달성했다.

또한 에이씨 브라운 보베리(ABB)사는 6시그마의 성공적인 도입을 통하여 인도의 뭉크에 있는 변압기 공장의 측정 설비 중에서 계수기 오류를 8.3%에서 1.3%까지 낮추었으며, 로드상의 손실을 2% 내로 낮춤으로써 측정 오류를 83% 감소시켰다. ABB사는 자새 관리 부분도 개선하여 한 공장의 한 개 프로세스 당 매년 77만 5천 달러의 비용을 절감하고 있다.

국내에서 6시그마 활동을 가장 성공적으로 추진하고 있는 삼성 SDI는 96년부터 시작한 6시그마 활동을 통하여 2000년에 1300억원의 6시그마를 통한 재무성과를 창출하였으며, 2001년에는 2000억원의 6시그마 재무성과를 목표로 하고 있다. 이에 힘입어 98년 매출 4조6천억원, 경상이익 620억원이었던 경영성과가 2000년에는 매출 6조3천억원, 경상이익 7천500억원을 달성하여 매출에서는 4배, 그리고 경상이익에서는 무려 12배에 가까운 놀라운 성과를 내었다. 아울러 삼성 SDI는 1998년부터는 보다 높은 6시그마 성과를 위하여 DFSS와 비제조 부문에 중점을 두어 추진하고 있다.

삼성SDI의 매출 및 경상 이익 현황

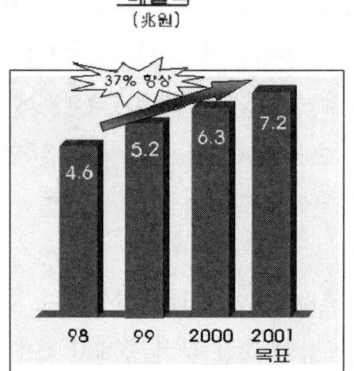

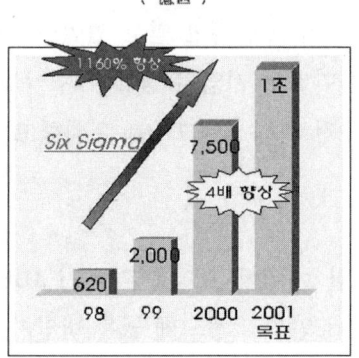

이 밖에도 기업들이 6시그마를 도입해서 성공한 사례는 많이 찾아볼 수 있는데, 국내에서도 LG전자, 한국중공업, LG정보통신, 삼성종합기술원, 시티뱅크, 현대자동차, 한국타이어 등에서 이를 도입하여 경영혁신에 성공함으로써 현대자동차, 포항제철 등 국내 많은 기업들이 6시그마 활동의 도입을 검토하고 있다.

6시그마 활동은 품질경영 혁신에 대한 체계적인 접근 방식이고, 시그마 수준이라는 공통의 언어를 사용하기 때문에 기업의 문화와 종업원들의 협력을 얻어내는 것이 용이하다. 또한 성과에 대한 비교와 효과를 파악하는 데도 용이하다.

일반적으로 대부분의 기업들은 경영기법의 유행에 대해 쉽게 동조하지 않는다. 그럼에도 불구하고, 많은 기업들이 6시그마 활동을 통해 자신들의 시장점유율 증가, 비용 절감, 사업이익의 향상을 이룰 수 있다고 믿었기 때문에 6시그마 활동을 도입했다. 그 결과 이제 이 기업들은 품질을 자신들의 이익에 직결시키고 있다.

6시그마 활동은 기업의 회생을 가능하게 하고, 시장점유율이나 이익 면에서 경쟁사를 앞설 수 있게 하는 비즈니스 전략을 통해 탁월한 재무적인 성과를 얻게 한다. 불가능해 보이는 분야에 도전해서 기업들은 불가능을 가능으로 바꾸는 성취를 이루어 내는 것이다.

그러나 많은 기업들이 6시그마 활동을 도입한 보다 근본적인 이유는 6시그마 활동을 하고 있는 기업들이 실질적인 수익률 부분에서 놀라운 성과를 얻어 성공했기 때문이다. 그 결과 6시그마는 월 스트리트에서 선망하는 경영전략이 되었다.

하지만 6시그마 활동으로 인한 성공 결과만을 보면 안될 것이다. 기업이 새로운 품질전략을 도입해서 성공하기까지 평균 5년 정도 걸린다. 대부분의 성공한 기업들은 도입된 새로운 프로그램을 그 기업에 맞게 꾸준히 지속적으로 유지, 발전시켰다는 것을 잊지 말아야 한다.

선진사 및 컨설팅사의
6시그마 Road Map 소개

6시그마를 추진하는 데 있어서 가장 일반적으로 사용되는 방법론은 MAIC(Masure-Analyze-Improve-Control)이다. 이는 모토롤라사가 6시그마 활동을 시작하면서 처음 사용하기 시작하였다.

전통적인 MAIC 모델은 QC활동의 PDCA 사이클에서부터 파생되었다고 볼 수 있다. 그리고 6시그마 활동이 ABB, 얼라이드 시그널, GE 등으로 확산되면서부터 각 사에 맞게 문제 해결을 위한 여러 가지 방법론이 만들어지게 되었다.

GE사의 경우, MAIC 사이클을 DMAIC(Define-Masure-Analyze-Improve-Control) 사이클로 변환하여 사용하고 있는데 여기서 D는 정의를(Define) 의미한다. 정의 단계에서는 주요 고객과 고객의 요구 사항을(CTQ) 정의하고, 각 고객의 요구에 해당되는 프로세스의 정의와 개선 대상이 될 프로세스를 선정한다. 이는 보다 고객의 중요성을 강조한 GE사의 독특한 방법이라고 생각된다.

최근에는 MAIC보다는 정의(Define) 단계가 추가된 DMAIC (Define-Masure-Analyze-Improve-Control)가 더 일반적으로 사용되고 있다.

DMAIC는 일반적으로 제조 부문의 6시그마 프로젝트를 추진하는 데 그 효과가 입증되었다. R&D 부문이나 비제조 부문에서의 문제해결 방법은 제조 부문과는 성격이 많이 다르기 때문에 DMAIC 방법론이 때로는 잘 적용되지 않는 경우가 많이 있다. GE에서는 R&D 부문과 비제조 부문에서는 다른 Roadmap을 사용하는데, 초기에는 DMADV(Define-Masure-Analyze-Design-Verify)을 사용하다가 IDOV(Identify-Design-Optimize-Validate)로 변형되었다.

최근에는 GE에서 DFSS방법론을 DFSSi(innovation), DFSSp(product), DFSSs(service)로 세분화하여 문제의 성격에 따라 Roadmap을 적용하는 것을 볼 수 있다. 그 외에도 6시그마를 지도하는 컨설팅사마다 나름대로의 방법론을 정의해서 사용하기도 하는데, AAA(Air Academy Associates)사의 PCOR(Prioritize-Characterize-Optimize-Realize)을 예로 들 수 있다.

그 외에도 많은 회사들이 각 사의 실정에 맞게 개발하여 사용하고 있는 6시그마 방법론과 DFSS방법론에 대하여 알아보고, 6시그마를 지도하는 선진 컨설팅업체의 6시그마 추진을 위한 전략과 방법을 소개한다.

모토롤라의 6시그마 Road Map

　6시그마 활동을 처음 시작한 모토롤라사의 6시그마 추진 전략과 방법 그리고 사례 등은 이미 많이 소개가 되어 있다. 가장 전통적인 6시그마 추진 방법론인 **MAIC**를 만들었으며, 최근에는 모토롤라에서도 **DMAIC**를 사용한다. 최근의 모토롤라의 "6시그마 도달을 위한 6스텝"을 살펴보면 다른 회사와 마찬가지로 정의(**Define**) 단계가 추가, 강조되고 있는 것을 볼 수 있다.

　〔모토롤라의 "6시그마 도달을 위한 6스텝"〕
- 1단계 : 산출하고 있는 제품 또는 서비스를 정의한다.
- 2단계 : 제품 또는 서비스를 제공받는 고객을 정의하고 고객이 무엇을 중요하게 여기는가를 확인한다.
- 3단계 : 필요사항(고객을 만족시키는 제품, 서비스를 제공하기 위한)을 정한다
- 4단계 : 매핑(**Mapping**) 작업을 위한 업무 프로세스를 정의한다.
- 5단계 : 업무 프로세스를 향상시킴으로써 실수를 방지하고 비생산적인 활동을 제거한다.
- 6단계 : 향상된 업무 처리 프로세스를 측정, 분석, 관리함으로 끊임없는 향상을 보장한다.

(1) 6시그마 추진 단계

○ 6시그마 추진 단계

(2) 단계별 주요 추진내역

단계		주요 추진 내역
정의 (Define)	활동 목적	▷고객의 핵심 요구사항 정의 및 프로젝트 선택
	활동 내역	▷주요 고객을 정의 ▷고객의 요구사항(C.T.Q) 파악 ▷고객만족을 위한 내부 Process 절이 ▷개선 Project를 선정한다.
	사용 도구	▷Field Claim ▷공정 불량 ▷고객 불만 사항 ▷Logic Tree
측정 (Measurement)	활동 목적	▷고객의 요구사항(CTQ)을 충족했는가를 평가하기 위해 필요한 핵심 지표를 도출하고, 프로세스 성과를 측정하기 위해 효과적으로 데이터를 수집하기 위한 방법론을 개발함.
		▷목표의 지표화 : 어떤 지표로 측정하는가 (C.T.Q의 선정 및 문제를 정량적으로 규명) ▷평가 기준의 설정 (목표점수, 기대 점수) ▷정보 수집(V.O.C 평가기준에 따라 수집) ▷Process Mapping 처리 ▷측정 시스템을 확인한다. ▷프로세스의 시그마 수준을 확인한다. ▷Project team / Communication 흐름의 개발
	사용 도구	▷Process Mapping ▷ Gage R&R ▷Cp, Cpk, Pp, Ppk ▷품질기능 전개(QFD) ▷FMEA 등

분석 (Analysis)	활동 목적	▷구체적인 문제점을 도출하기 위해 개선 기회를 충별 하고 분석하여 쉽게 이해할 수 있는 문제기술서를 정의함.
	활동 내역	▷결함의 형태와 원인을 파악한다.(언제, 어디서 발생하나?) ▷불량의 잠재 원인을 상세히 파악하기 위한 자료 출별 ▷요인간 관련짓기(전사 최적화와 부분 최적화의 조정) ▷목표 달성을 위한 주요인 분석(원인 / 결과 관련 평가) ▷Process에 영향을 미치는 소수인자 정의 및 코어 평가 (강점은 살리고 약점을 보강) ▷우선 순위의 설정 (주요 테마이고 자사 약점에 우선순위 부여)
	사용 도구	▷Pareto 도 ▷프로세스 Bench-Marking ▷특성요인도 ▷분산분석 (ANOVA) ▷상관,회귀분석 ▷확률분포 등
개선 (Improvement)	활동 목적	▷올바른 개선 방안을 도출, 평가, 선택하여 해결 방안을 제시함으로서 발생하는 변화에 대하여 조직이 잘 적응할 수 있도록 하는 변화 관리 접근 방법을 개발함.
	활동 내역	▷Process를 어떻게 개선할 수 있나? ▷연관도, 특성 요인도 등을 이용한 브레인-스토밍을 실시하여 여러 사람의 지혜를 도출한다. ▷필요없는 업무는 과감히 제거한다. ▷가능한 해결책들을 시험 실시하여 효과를 검증한다. ▷선별된 소수인자의 평가 및 문제에 대한 통계적 해답을 정의 ▷개선을 위한 최적조건 결정을 위해 실험계획법 사용
	사용 도구	▷실험계획법(DOE) ▷분산분석(ANOVA) ▷반응표면 분석 ▷회귀 분석 ▷최적화 기법(RSM, EVOP법)등
관리 (Control)	활동 목적	▷계획에 따른 실행의 중요성을 이해하고 목표결과의 달성을 보장하기 위해 수행될 접근 방법을 결정함. 일상적인 업무 프로세스와 해결방안의 통합화 관리 실시
	활동 내역	▷개혁 레벨의 유지 (시스템화, 체크포인트) ▷새로운 프로세스의 설계와 절차를 제도화하고 문서화 실시 ▷프로세스의 적절한 성과지수를 만들고 관리한계를 설정 ▷개선 효과의 파악 ▷SPC기법을 사용하여 공정을 지속적으로 Monitoring 실시
	사용 도구	▷통계적 공정관리 (SPC) ▷관리도 ▷공정 모니터링 시스템 등

GE의 6시그마 Road Map

앞에서 소개한 바와 같이 GE에서는 DMAIC방법론을 사용하고 있으며, GE의 6시그마 품질 수준 달성을 위한 지침에는 "12+2 스텝"이라고 하여 DMAIC 각 단계를 보다 더 세부적으로 나누어 적용하고 있다. DMAIC는 주로 제조 부문의 6시그마 프로젝트를 추진하는 데 활용된다.

- 단계 0(정의) : 프로젝트 범위 및 승인
- 단계 1(측정) : 고객의 품질특성(CTQ), 개선 프로젝트 선정
- 단계 2(측정) : 성능 표준(Performance Standard)을 정의
- 단계 3(측정) : 측정 시스템 분석
- 단계 4(분석) : 제품 또는 서비스의 공징능력 분석
- 단계 5(분석) : 수행 목표의 정의(벤치마킹)
- 단계 6(분석) : 모든 변동 요인의 규명
- 단계 7(개선) : 잠재적인 원인의 선별
- 단계 8(개선) : 변수 간의 인과 관계식 규명
- 단계 9(개선) : 조절 변수에 대한 허용차 설정
- 단계 10(관리) : 측정 시스템 확인
- 단계 11(관리) : 공정능력의 확인
- 단계 12(관리) : 공정 관리 실시
- 단계 13(전파) : 유사한 제품이나 서비스에 확산 적용

(1) GE의 DMAIC 단계별 전략

기타 R&D나 비제조 부문의 6시그마 활동을 전개하기 위해서 DFSS(Design For Six Sigma) 활동을 추진하고 있다. 이 DFSS 활동은

처음에는 설계 단계에서 품질을 확보하기 위한 활동으로 시작되었으나, 지금은 전 부문에 걸친 혁신 활동으로 확대하여 전개되고 있다. GE의 DFSS방법론은 초기에는 GE Capital에서 정형화된 프로세스가 없는 경우에 사용하는 DMADV(Define-Masure-Analyze-Design-Verify)모델을 사용하다가 R&D 부문에 IDOV(Identify-Design-Optimize-Validate)로 변형되었다. 그리고 최근에는 DFSSi(innovation), DFSSp(product), DFSSs(service)로 세분화하여 문제의 성격에 따라 Roadmap을 적용하는 것을 볼 수 있다.

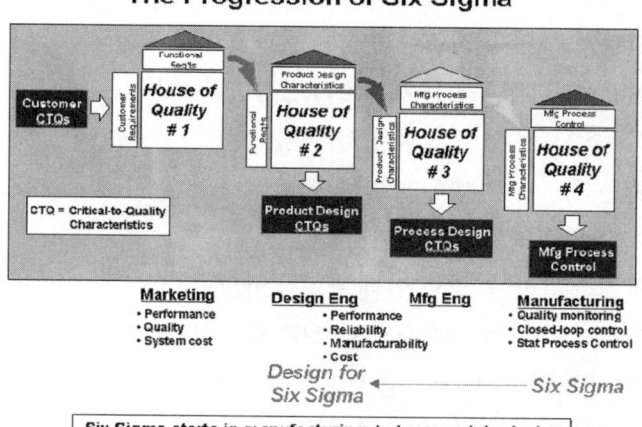

(2) GE의 DMADV 프로세스

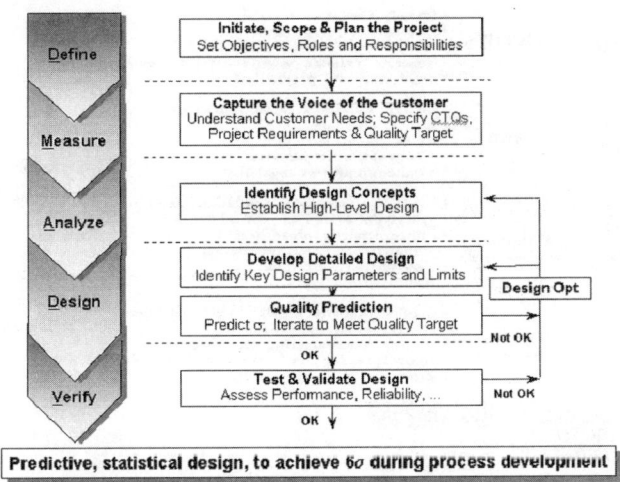

GE's DFSS Process for Commercial Quality

Predictive, statistical design, to achieve 6σ during process development

(3) GE의 DFSS DMADV Roadmap

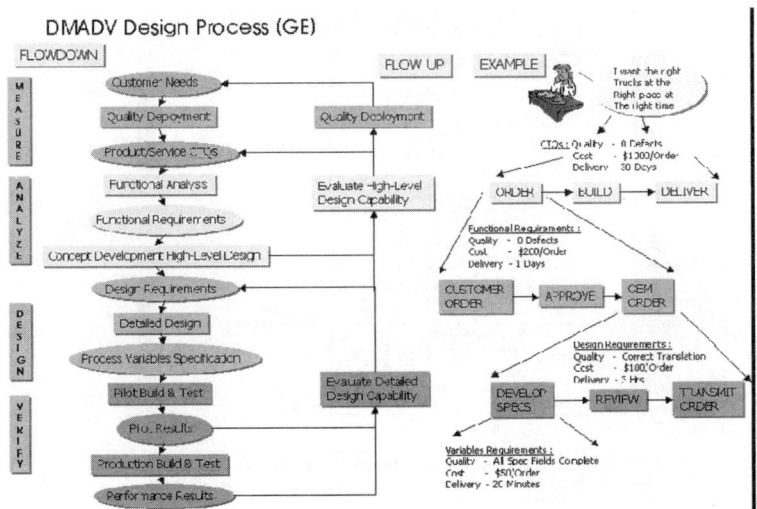

DMADV Design Process (GE)

(4) GE의 R&D에서 사용하는 IDOV Roadmap

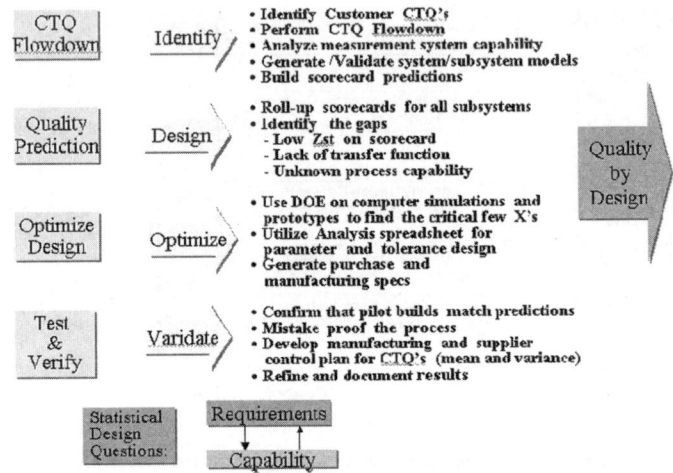

(5) GE의 IDOV DFSS Roadmap 전개

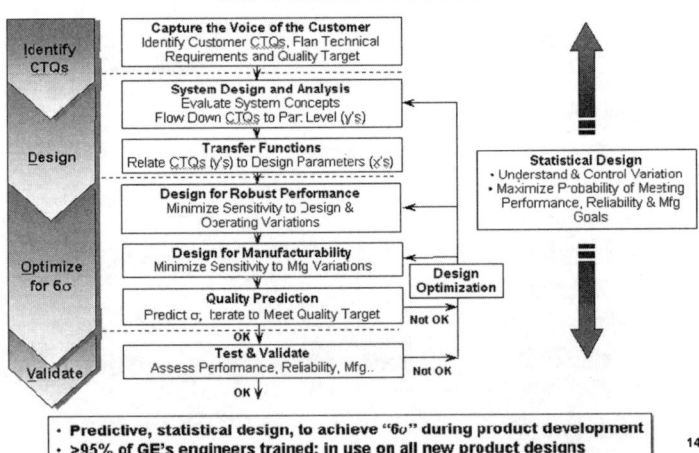

삼성 SDI의 6시그마 Road Map

(1) CSI Roadmap

제조 단계, 사무간접 부문 등에서 사용되는 대표적인 프로젝트 추진 단계는 MAIC이다. 그러나 프로젝트가 단순하고 Measure의 필요성이 강하지 않은 경우에는 Chart-Solve-Implement의 단계를 밟으면서 프로젝트를 해결할 수 있다. 이를 C-S-I 모델이라 하며, 삼성 SDI에서 6 시그마 도입 초기에 애용하였던 추진 모델이다. Chart는 실제 문제를 통계적인 문제로 변화시키는 과정으로 Measure와 Analyse 단계에 해당한다. Solve는 통계적인 문제에 대한 해결책을 찾는 과정으로 Improve단계에 해당한다. 그리고 Implement는 Control 단계에 해당한다.

C-S-I 모델은 간단 명료한 것이 장점이나 너무 단순화되어 있어, 프로젝트 수행기간이 짧은 간단한 프로젝트 해결에 유용하게 사용될 수 있다.

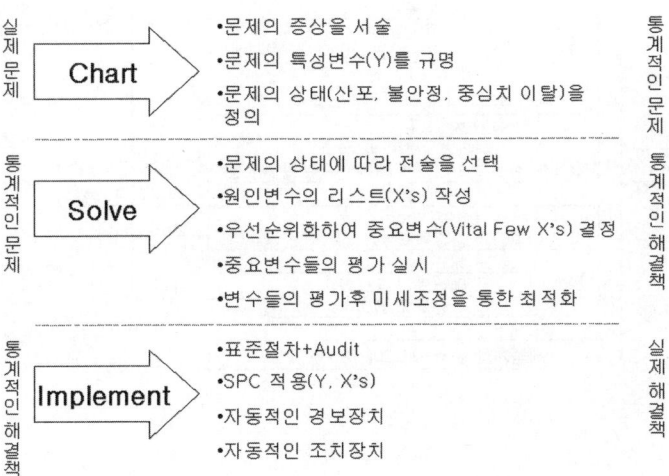

(2) RDIDOV Road map

DFSS 프로젝트 추진단계로서 가장 많이 사용되는 것은 IDOV 단계이다. 이 단계의 앞부분에 **R-D(Recognize-Define)**를 추가하여 만든 모델이 **R-D-I-D-O-V** 모델로서 추진단계의 앞부분을 세분화한 모델로 삼성 SDI에서 사용하여 좋은 성과를 올린 것이다. **I-D-O-V**는 GE와 동일하며, 삼성 SDI에서는 인식(Recognize)단계와 정의(Define)단계를 추가하였다. 기업의 경영 전략에 입각하여 제품 개발의 필요성을 인식하는 단계이다. 그리고 **Define**은 프로젝트와 관련된 현상파악, 가용자원의 평가, **Benchmarking**, 기업의 수행능력 평가, 일정계획의 수립 등이 이루어지는 단계이다.

또한 기존의 제품개발 프로세스인 **EPI(Engineering Process Innovation)**과의 연계에서 DFSS프로세스가 진행된다.

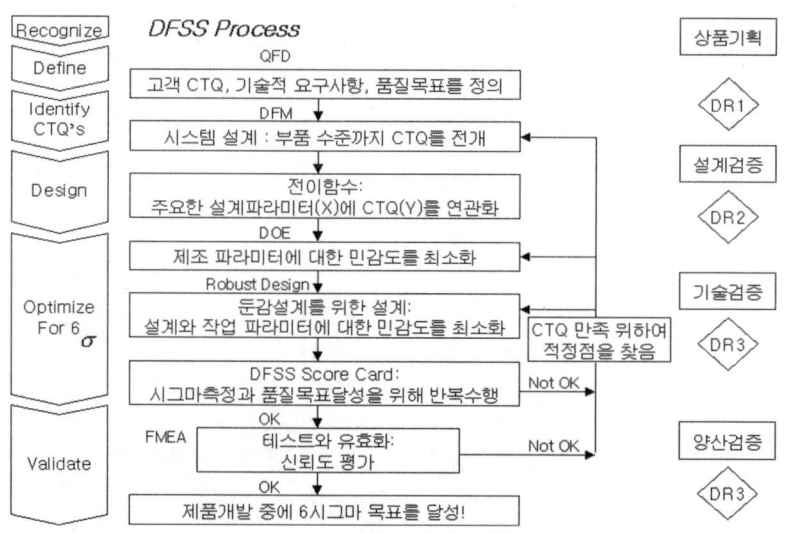

DFSS는 뒤지게 패서 시키면 시키는 대로 하는 방법론이다

(3) MADRI Roadmap

이 외에도 필자가 고안한 **MFSS-TFSS-DFSS-PFSS** 방법을 사용하고
있다.

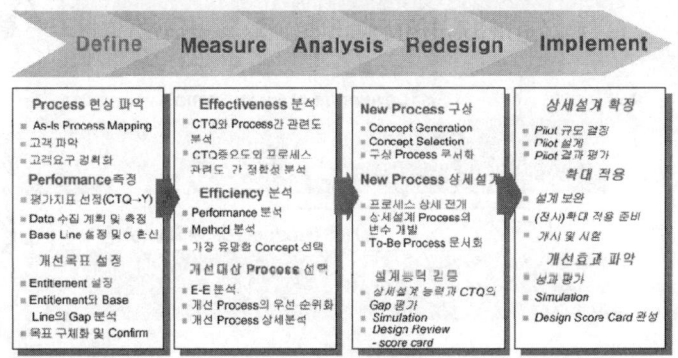

(4) DFSS Roadmap 전개

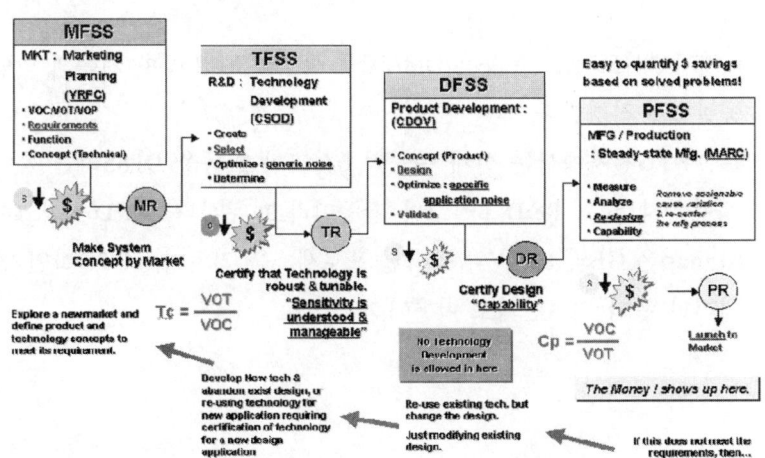

(5) 개발 단계별 DFSS 추진 절차

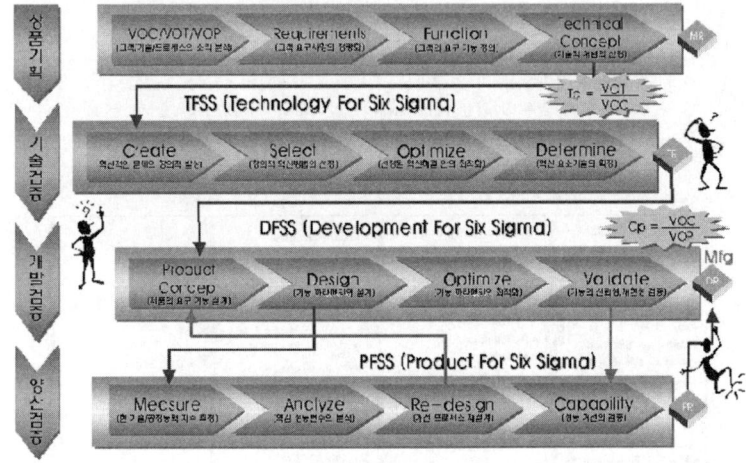

DFSS Roadmap Deployment Overview

LG전자의 6시그마 Road Map

LG전자에서도 제조 부문은 DMAIC를 사용하고 있으며, 기존의 방법과 동일하게 진행한다.

그러나 LG전자에서는 설계 부문의 6시그마 활동을 DFSS라는 용어를 사용하지 않고 R&D 6시그마 활동이라고 부른다. R&D 6시그마 Road map은 GE의 IDOV와 유사한 프로세스를 거치며, "CTQ확인-설계-최적화-관리"의 4단계로 이루어진다.

(1) R&D 6시그마의 정의

R&D 6σ는 고객의 Needs로 부터 CTQ를 선정하고, CTQ에 대한 합리적인 설계를 통하여 개발단계에서 6σ수준의 설계를 완성하고자 함.

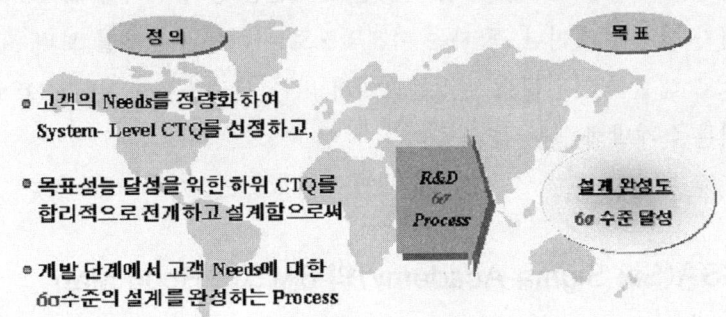

(2) R&D 6시그마 프로세스

고객의 Needs는 'CTQ확인 → 설계 → 최적화 → 관리'의 4단계를 통하여 6σ수준의 설계 / 상품으로 제공됨.

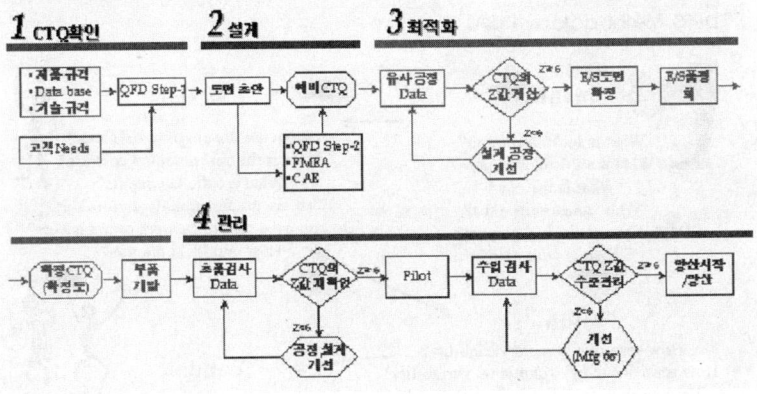

이상과 같이 현재 6시그마를 추진하고 있는 선진사와 대표적인 컨설팅사의 6시그마와 DFSS에 관련된 추진 방법과 전략 그리고 Roadmap을 알아 보았다. 물론 지금도 새로운 방법과 전략 그리고 Roadmap이 끊임없이 개발되고 있으며, 이러한 노력들을 통해서 지속적으로 6시그마가 발전할 것이다. 필자는 마지막으로 여러분의 문제를 보다 효율적으로 해결하기 위해서 여러분들에게 맞는 새로운 6시그마와 DFSS 방법론을 개발해 볼 것을 권한다.

SSA(Six Sigma Academy)의 6시그마 Road Map

6시그마 활동의 원조 격인 마이클 해리(Mikel J. Harry) 박사가 운영하고 있는 SSA사의 6시그마에 대한 전략과 방법론을 소개한다.

(1) SSA의 DFSS Roadmap

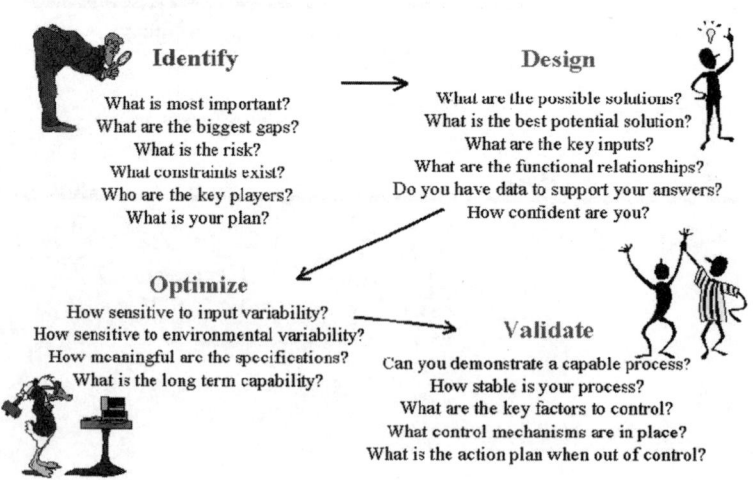

DFSS Methodology (SSA)

Identify
What is most important?
What are the biggest gaps?
What is the risk?
What constraints exist?
Who are the key players?
What is your plan?

Design
What are the possible solutions?
What is the best potential solution?
What are the key inputs?
What are the functional relationships?
Do you have data to support your answers?
How confident are you?

Optimize
How sensitive to input variability?
How sensitive to environmental variability?
How meaningful are the specifications?
What is the long term capability?

Validate
Can you demonstrate a capable process?
How stable is your process?
What are the key factors to control?
What control mechanisms are in place?
What is the action plan when out of control?

(2) MAIC와 IDOV의 연계된 추진 절차

MAIC는 주로 제조 부문에 사용되고, IDOV는 주로 개발 부문에 사용된다는 것은 이미 앞에서 상세히 다루었다. 그러나 제조와 개발 부문이 동시에 연계되어 프로젝트가 이루어지는 경우가 발생한다. 예를 들면, 제조 부문에서 제품의 불량률을 최소화하는 프로젝트 활동을 수행한다고 하자. M-A 단계를 지나 데이터에 의하여 문제점을 발견하였는데, 이 문제점이 설계에 의한 문제점으로 개발 단계로 가야 한다고 하자. 그러면 M-A 이후 I-D-O-V 단계를 밟아야 한다. 이 때 I-D-O 단계를 거친 후 공정능력이 충분치 않다고 판단되면 생산라인에서 일부 제품을 생산해 보면서 공정 능력을 올릴 필요성이 발생되며, 다시 MAIC 단계로 가야할 것이다. 이처럼 MAIC와 IDOV는 서로 혼용될 수 있으며, 이 두 주진 단계를 적절히 혼용하는 것이 바람직하다.

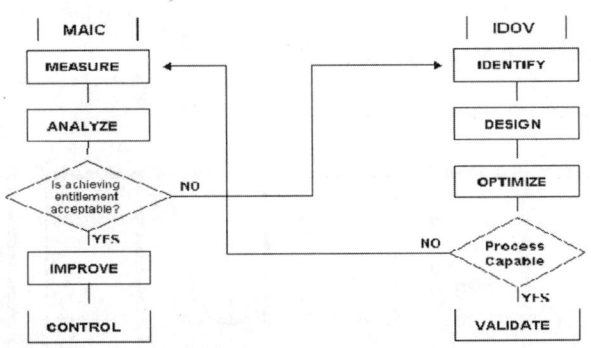

DFSS Methodology (SSA)

MAIC Vs. IDOV

(3) IDOV DFSS Roadmap 선정 프로세스

DFSS Methodology (SSA)

MAIC / IDOV Decision Tree

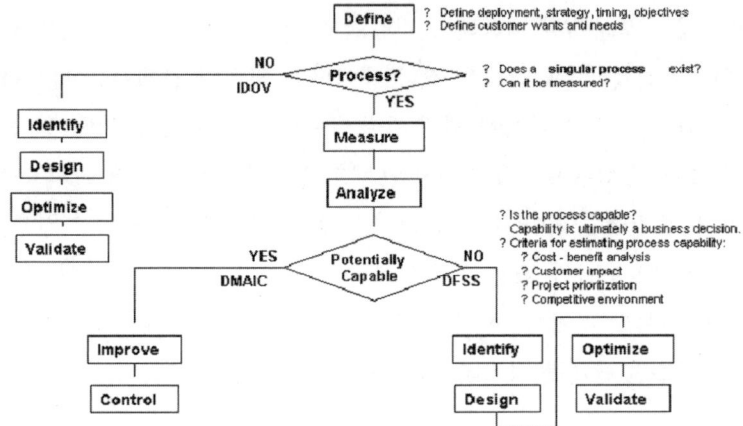

AAA(Air Academy Associates)의 6시그마 Road Map

(1) AAA사의 6시그마 도입 단계별 전략

Six Sigma Implementation Strategy (AAA)

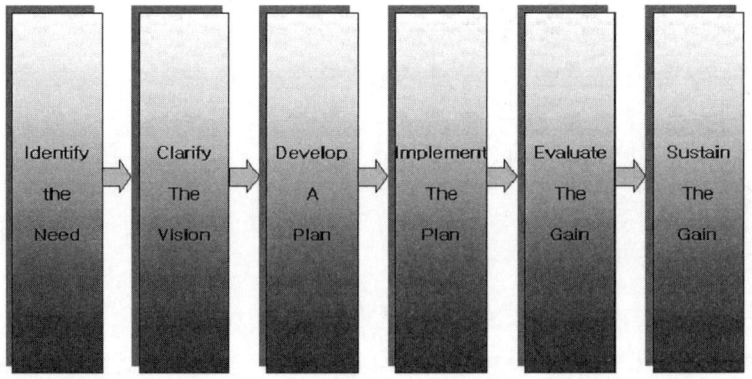

204 DFSS는 뒤지게 괘서 시키면 시키는 대로 하는 방법론이다

(2) AAA사의 6시그마 도입 단계별 전략

단계	주요 추진 내역
니즈의 구체화	▷ 6시그마에 의해 얻은 성과를 최종적으로 정확하게 측정하기 위해서는 반드시 프로젝트를 시작하는 시점에서 현상을 정확하게 파악해야 함. 먼저 최고 경영자가 볼 때 사업을 하는데 있어 가장 중요한 문제가 무엇인지 구체적으로 지정해야 한다. 이를 전제로 프로젝트의 평가기준의 결합, 에러율, 수율, 사이클타임 등을 정의한다. 다음에는 현재의 COPQ(부적합품질로 인한 비용)를 정확하게 측정한다 ▷ 최고 경영자 관점에서 주요 업무에 관련된 문제를 구체적으로 특정화 ▷ 주요 프로세스(DPU,FPY,RTY,사이클타임 등)의 기준선 설정 ▷ 고객의 인식 평가 ▷ 품질 코스트(COPQ:Cost of Poor Quality) 산정 ▷ 주가, 시장점유율, 이익, 증자 등에 관한 토의 ▷ 변혁을 실시하지 않았을 때 자사의 장래 예측
비전의 명확화	▷ 6시그마활동을 통해 도달하고자 하는 목표를 명확히하고 그것을 팀의 모든 구성원이 공유하고자 하는 단계 그러기 위해서는 고객으로부터 어떤 기업 또는 사업, 제품, 서비스로서 평가받고 싶은가 하는 비전 영역까지 포함해 목표를 분명히 설정해야 한다. 단순히 고객 만족도를 높이는 건 목표가 될 수 없다. 주가 시장 점유율 매출액 이익 등의 목표가 분명히 설정돼야 한다. 실적에 바탕한 보상 시스템 목표를 세워 일반 사원들에게 참여 동기를 부여하는 것도 이 단계의 중요한 과제다. ▷ 고객 인식의 목표 설정 ▷ 주가, 시장 점유율, 매출액, 이익 등의 목표설정 ▷ DPU, FPY, RTY, 사이클타임, COPQ 등의 목표설정 ▷ 실적에 바탕한 보상 시스템의 목표 구축 ▷ 정의 : '나에게 세계 정상급 문화'란 무엇을 뜻하는가?
계획수립	▷ 6시그마 활동을 추진하기 위한 구체적인 계획 수립 단계 중요한 프로젝트를 선정하는데서 부터 시작연도의 투자대비 이익 등 구체적 목표를 짠다. 프로젝트를 주도할 챔피언 블랙벨트 그린벨트 등을 뽑는 것도 이 단계다. 이들의 역할분담을 분명히 하고 각 부서원에 대한 교육일정도 짜야 한다. 블랙벨트가 중간에 경과보고할 시점도 정해놓고 각 챔피언 블랙벨트 등이 달성해야 할 목표도 정한다. 보고 방법, 예산배정, 구성원간 의사소통 방법, 지원부서 선정 등도 계획 단계에 확정 지어야 한다. ▷ 중요한 프로젝트의 확정 : 최고 경영자의 승인을 받는다 ▷ 시작년도의 잠재적인 ROI 예측 ▷ Critical Project Owner의 선출 ▷ Critical Project 블랙벨트와 그린벨트의 선출 ▷ 블랙벨트가 프로젝트에 100% 시간을 투자한다. ▷ 챔피언, 블랙벨트, 그린벨트의 역할을 명확히 한다. ▷ 최고경영자,챔피언,블랙벨트에 대한 그룹별 교육과정결정 ▷ 교육을 받을 적당한 관리자 선출 ▷ 보고서 작성방법, 진척상황 등 보고방식 결정 ▷ 블랙벨트는 챔피온과 주 1회 미팅을 가진다. ▷ 블랙벨트와 챔피온은 최고경영자,재무부서에 4분기마다 브리핑 실시 ▷ 챔피온과 블랙벨트 각자의 목표와 시간 배분 설정 ▷ 오퍼레이터와 감독자에 대한 교육의 필요성 결정 ▷ 재무와 R.O.I 담당자에 대한 교육 메뉴 결정 ▷ 실적과 보상 시스템 사이에 연계성 구축(업적 사정 시스템 구축) ▷ 교육 컨설팅 (필요시) 추가 자원의 관련된 코스트 견적 ▷ 의사 소통의 관련된 문제점 결정 ▷ 최고 경영자의 니즈, 비전, 계획의 전달 방법 결정(구두, 서면, 사내 보, 사내 비디오 등) ▷ FMEA 6시그마 플래너 조정 ▷ 6시그마 지도자 결정

계획실행	▷ 계획을 실천에 옮기는 과정이다. 최초의 교육 대상은 프로젝트를 주도할 챔피언 블랙벨트 그린벨트 등과 관리자와 재무부문 관계자들이다. 교육대상은 차차 현장으로 범위를 넓혀간다. 계획 실행에 필요한 하드웨어와 소프트웨어를 비롯 각종 자원을 제공하고 각 프로젝트의 우선순위 결정,특성 추출,최적화,현실화 과정을 밟는다. 각종 미팅과 분기별 보고, 월례 미팅 일정도 잡는다. 계획 실행의 장애를 정의한 뒤 비로소 6시그마 활동을 시작한다. ▷ 최고 경영자에게 니즈, 비전, 계획, 기대치 전달 ▷ 챔피언, 블랙벨트, 그린벨트, 관리자, 재무담당자 교육 ▷ 오퍼레이터, 감독자 교육(필요에 따라) ▷ 필요한 소프트웨어, 하드웨어, 그 밖의 자원 공급 ▷ 교육의 우선순위 결정, 특정부여, 최적화, 현실화 ▷ 챔피언과 블랙벨트의 주례미팅 일정 조정 ▷ 최고경영자와 재무부분에 대한 분기별 브리핑 일정조정 ▷ 블랙벨트 월례 미팅 일정조정 (아이디어 공유, 그룹 컨설팅, 브레인스토밍, 진척보고등) ▷ 계획 실행에 대한 장애를 발견과 제거 ▷ 계획 실행에 대한 집중력과 관여의 지속 ▷ 마스터 블랙벨트 또는 외부 컨설턴트에 의한 6시그마 도구 컨설팅 ▷ 각 프로젝트의 우선순위 결정, 특정부여, 최적화, 현실화
이익평가	▷ 개별 목표의 달성 정도와 아울러 진척 관리도 평가한다. 계획이 예정대로 실행됐는지 평가하는 과정에서도 계획 자체의 적합성은 계속 검증해야 한다. 이 과정에서 일부 프로젝트에 문제가 발생한 경우는 프로젝트의 지속여부를 다시 논의해야 한다. 사업에 커다란 영향을 미치지 못하는 프로젝트는 6시그마 혁신 활동에서 제외한다. ▷ 목표와 시간배분 평가 ▷ 실질적인 업무효과 평가 ▷ 곤란한 프로젝트의 평가 / 경계의 타파,조정 / 프로젝트의 해산 신규 프로젝트의 확정 ▷ 경영 수지를 향상시키지 못하는 프로젝트는 기각 ▷ 새로운 프로젝트를 선정하기 위해 방향성 모색과 판여
이익유지	▷ 성과를 유지하는 것은 단순히 똑같은 일을 반복하는 것과는 다르다는 점에서 어려운 단계다. 성과를 유지하기 위해 관리 계획을 세우고 그 과정에서 필요한 각종 의사소통 채널을 정비하는 과정이다. 당초 계획대로 보상을 실행하고 그 성과에 대한 영향을 계속 연구하면서 새로운 프로젝트를 다시 가려 뽑는다. 브리핑 비디오 사내 보동을 통해 성공체험을 알리고 공유하는 활동도 필요하다. 필요에 따라 챔피언 블랙벨트 그린벨트 등과 그 밖의 간부사원에 대한 교육을 강화한다. 더 많은 프로젝트 리더들을 만드는 것도 이 과정에서 수행할 작업이다. 연간 예산 계획에 6σ 프로젝트에 관한 내용도 새로 추가해야 한다 ▷ 관리계획(Control Plan)의 책정 ▷ 성공체험 전달:최고경영자에 대한 브리핑,사내비디오,사내 보동 이용 ▷ 전사원에게 동기부여 ▷ 보상 시스템에 의한 보증 ▷ 실적에 따른 평가 사정계획의 책정 ▷ 신규 프로젝트의 선정 ▷ 좀더 많은 챔피언, 블랙벨트, 그린벨트를 교육 ▷ 오퍼레이터, 감독자 교육(필요시) ▷ 연간 예산에 프로젝트 관련 코스트를 산입

(3) AAA사의 Roadmap 전개 전략

AAA PROCESS IMPROVEMENT METHODOLOGY

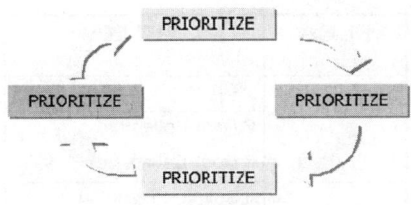

Prioritize (Questions 1-2)
Determine who your customers are, and what their requirements are for your products and/or services their expectations. Charter . . . Define your team goals, project boundaries, what you will focus on and what you won't.

Characterize (Questions 3-10)
Map the process (PF). Collect data from many sources to determine speed in responding to customer requests, defect types and how frequently they occur, client feedback on how processes fit their needs, how clients rate us over time, tec. Revise charter as necessary. Focus on the customer. Organize data and look for process problems and opportunities; sources of variation (CE); and root causes of process problems.

Optimize (Questions 11-12)
Find creative solutions by correcting root causes using innovation, technology, and a disciplined approach. Determine settings of key variables (CNX) to optimize performance measures.

Realize (Questions 13-14)
Ensure that the process improvements, once implemented, Will hold rather than revert to the same problems again. Various tools such as statistical process control can be Used. Other tools such as procedure documentation. (SCPs) and resource management helps institutionalize the improvement. Determine savings in time and money.

(4) AAA사의 PCOR Roadmap

SIX SIGMA PROJECT MASTER STRATEGY(AAA)

Prioritize	Characterize	Optimize	Realize
1) 당신은 어떤 프로세스에 책임이 있습니까? 이 프로세스의 오너는 누구입니까? 팀 구성원들은 누구입니까? 이 팀이 함께 일한다면 잘 될 수 있겠습니까? 2) 이번 프로세스 혁신의 견지에서 가장 중요합니까? 당신은 어떻게 해서 이런 결론을 내렸습니까? 이런 결론을 내린 이유,자료는 무엇입니까?	3) 이 프로세스는 어떻게 작동하고 있습니까? 4) 이 프로세스를 측정은 어떻게 하고 있습니까? 이런 측정 시스템을 할 것 나 정립합니까? 5) 이 프로세스의 모든 출발점에 대한 고객의 요구 수평은 알려있습니까? 현재 프로세스 진행상태는 어떻습니까? Δμ를 보이십시오 이 프로세스의 개선 목표는 무엇이 요구됩니까? 6) 이 프로세스에 있는 변화 의 소스는 무엇입니까? 그것 이 무엇인지 보이십시오 7) 이 이 변화의 소스를 조정 할 수 있습니까? 어떻게 조정 할 수 있습니까? 그리고 기록 으로 남고 있습니까? 8) 급납시에서 소수되는 변화 의 소스가 있습니까? 마찬 있 다면, 그것을 두었으며 그 요 소스는 누구이며 이 문제에 대하 어떤 길이이뤄지고 있습 니까?	9) 성능 측정값의 평균과 분산 에 영향을 주는 주요 변수는 무엇입니까? 어떻게 그것을 알 수 있습 니까? 그 자료를 높이 소서요 In 주도 단품 변수이 결과 이와 관계는 무엇입니까? 고초 작용을 받으키는 변수 들이 있습니까? 거성계 관측 작용을 확산될 수 있습니까? 그 자료를 보이세요	11) 주요 인자들의 더년 조건 조he0 최적 성능을 냅니까? 0성이 알 수 있습니까? 자료를 보이시오. 12) 주요인자들과초호 조건 두를 끼팅변수를 어내 변화 시키고 존재 합니까? 0성이 알 수 있습니까? 자료를 보이시오.	13) 이 프로세스는 지난 6개월 간 얼마나 개선되었습니까? 어떻게 알 수 있습니까? 자료를 보이시오. 14) 얼마난 돈은 시간과 경비. 누적이 절감되기까지 다, 얼마나 많은 이익이 발생하였습니다.까? 당신의 모든 노력,행위를 어떻게 모두 가료으로 남겼 습니까? 자료를 보이시오.

(5) AAA사의 Roadmap과 다른 방법과의 비교

PROCESS IMPROVEMENT METHODS(AAA)

PDCA	7 STEPS	Ge's "DMAIC"	AAA's PCOR
Plan	1 Charter/Theme	Define	Prioritize
	2 Data Collection	Measure	Characterize
	3 Root Cause	Analyze	
Do	4 Solution Planning & Implementation	Improve	Optimize
Check	5 Confirming Solution Works		
Action	6 Standardization	Control	Realize
	7 Reflect Next Steps		

Prioritize, Characterize, Optimize, and Realize is an improvement methodology which maps well with other process improvement methods used by other companies and various quality consulting organizations.

(6) AAA사의 품질 향상을 위한 질문

Quality Improvement Oriented Questions (AAA)

1. What is your product or service and who are your customers?
2. What perception do your customers have of your product or service? How do you know?
3. Do you believe quality issues are important to your company? Why? Which ones?
4. What is the company's current share of the total market?
   Can quality improvement efforts assist you in increasing the market share and/or increasing profits? How?
5. Are you actively pursuing quality improvement in your areas of responsibility? How?
6. How many hours(days) per week(month) do you currently have scheduled(on you calendar) that are devoted strictly to quality issues?
7. How often per week(month) do you solicit feedback from the people you manage? What kind of feedback do you solicit? What do you do with the feedback?
8. What are the right quality-oriented questions managers need to ask their people? What methods or tools can be used to answer them?
9. Are your people trained to successfully use the best quality improvement tools? What is your Return On Investment(ROI) from the training?
10. Do you have a standard procedure for documenting quality improvement efforts? What is it?
11. What barriers do your people face when trying to do quality improvement? What are you doing to remove these barriers?
12. What metrics are you evaluated on that relate to quality issues? Are you held accountable for these metrics? What are the specific improvement goals for these metrics?
13. How much waste does your company have? This is, what (in dollars) is the company's Cost Of Poor Quality(COPQ). How much of the total waste is your area responsible for?
14. One year from now what evidence will you have to show that you made a difference?

SBTI(Sigam Breakthrough Technologies Inc.)의 6시그마 Road Map

DFSS의 IDOV의 단계에서 특별히 D(Design)와 O(Optimize) 단계를 세분화하여 만든 추진 단계로 SBTI(Six Sigma Breakthrough Institute)사가 사용하는 C-P-T-P 모델이 있다. 이는 개념 설계(Concept Design), 파라미터 설계(Parameter Design), 허용차 설계(Tolerance Design), 제품능력 분석 (Product Capability Analysis)의 첫 자들을 따서 만든 모델로, 각 단계에서 행해지는 일과 기법 등은 다음과 같다.

▶ C(개념 설계) : 구상설계에 해당하는 부분으로 QFD, DFM, FMEA 등이 사용된다.

▶ P(파라미터 설계) : 중요 파라미터를 선별하여 최적화시키는 단계로, 다구찌의 로버스트 설계, 반응 표면분석(RSM), 측정시스템 분석(MSA) 등이 사용된다.

▶ T(허용차 설계) : 허용차를 정해 주는 단계로 규격과 공차, RSS 법, 몬테칼로 시뮬레이션 등이 사용된다.

▶ P(제품능력 분석) : 제품의 생산능력을 분석하는 단계로 신뢰성 분석, 통계적 공정관리(SPC), 공정능력 분석, 콘트롤 계획 등이 이루어진다.

DFSS 추진단계에서 IDOV를 보강하여 DO 단계에서 CPTP를 활용하면 좀더 좋은 DFSS 추진단계를 사용할 수 있을 것이다.

(1) SBTI사의 품질 향상을 프로세스

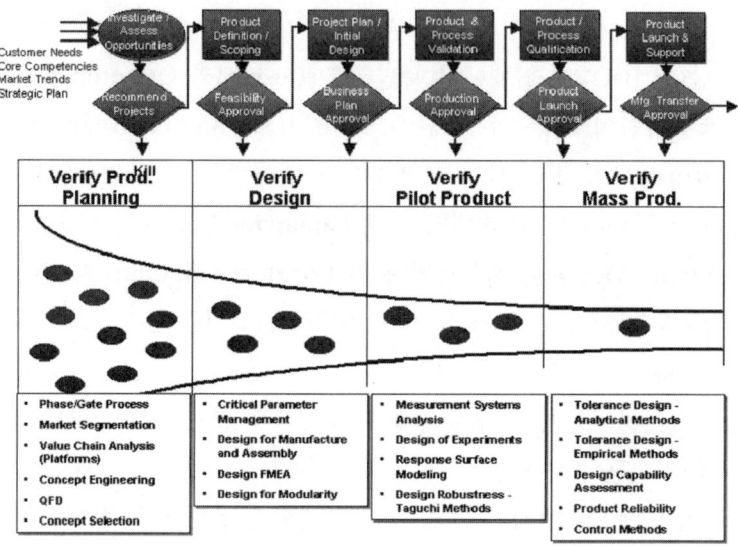

The Product Development Process: (SBTI)

(2) SBTI사의 DFSS 프로세스

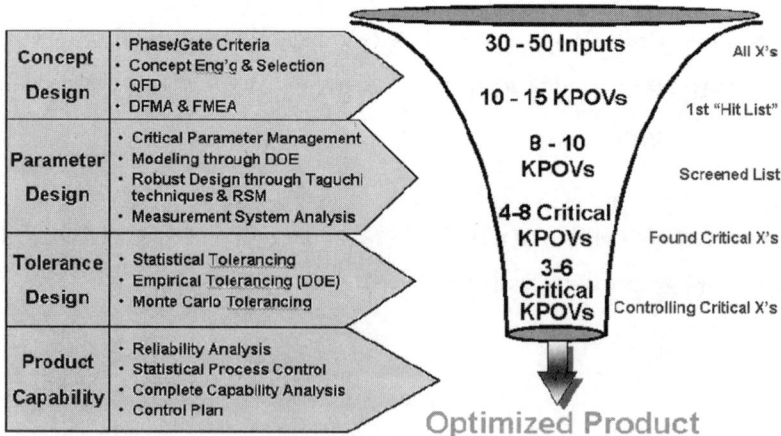

Dynamics of DFSS   (SBTI)

The Funnel Effect for Key Process Output Variables

210 DFSS는 뒤지게 패서 시키면 시키는 대로 하는 방법론이다

ASI(American Supplier Institute)의 6시그마 Road Map

ASI에서의 6시그마 방법론은 기본적인 **DMAIC**을 사용한다. 또한 **ASI**의 **DFSS** 방법은 프로세스에 근간한 다구찌 방법을 기반으로 최적화를 실시하며, 아래와 같이 **4phase**로 구성되어 있다.

(1) **ASI**의 **DFSS** 전개를 위한 **4단계**

☞ **Phase 1 - Define Opportunity and Measure Performance**

☞ **Phase 2 - Develop Concepts**

☞ **Phase 3 - Optimize Design**

☞ **Phase 4 - Verify Design and Process**

(2) **ASI**의 **DFSS** 시스템

DFSS System   (ASI)

Input	Process	Output
Customer Wants and Needs	Design, Develop and Manufacture Products	Quality Products
Business Needs		
Government Regulations		
Raw Materials		

DFSS defines the tools

(3) ASI의 DFSS Roadmap

DFSS Roadmap   (ASI)

Phase 1 Define Opportunity and Measure Performance	Phase 2 Develop Concepts	Phase 3 Optimize Design	Phase 4 Verify Design and Process
− Team Charter Approved − Business Case Created − Customer Needs Determined − Documented and Approved − Project Plan (QFD) − Product Requirements and Targets Defined (QFD)	− Product Concepts Identified (TRIZ) − Product Concepts Evaluated (Pugh) − Product Risks Assessed and Addressed (FMEA)	− Design Performance Optimized (Robust Design) − Design Cost Minimized (Robust Design)	Design Tolerances Optimized (Tolerance Design) − Product Design Verified (DVP) − Manufacturing Issues Addressed − Process Validated − Cost/Benefit Captured − Process Controls Instituted (Process Control Plan)

Sigma Qualtec의 6시그마 Road Map

Sigma Qualtec사도 제조 부문은 기본적으로 DMAIC 방법을 사용하고 있다. DFSS에 관련된 방법론은 2000년 여름 미국 시카고에서 개최되었던 IQCP DFSS 컨퍼런스에서 발표한 방법이 있었는데, 역시 DMAIC에 근간한 방법이었다. 그러나 2001년 봄에 싱가폴에서 개최되었던 IQPC DFSS 컨퍼런스에서는 새로운 방법이 제시되었다. Sigma Qualtec사에서는 DFSS에 관한 방법론 연구가 계속해서 이루어지고 있는 것을 알 수 있다.

(1) Sigma Qualtec의 6시그마 방법

Project Focus: (Qualtec)

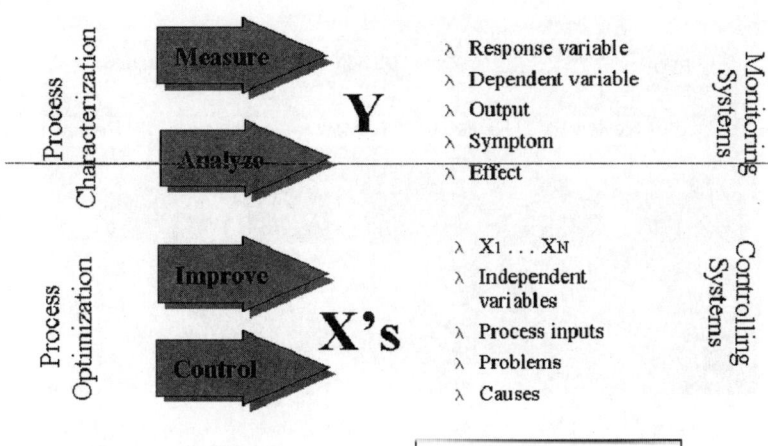

Process Characterization	Measure		Y	λ Response variable	Monitoring Systems
	Analyze			λ Dependent variable	
				λ Output	
				λ Symptom	
				λ Effect	

Process Optimization	Improve		X's	λ $X_1 \ldots X_N$	Controlling Systems
	Control			λ Independent variables	
				λ Process inputs	
				λ Problems	
				λ Causes	

KNOWLEDGE

Goal: $Y = f(x's)$

(2) Sigma Qualtec의 추진 단계별 방법

The Breakthrough Cookbook: (Qualtec)

Phase	Step	Focus
	1–Select Product or Process CTQ Characteristic(s); e.g., CTQ y	y
	2–Define Performance Standards For y	y
Measure	3– Validate Measurement System for y	y
	4– Establish Process Capability of Creating y	y
	5– Define Improvement Objectives For y	y
Analyze	6– Identify Variation Sources In y	$x_1, x_2, \ldots x_n$
	7–Screen Potential Causes For Change In y & Identify Vital Few x_i	$x_1, x_2, \ldots x_n$
	8–Discover Variable Relationships Between Vital Few x_i	
Improve	9– Establish Operating Tolerances On Vital Few x_i	Vital Few x_i
	10–Validate Measurement System For x_i	
Control	11–Determine Ability To Control Vital Few x_i	Vital Few x_i
↓	12–Implement Process Control System On Vital Few x_i	

SUSTAIN   **Typically, a 12-step process**

(3) Sigma Qualtec의 DFSS Roadmap

(2000년 시카고 IQPC DFSS컨퍼런스 발표자료)

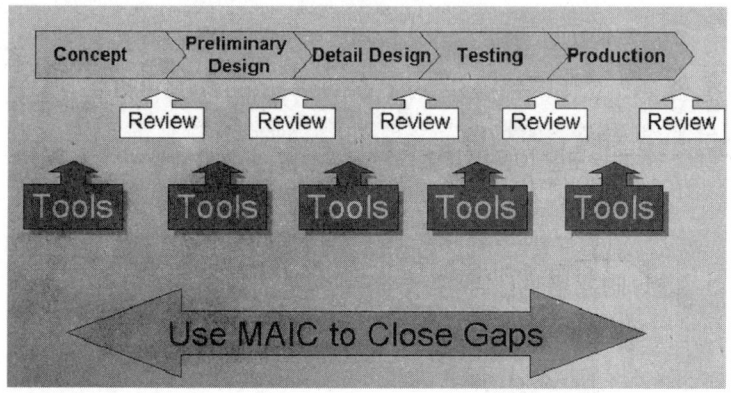

(4) Sigma Qualtec의 DFSS Roadmap

(2001년 싱가폴 IQPC DFSS컨퍼런스 발표자료)

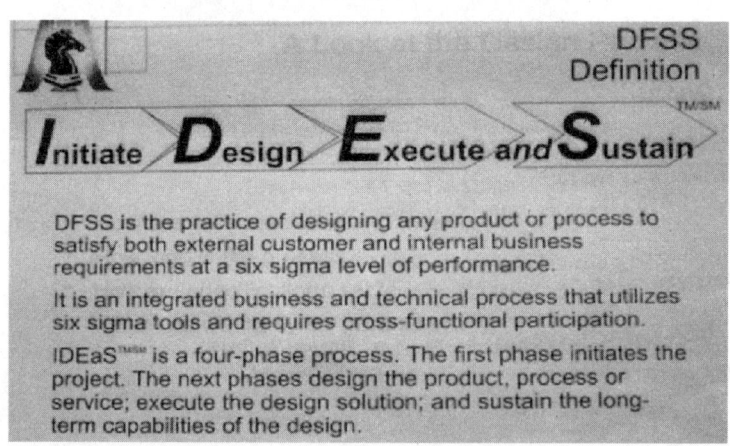

MIT University의 6시그마 Roadmap

RCI Road map은 Requirements-Concepts-Improvements의 단계를 거치는 모델로 일명 'The Clausing-Phadke-Cohen System Engineering Model'이라고 부르기도 한다. 즉, Clausing, Phadke과 Cohen이 제품개발 단계를 시스템적으로 접근한 모델이다. 각 단계에서 주로 이루어지는 일은 다음과 같은 것들이다.

▶ R 단계 : 고객의 요구사항을 정의하고 발전시킨다. VOC, QFD, Benchmarking 기법 등이 주로 사용된다.

▶ C 단계 : 신제품의 개념을 정의하고 발전시킨다. 개념 설계가 이 단계에서 이루어진다.

▶ I 단계 : 신제품의 품질혁신에 대하여 성의하고 발전시킨다. 파라미터 설계, 허용차 설계, 설계능력 특성(Design Capability Characterization)의 규명 등이 이 단계에서 이루어진다.

이 RCI Road map을 IDOV와 비교하여 보면, R(Requirements)은 I에 해당되고, C(Concepts)는 D에 해당되며, I(Improvements)는 OV에 해당된다고 평가할 수 있다. 이 Roadmap은 비교적 개발이 단기간에 이루어질 수 있는 간단한 신제품에 이용하기 편리하다.

R – C – I Model: (MIT Univ.)

The Clausing-Phadke-Cohen
System Engineering Model

The R – C – I Model:

R: Define & Develop <u>Requirements</u>

   - VOC, Benchmarking & QFD

C: Define & Develop <u>Concepts</u>

   - Concept Design & Pugh Process

I: Define & Develop <u>Improvements</u>

   - Parameter Design, Tolerance Design

   Design Capability Characterization

RIT University의 6시그마 Road Map

The Product Development Process (RIT Univ.)

Technology Development & Certification: DFSS

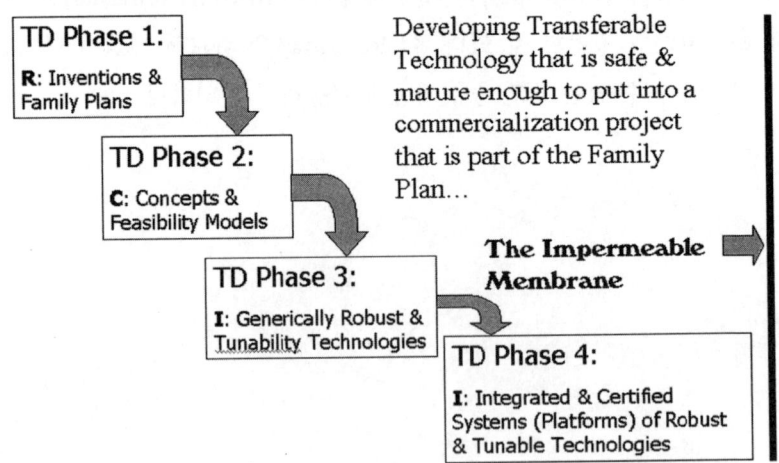

TD Phase 1:

R: Inventions &
Family Plans

TD Phase 2:

C: Concepts &
Feasibility Models

Developing Transferable
Technology that is safe &
mature enough to put into a
commercialization project
that is part of the Family
Plan...

TD Phase 3:

I: Generically Robust &
<u>Tunability</u> Technologies

**The Impermeable
Membrane**

TD Phase 4:

I: Integrated & Certified
Systems (Platforms) of Robust
& Tunable Technologies

216 DFSS는 뒤지게 패서 시키면 시키는 대로 하는 방법론이다

DFSS
Design For Six Sigma

3장

비행기를 이용한 DFSS 종합실습 사례

이 장에서는 모형 비행기를 이용하여 DFSS 문제를 해결하는 방법에 대한 실습과 사례에 통하여 DFSS를 이해하도록 해보자. 이 게임은 필자가 DFSS BB 5주간의 교육을 마치고 DFSS 프로세스 전체를 이해하기 위하여 BB들과 마지막 6주차에 5일 동안 실시하는 DFSS BB 교육 과정 중의 일부이다.

당신은 이 종합실습을 통하여 모형 비행기의 상품기획에서부터 설계 그리고 시제품 제작과 양산까지의 신제품 개발 프로세스를 모두 거치게 될 것이다. 그리고 게임은 DFSS 각 단계별로 진행되며, 아울러 단계별로 결과에 대한 평가를 실시하게 된다.

우선 프로젝트의 목적과 개요 그리고 게임 진행요령에 대한 소개가 있고, 다음에 교육생들은 5명씩 팀을 구성하여 회사를 설립하고, 팀원 각자의 임무와 역할을 나눈다. 게임을 진행하는 전체적인 프로세스는 아래에서 제시한 MFSS-TFSS-DFSS-PFSS의 4단계로 진행되며, 각 단계는 1일 동안 실시한다. 그리고 마지막 날에는 각 팀에서 개발한 비행기를 가지고 시합을 하게 된다. 최종 시합은 멀리 날리기와 목표물 맞추기의 2가지로 진행되며, 게임 결과의 종합 점수로 우승팀을 가르게 된다.

이 게임의 목적은 마지막 시합에서 최종적으로 우승하는 것도 중요하지만 각 단계별 문제 해결을 위한 아이디어의 도출과 실습을 진행하면서 작성된 자료 정리에도 많은 배점을 주고 있다. 이는 설계란 단순히 제품을 만드는 것만이 중요한 것이 아니라, 숫자를 정보로 그리고 지식으로 만드는 지식경영을 이해하는 데 목적이 있다는 것을 강조한다.

비행기 실습 게임 소개

여러분의 임무

- DFSS Airwolf Co. Ltd는 항공기 분야에 새롭게 진출한 회사이다.

- 우리는 국방부에서 새로운 병기 구매에 대한 입찰에 대한 새로운
  비행기를 개발을 해야 한다.

- 국방부의 요구 사항은 적의 레이더망을 피하기 위하여 엔진을 끄고
  적진 깊숙이 침투하여 목표물을 공격할 수 있는 체공시간이 긴 새로운 스타일의
  비행기이다.

- 기존의 라이벌 회사의 견제로 항공기의 설계,제작 경험이 있는 인력의 확보에
  실패하여 전문 기술자가 없는 상태이다.

- 재정 상태도 그리 좋은 편은 아니어서 시작품을 3대 정도밖에 만들 수 없는
  형편이다. (2대의 모형 비행기와 1대를 제작할 수 있는 재료를 제공한다.)

- 행운을 빈다 : 이번 프로젝트를 성공하지 못하면 DFSS Airwolf사는 문을
  닫게 될 것이다.

● 프로젝트 개요

| VOC |
| Requirement |
| Function |
| Concept |

고객의 요구...
어떻게 하면 오래 정확하게 날고
싸게 만들 수 있을까...

멀리 날 수 있어야 한다.
오랫동안 날 수 있어야 한다.
정확한 위치로 날 수 있어야 한다.
싸게 만들 수 있어야 한다.

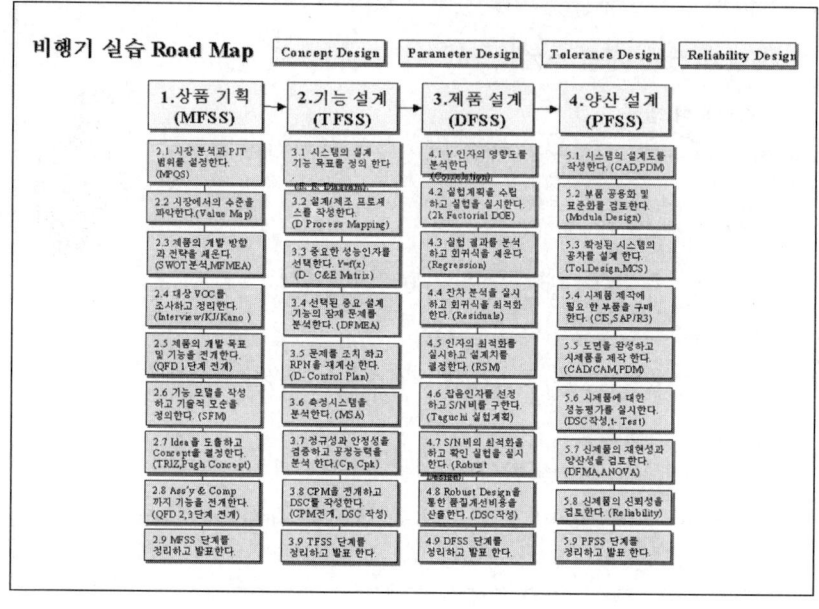

비행기 실습 **Road Map** | Concept Design | | Parameter Design | | Tolerance Design | | Reliability Design |

1.상품 기획 (MFSS)	2.기능 설계 (TFSS)	3.제품 설계 (DFSS)	4.양산 설계 (PFSS)
2.1 시장 분석과 PJT 범위를 설정한다. (MPQS)	3.1 시스템의 설계 기능 목표를 정의 한다 (d-S&S Design)	4.1 Y 인자의 영향도를 분석한다. (Correlation)	5.1 시스템의 설계도를 작성한다.(CAD,PDM)
2.2 시장에서의 수준을 파악한다.(Value Map)	3.2 설계/제조 프로세스를 작성한다. (D Process Mapping)	4.2 실험계획을 수립 하고 실험을 실시한다. (2k Factorial DOE)	5.2 부품 공용화 및 표준화를 검토한다. (Module Design)
2.3 제품의 개발 방향 과 전략을 세운다. (SWOT 분석,MFMEA)	3.3 중요한 성능인자를 선택한다. Y=f(x) (D- C&E Matrix)	4.3 실험 결과를 분석 하고 회귀식을 세운다. (Regression)	5.3 확정된 시스템의 공차를 설계 한다. (Tol.Design,MCS)
2.4 대상 VOC를 조사하고 정리한다. (Interview/KJ/Kano)	3.4 선택된 중요 설계 기능의 잠재 문제를 분석한다. (DFMEA)	4.4 잔차 분석을 실시 하고 회귀식을 최적화 한다. (Residuals)	5.4 시제품 제작에 필요 한 부품을 구매 한다. (CIS,SAP/R3)
2.5 제품의 개발 목표 및 기능을 전개한다. (QFD 1단계 전개)	3.5 문제를 조치 하고 RPN을 재계산 한다. (D- Control Plan)	4.5 인자의 최적화를 실시하고 설계치를 결정한다. (RSM)	5.5 도면을 완성하고 시제품을 제작 한다. (CAD/CAM,PDM)
2.6 기능 모델을 작성 하고 기술적 모순을 정의한다. (SFM)	3.6 측정시스템을 분석한다. (MSA)	4.6 잡음인자를 선정 하고 S/N 비를 구한다. (Taguchi 실험계획)	5.6 시제품에 대한 성능평가를 실시한다. (DSC작성,t- Test)
2.7 Idea를 도출하고 Concept를 결정한다. (TRIZ,Pugh Concept)	3.7 정규성과 안정성을 검증하고 공정능력을 분석 한다.(Cp, Cpk)	4.7 S/N비의 최적화된 설계 확인 실험을 실시 한다. (Robust)	5.7 신제품의 재현성과 양산성을 검토한다. (DFMA,ANOVA)
2.8 Ass'y & Comp 까지 기능을 전개한다. (QFD 2,3단계 전개)	3.8 CPM을 전개하고 DSC를 작성한다. (CPM전개, DSC 작성)	4.8 Robust Design을 통한 품질개선비용을 산출한다.(DSC작성)	5.8 신제품의 신뢰성을 검토한다. (Reliability)
2.9 MFSS 단계를 정리하고 발표한다.	3.9 TFSS 단계를 정리하고 발표 한다.	4.9 DFSS 단계를 정리하고 발표 한다.	5.9 PFSS 단계를 정리하고 발표 한다.

MFSS

Mission

✓ 무동력항공기의 시장동향 분석

✓ Market Segment에서 DragonFly의 위치분석 및 경영환경 분석을
통한 시장참여 전략수립

✓ 신제품 개발 Roadmap 설정

✓ 고객이 요구하는 CTQ를 도출하고 이를 달성하기 위한 제품Concept설정

Dragonfly

항공기 시장동향

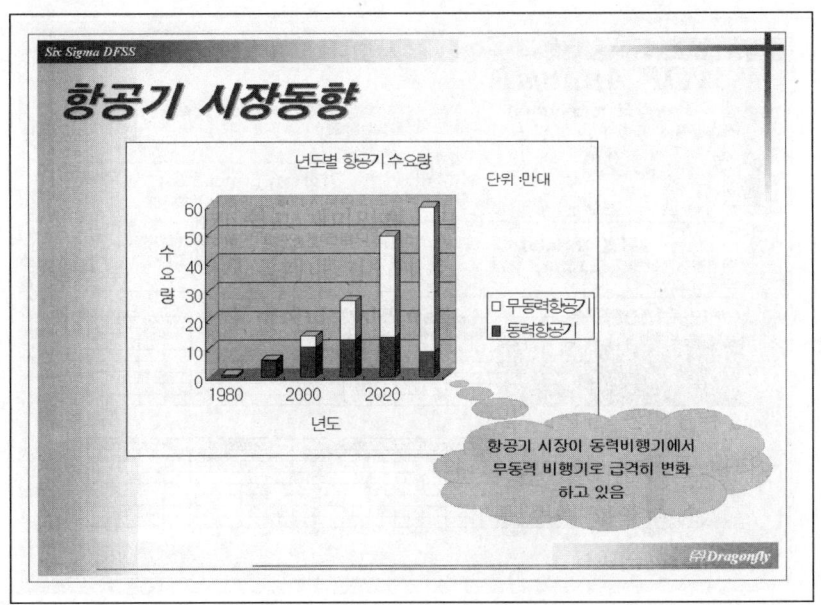

항공기 시장이 동력비행기에서
무동력 비행기로 급격히 변화
하고 있음

Dragonfly

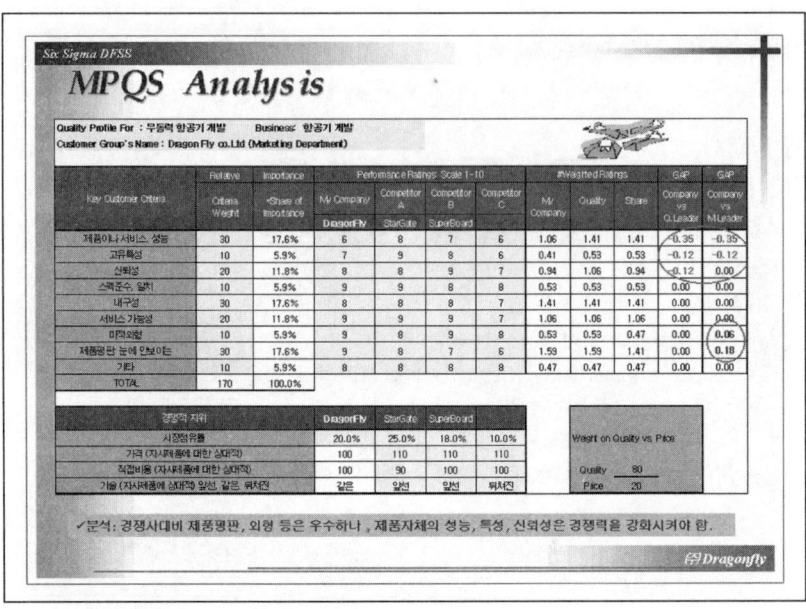

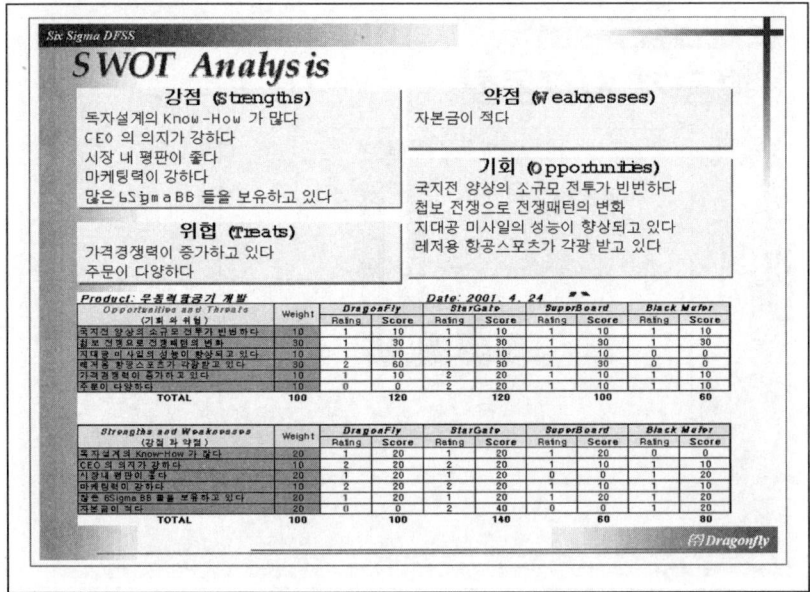

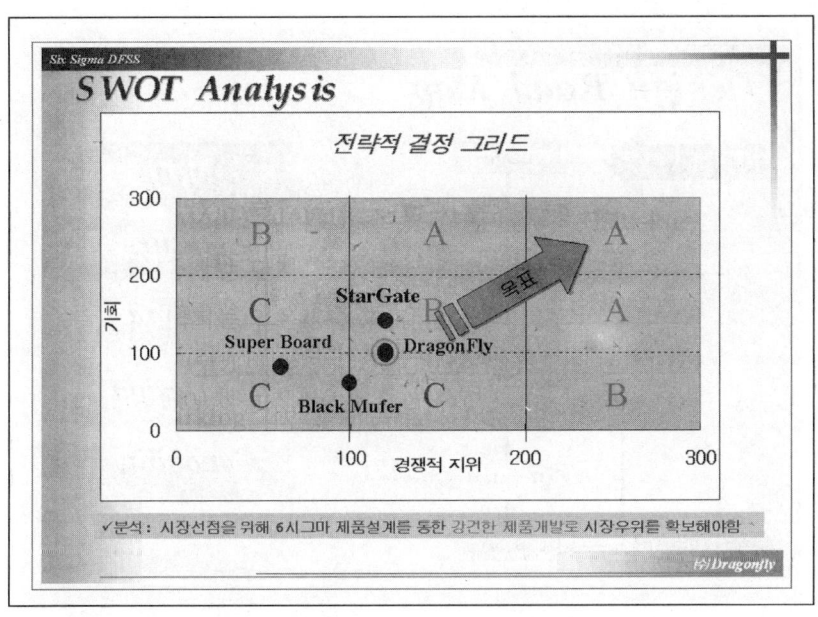

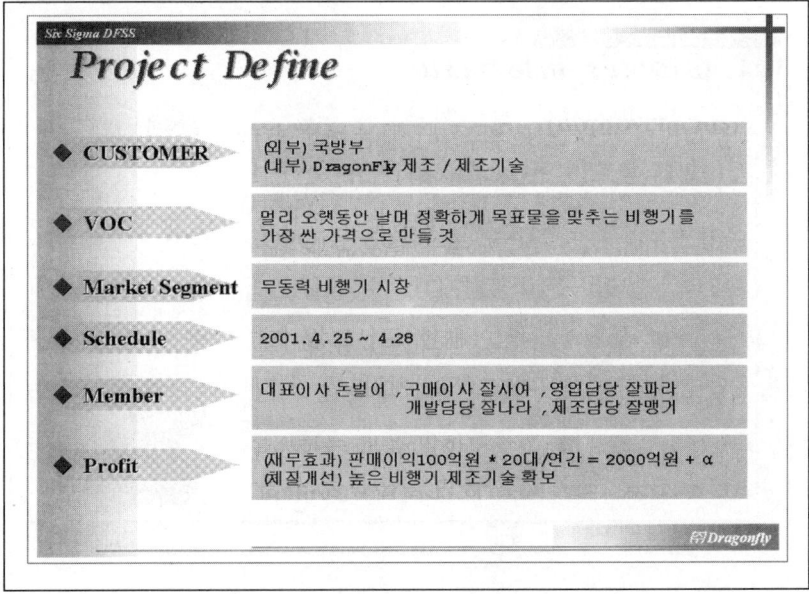

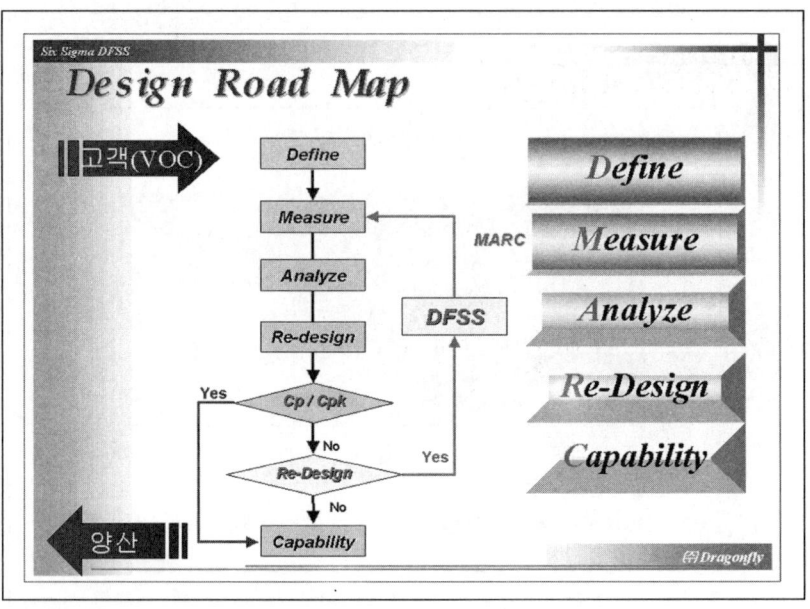

DFSS는 뒤지게 패서 시키면 시키는 대로 하는 방법론이다

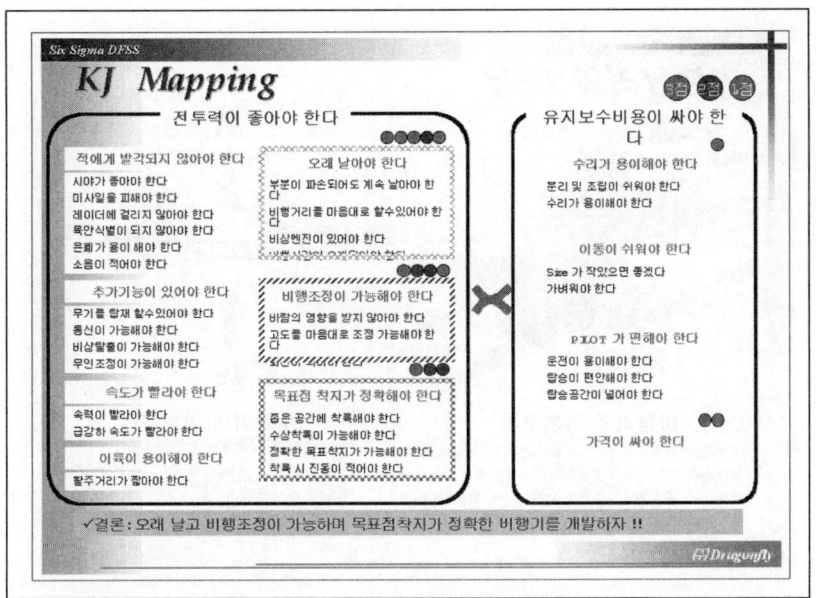

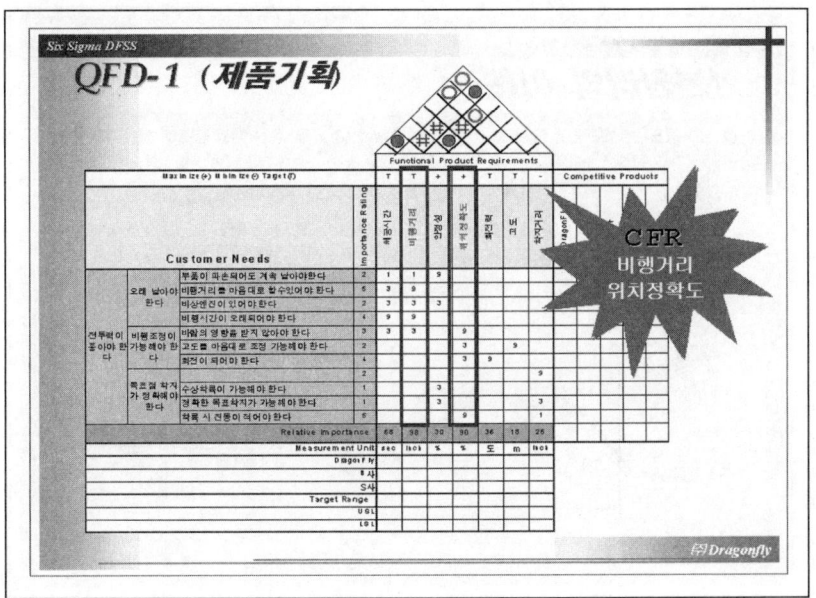

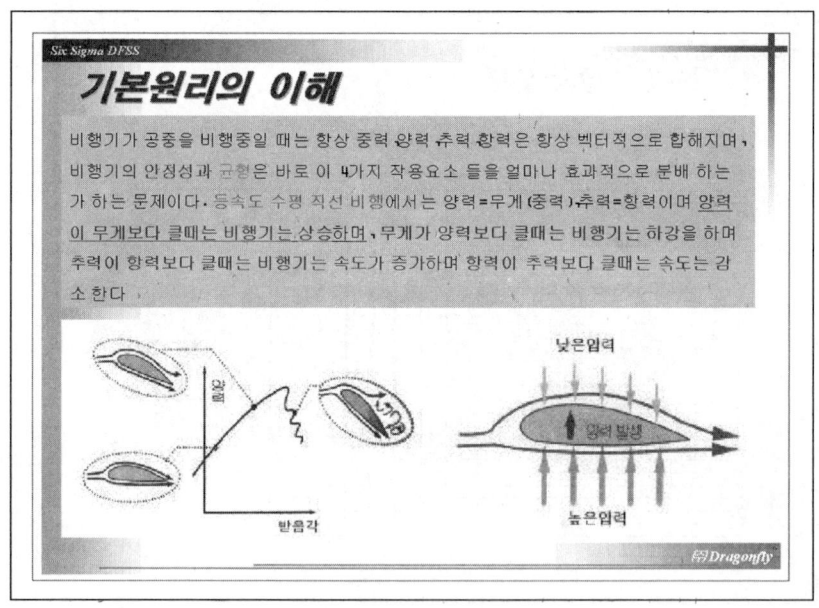

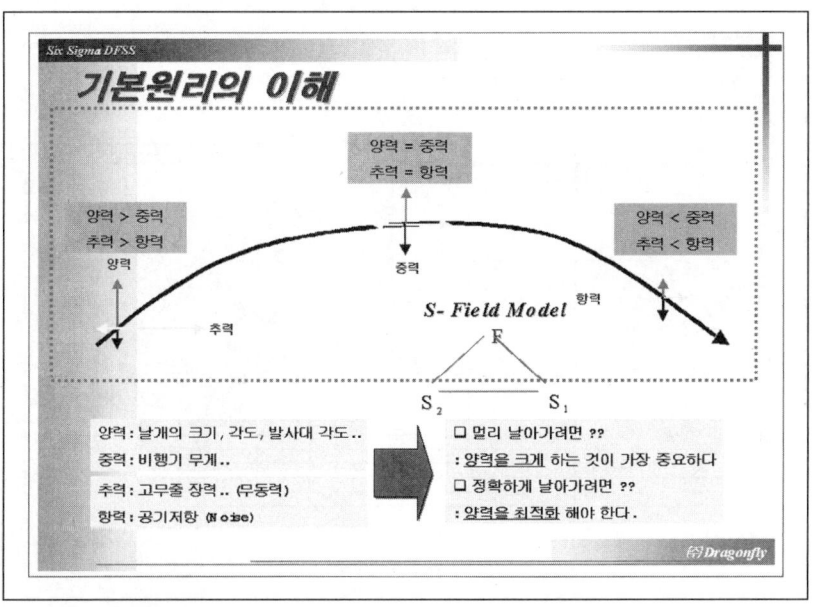

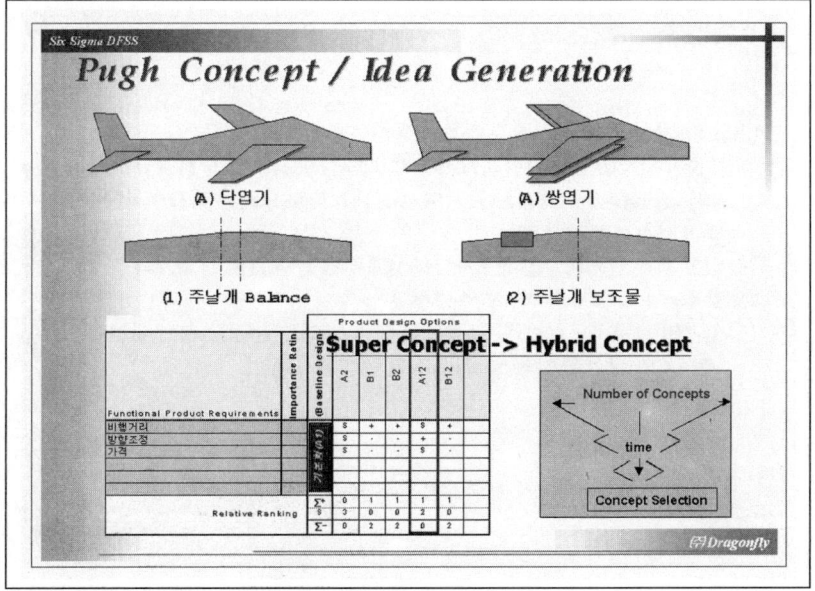

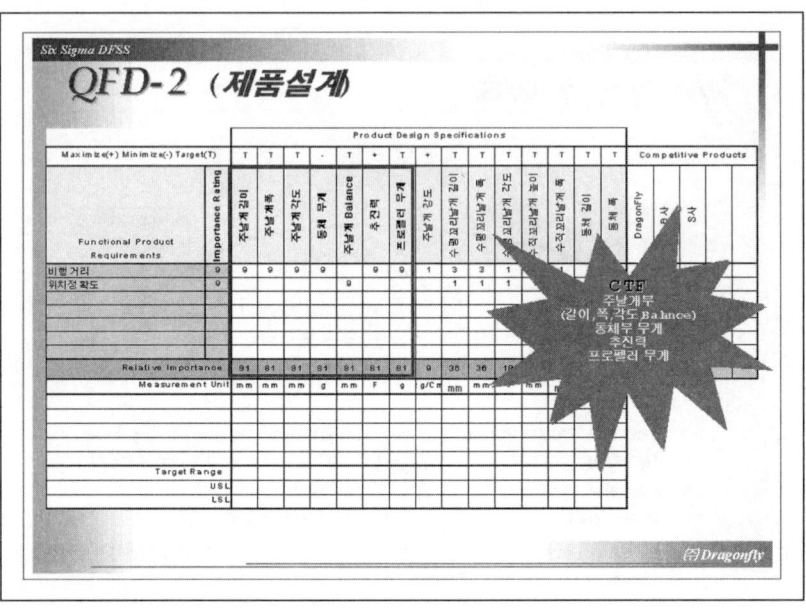

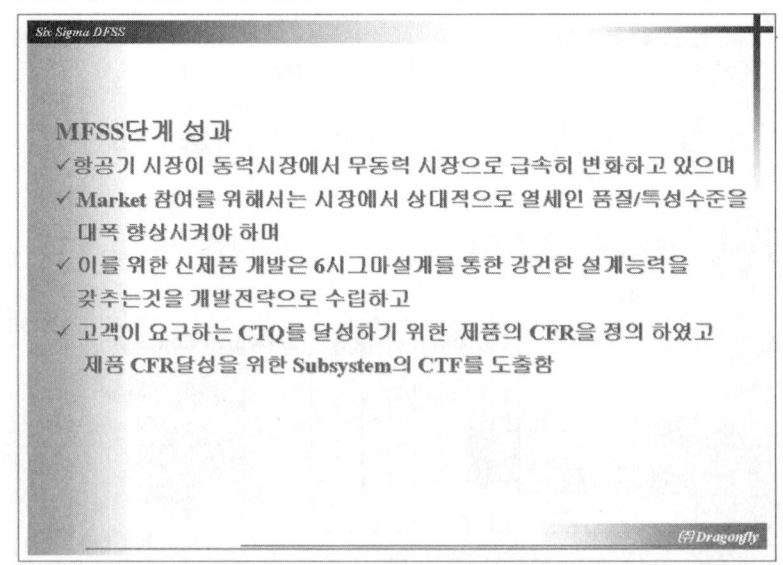

DFSS는 뒤지게 패서 시키면 시키는 대로 하는 방법론이다

TFSS

Mission

✓ Subsytem의 CFR달성을 위한 CTF/CAP를 F.F Diagram,Process Mapping, C&E matrix를 통해 도출하고

✓ 도출된 CTF/CAP의 고장모드를 연구하여 사전에 설계에 반영하여 고장에 의한 기능/비용손실을 없앨 수 있도록 하고

✓ CTF/CAP관리를 위한 Control Plan을 수립한다

✓ 그리고 CPM(Critical Parameter Management)과 CPM score card를 작성한다

Dragonfly

Methodology Deployment

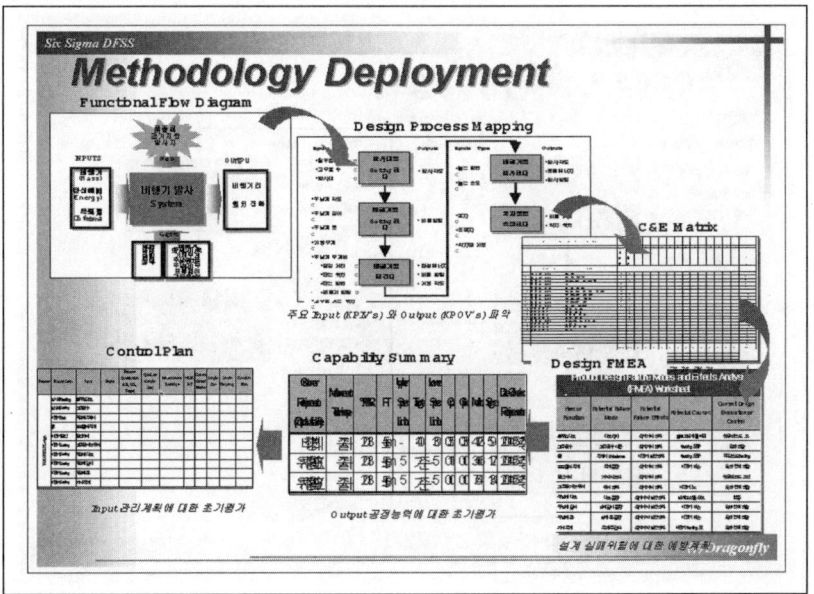

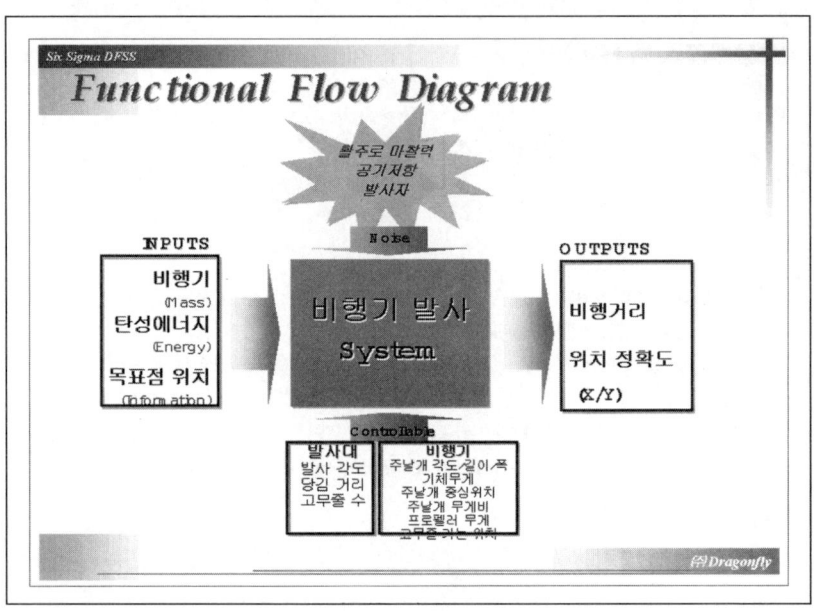

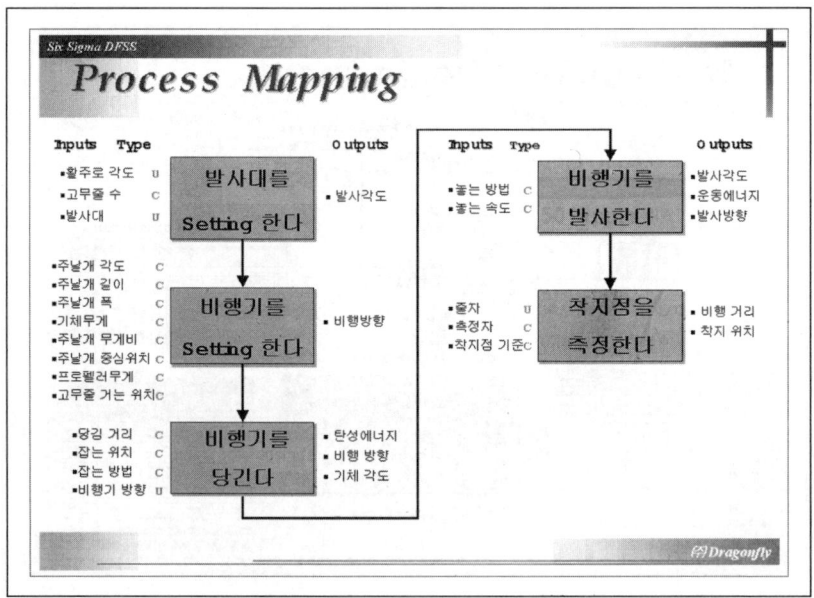

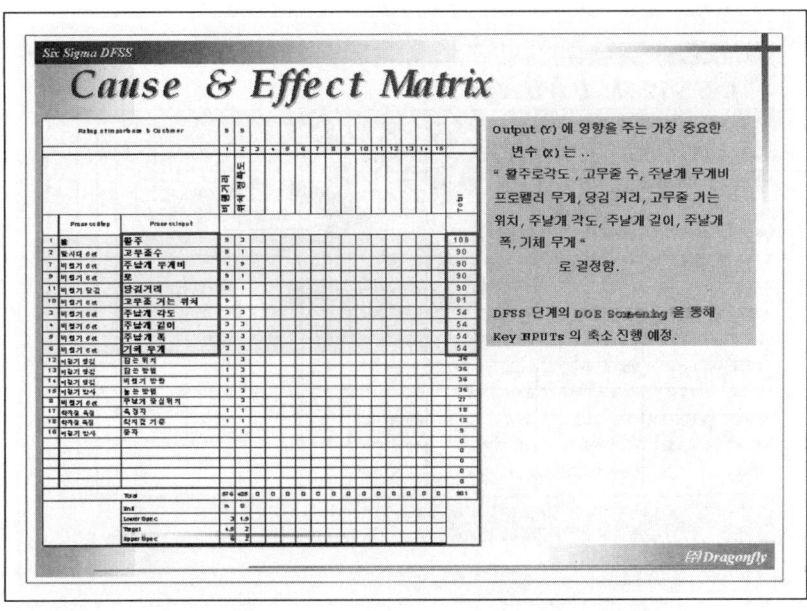

Design FMEA-1

Product Design Failure Modes and Effects Analys (FMEA) Worksheet

Item or Function	Potential Failure Mode	Potential Failure Effects	Potential Causes	Current Design Evaluation or Control
활주로각도	각도차이	착지거리 변화	볼트조일때 틀어짐	눈금선으로 조
고무줄수	고무줄수 다름	착지거리 변화	Setting 오류	육안 관찰
주날	무게비 Unbalance	비행기 방향변화	Setting 오류	직감으로 Setting
프로펠러 무게	무게불량	착지거리 변화	비행기 파손	육안 형태 관찰
당김거리	거리 다르다	착지거리 변화		눈금선으로 조정
고무줄 거는 위치	위치 변화	착지거리 변화	비행기 노	육안 형태 관찰
주날개 각도	각도 불량	착지거리/방향변화	날개고정홈 산포	없음
주날개 길이	날개길이 불량	착지거리/방향변화	비행기 파손	육안 형태 관찰
주날개 쪽	날개 쪽 불량	착지거리/방향변화	비행기 파손	육안 형태 관찰
기체 무게	무게 무겁다	착지거리/방향변화	비행기 Setting 오	육안 형태 관찰

Design FMEA-2

Item or Function	Potential Failure Mode	Potential Failure Effects	S E V	Potential Causes	O C C	Current Design Control or Control	D E T	R P N	Actions Recommended	Resp.	Actions Taken	S E V	O C C	D E T	R P N
What is the purpose of the Item or function?	In what ways does the characteristic lose its function?	What is the impact to the Customer (internal or External)?		What causes the loss of function?		What are the methods or techniques to discover the cause before design release?			What are the actions for reducing the Cause, or improving detection?	Who is Responsible for the Action?	What are the completed actions taken with the recalculate d R? No action?				
활주로각도	각도차이	착지거리 변화	4	볼트조일때 틀어짐		눈금선으로 조정		160	세부눈금자 교체	제조담당	착지거리 산포개선	2	1	1	2
고무줄수	고무줄수 다름	착지거리 변화	8	Setting 오류		육안관찰	1								
주날개무게비	무게비 Unbalance	비행기 방향변화	8	Setting 오류	8	직감으로 Setting	6	384	치	개발담당	방향 산포 개선	1	2	2	18
프로펠러 무게	무게불량	착지거리 변화	8	비행기 파손	1	육안형태 관찰		5							
당김거리	거리 다르다	착지거리 변화	8	발사자 Setting 편차		눈금선으로 조정		336	기준점 marking	개발담당	착지거리 산포개선	3	1	2	6
고무줄거는 위치	위치 변화	착지거리 변화	7	비행기 노후화		육안형태 관찰	7	28							
주날개각도	각도 불량	착지거리방향변화		날개고정 홈 산포	8	없음	8	240	MOLDING 처리	개발담당	착지거리 산포개선	2	1	8	16
주날개길이	날개길이불량	착지거리방향변화	8	비행기 파손		육안형태 관찰	1	8							
주날개폭	날개 폭 불량	착지거리방향변화	8	비행기 파손	1	육안형태 관찰		8							
기체 무게	기체 무겁다	착지거리방향변화	8	비행기 Setting 오류	1	육안형태 관찰	1	8							

✓결론: 1차 FMEA 에서 도출된 RPN 이 높은 설계고장 Mode를 2차 개선방안을 모색하여 설계 위험요인을 예방함.

Dragonfly

Control Plan & Capability

KPIV's 와 KPOV's 의 관리 및 초기평가

❖ Key Process Input Variable Control Plan

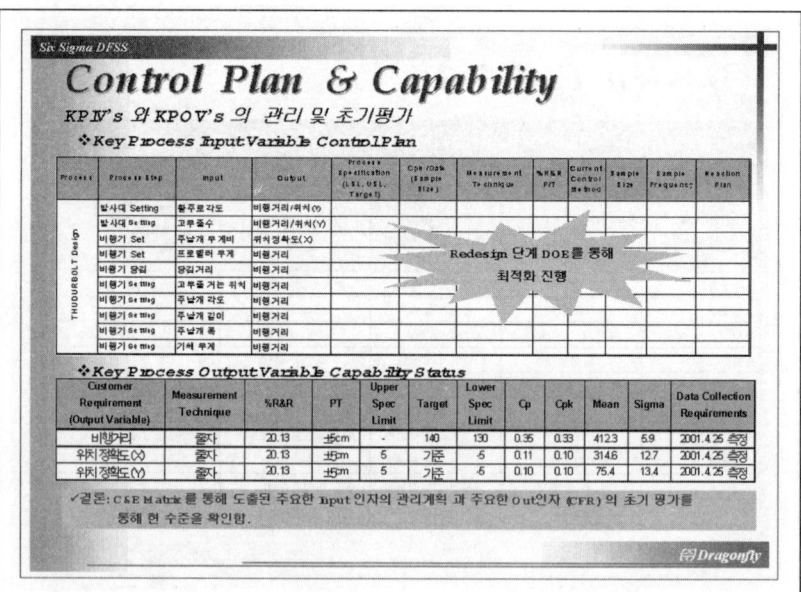

Process	Process Step	Input	Output	Process Specification (LSL, USL, Target)	Cpk /Dpk (Sample Size)	Measurement Technique	%R&R P/T	Current Control Method	Sample Size	Sample Frequency	Reaction Plan
THUOURBOLT Design	발사대 Setting	활주로각도	비행거리/위치(Y)								
	발사대 Setting	고무줄수	비행거리/위치(Y)								
	비행기 Set	주날개 무게비	위치정확도(X)								
	비행기 Set	프로펠러 무게	비행거리								
	비행기 당김	당김거리	비행거리								
	비행기 Setting	고무줄 거는 위치	비행거리								
	비행기 Setting	주날개 각도	비행거리								
	비행기 Setting	주날개 길이	비행거리								
	비행기 Setting	주날개 폭	비행거리								
	비행기 Setting	기체 무게	비행거리								

Redesign 단계 DOE를 통해
최적화 진행

❖ Key Process Output Variable Capability Status

Customer Requirement (Output Variable)	Measurement Technique	%R&R	PT	Upper Spec Limit	Target	Lower Spec Limit	Cp	Cpk	Mean	Sigma	Data Collection Requirements
비행거리	줄자	20.13	±5cm	-	140	130	0.35	0.33	412.3	5.9	2001.4.25 측정
위치정확도(X)	줄자	20.13	±5mm	5	기준	-5	0.11	0.10	314.6	12.7	2001.4.25 측정
위치정확도(Y)	줄자	20.13	±5mm	5	기준	-5	0.10	0.10	75.4	13.4	2001.4.25 측정

✓결론: C&E Matrix를 통해 도출된 주요한 Input 인자의 관리계획 과 주요한 Output인자 (CFR) 의 초기 평가를 통해 현 수준을 확인함.

Dragonfly

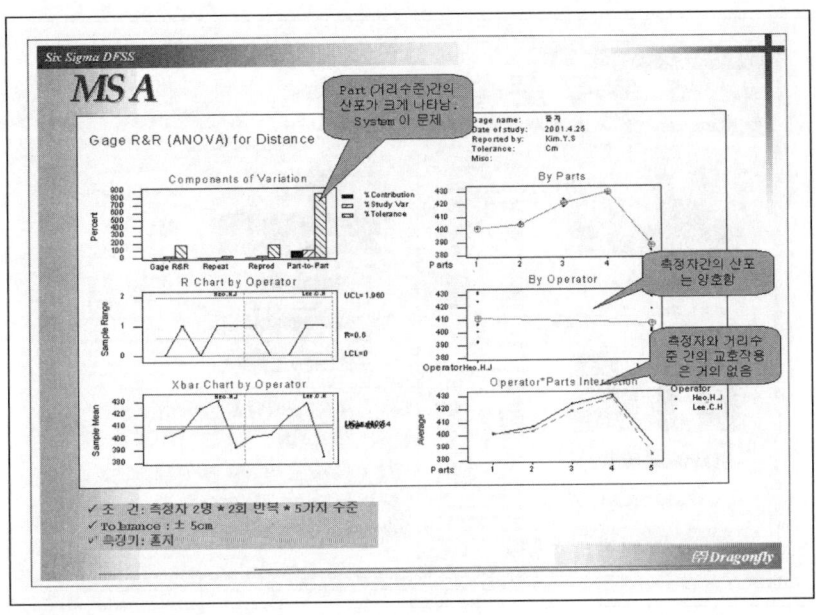

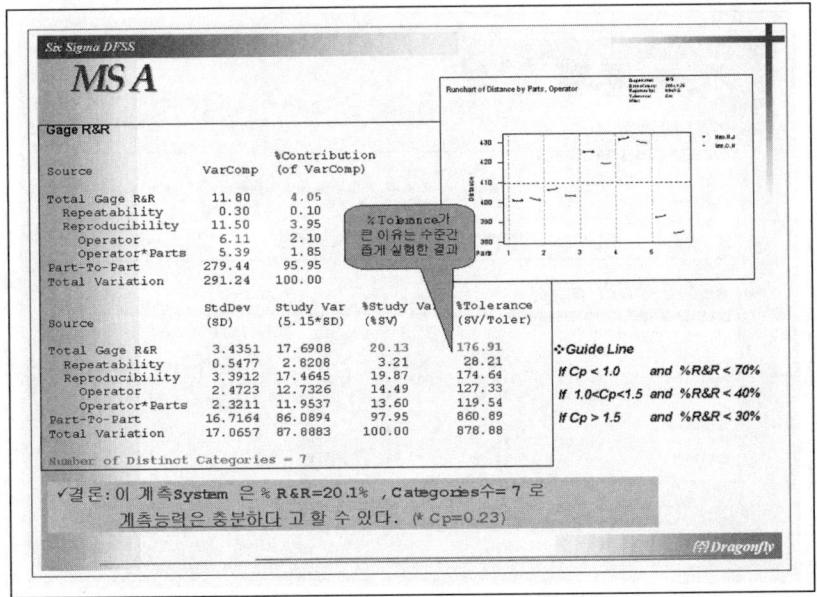

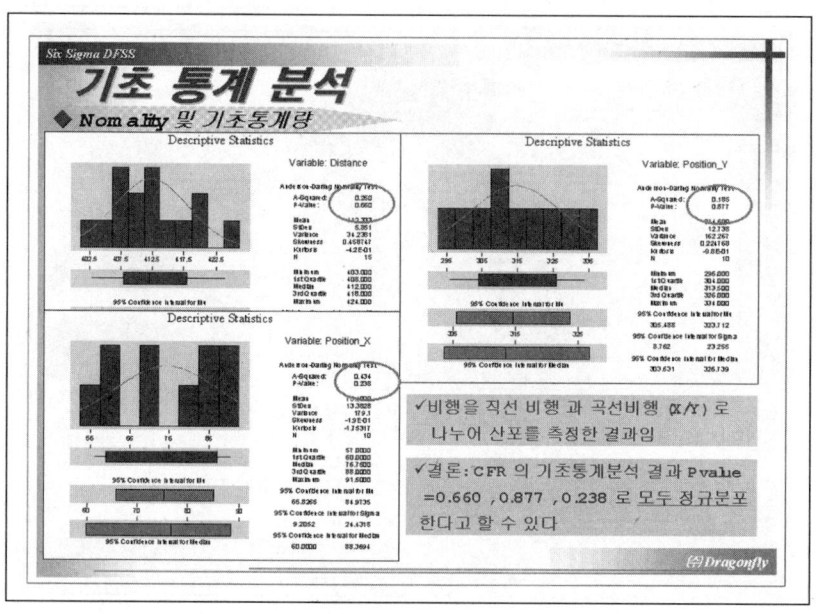

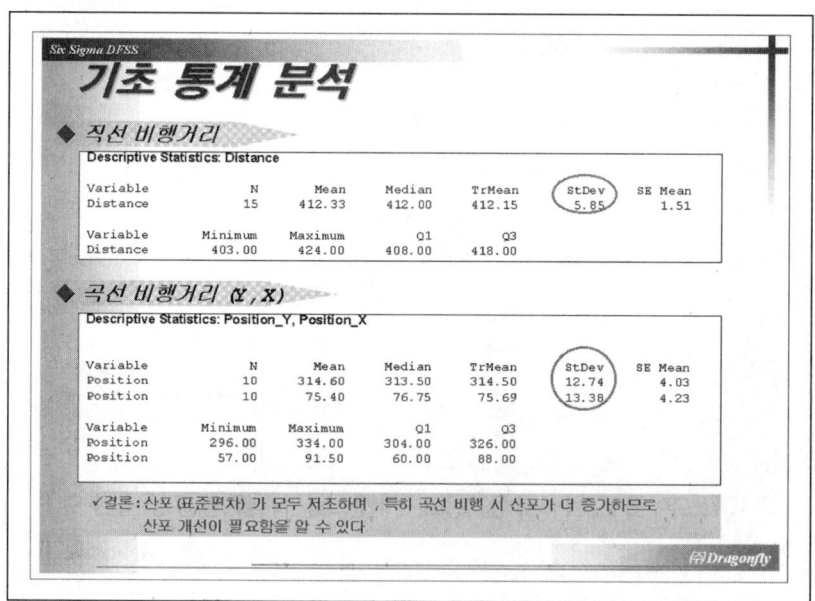

DFSS는 뒤지게 패서 시키면 시키는 대로 하는 방법론이다

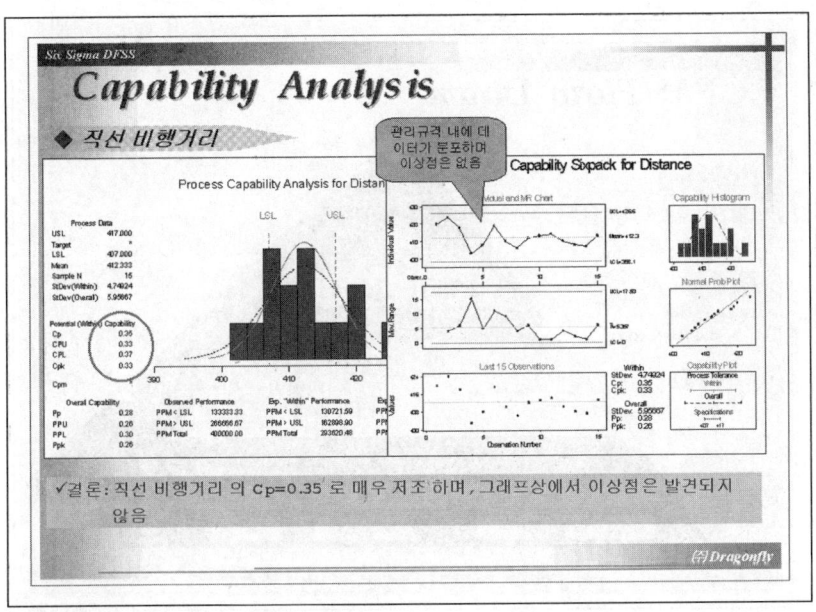

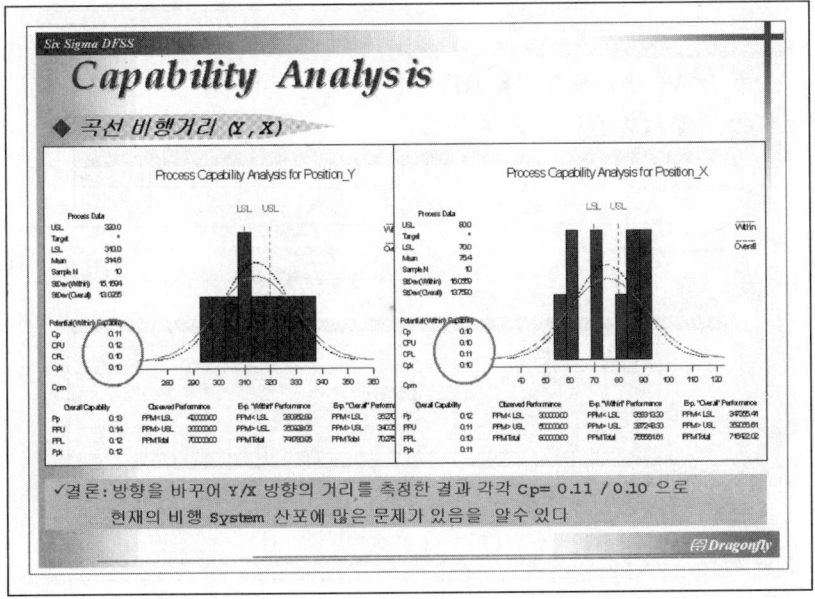

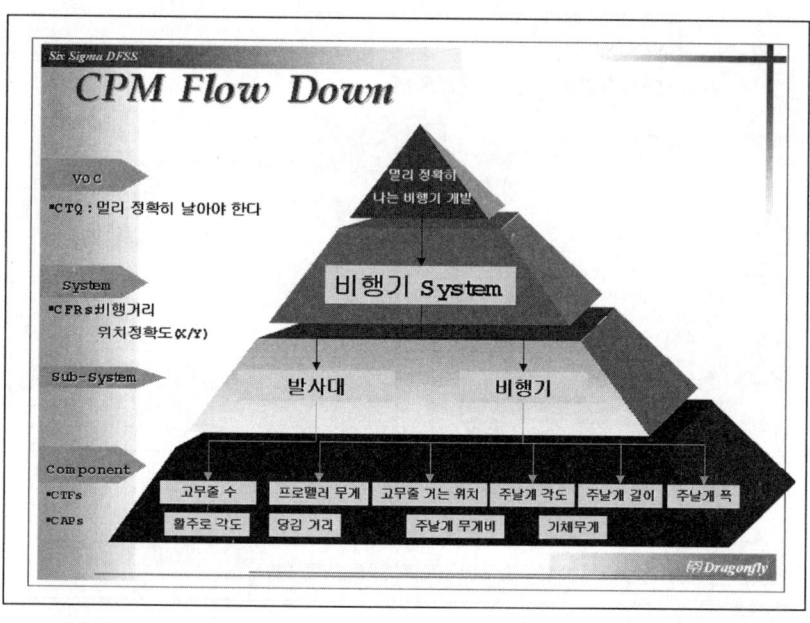

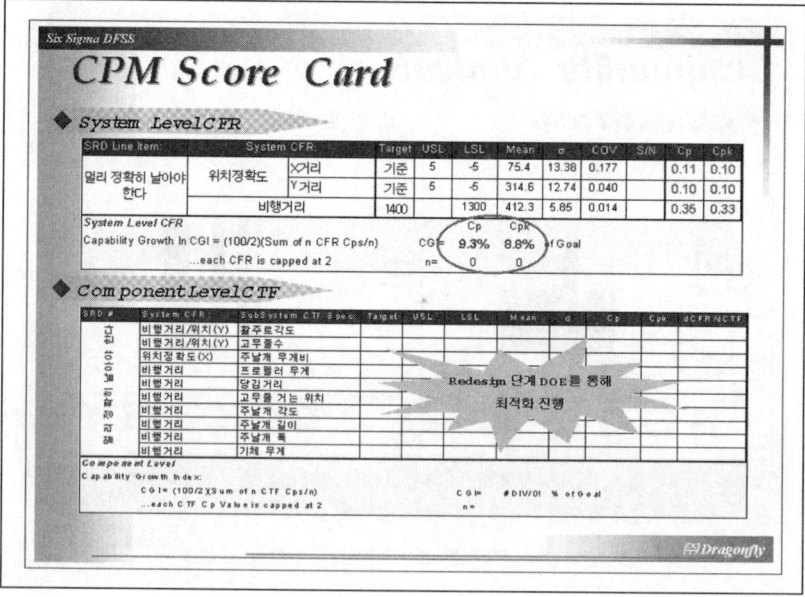

DFSS는 뒤지게 패서 시키면 시키는 대로 하는 방법론이다

TFSS Results & Summary

1. 비행 시스템에 있어서
   Functional Flow Diagram , Process Mapping , C&E Matrix 를 통하여
   CFR Y1 (직선 비행거리) = f (주날개 각도, 주날개 길이 ....)
   CFR Y2 (곡선 비행거리) = f (주날개 무게비 ..)
   임을 도출 하였고

2. DFMEA 를 통하여 기능상 성능 저하를 야기할 수 있는 부분을 사전 도출 하여 고장모드를
   예방토록 하였다.

3. CFR (Y1,Y2) 에 대한 MSA 의 결과는 % R&R 값이 30% 이하 로 매우 우수함을 확인하였다.

4. System CFR (Y1,Y2) 의 Cp 값이 매우 저조하여 제어인자의 최적화 설계에 앞서
   산포 인자를 먼저 개선하는 활동이 필요함을 알 수 있었다.

TFSS 실패사례

?. 비행 시스템에 있어서
   Functional Flow Diagram , Process Mapping , C&E Matrix 를 통하여
   발사대의 고무줄 수를 투석기 실습에서의 경험상 주요한 CTF 로 도출 하여
   비행거리의 최적인자로 TEST 도중,

=> 고무줄 수를 2EA 로하여 TEST 를 몇차례 하던중
   300억원 대의 THUNDERBOLT 를 수리 불가능 상태로 파손 하여
   회사 경영에 큰 손실을 입혔음.

===➔ 대책1 : 비행기를 외부 충격 및 발사시의 강도에 대한 ROBUST DESIGN 설계
   로 파손 방지.
   대책2 : THUNDERBOLT 의 추력의 원천인 [고무줄 수를 1EA]로 고정한 상태에서
   비행거리를 늘리는 THUNDERBOLT2 개발.

DFSS

Mission

✓도출된 CTF/CAP에 대한 CFR의 상관관계를 분석하고

✓CFR에 영향을 미치는 인자의 최적순준을 DOE,RSM등을 통하여 도출하고

✓CFR과 CTF/CAP의 관계를 회귀분석을 통하여 수학적 모델링을 하고

✓Taguchi실험계획법을 통하여 잡음인자에도 강한 Robust한 설계조건을 설정한다

✓Robust한 설계에서 개선 예상되는 효과를 품질손실비용 개선효과로 산출한다

Dragonfly

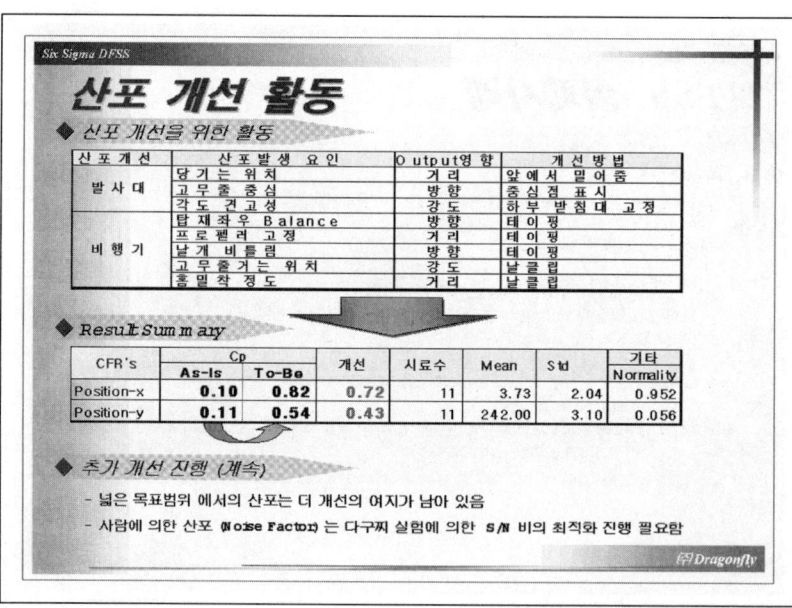

산포 개선 활동

◆ 산포 개선을 위한 활동

산포개선	산포발생 요인	Output영향	개선방법
발사 대	당기는 위치	거리	앞에서 밀어줌
	고무줄 중심	방향	중심점 표시
	각도 견고성	강도	하부 받침대 고정
비행기	탑재좌우 Balance	방향	테이핑
	프로펠러 고정	거리	테이핑
	날개 비틀림	방향	테이핑
	고무줄거는 위치	강도	날클립
	홈밀착정도	거리	날클립

◆ Result Summary

CFR's	Cp		개선	시료수	Mean	Std	기타 Normality
	As-Is	To-Be					
Position-x	0.10	0.82	0.72	11	3.73	2.04	0.952
Position-y	0.11	0.54	0.43	11	242.00	3.10	0.056

◆ 추가 개선 진행 (계속)

- 넓은 목표범위 에서의 산포는 더 개선의 여지가 남아 있음
- 사람에 의한 산포 (Noise Factor) 는 다구찌 실험에 의한 S/N 비의 최적화 진행 필요함

Dragonfly

240 DFSS는 뒤지게 패서 시키면 시키는 대로 하는 방법론이다

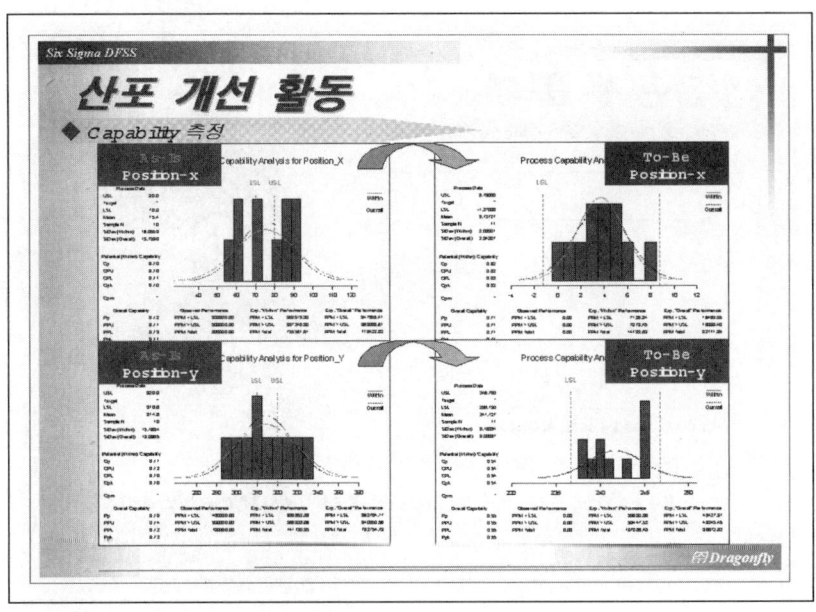

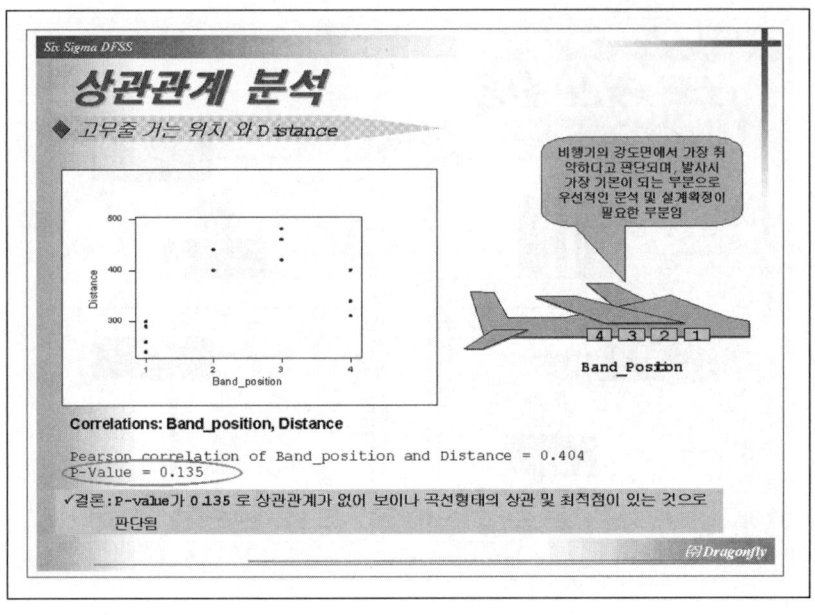

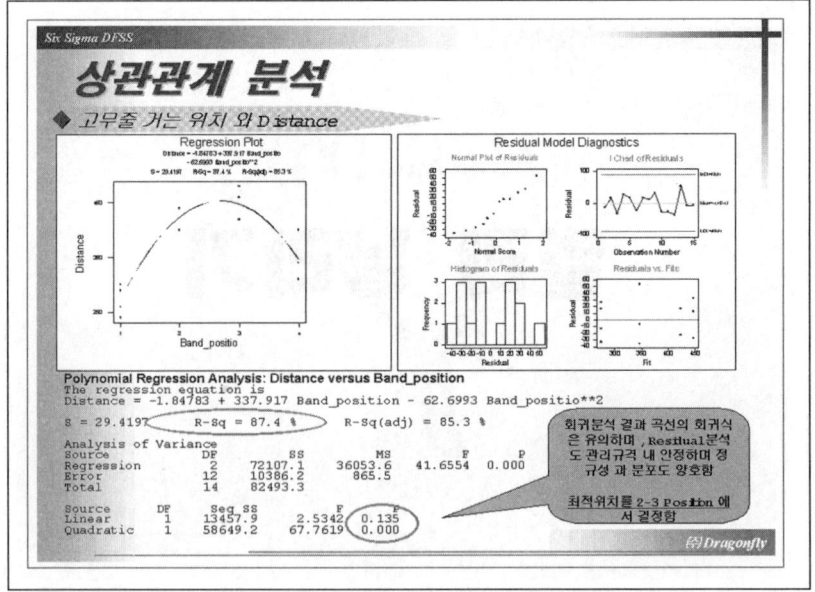

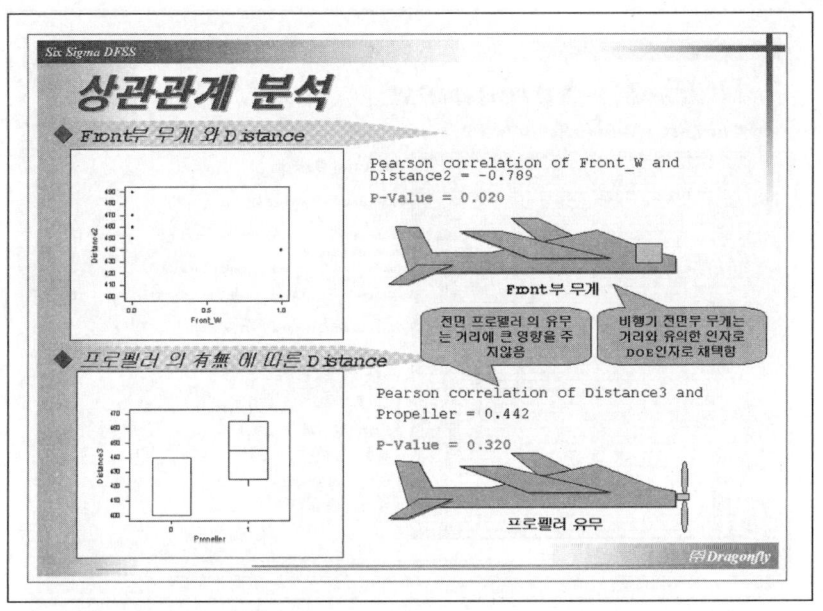

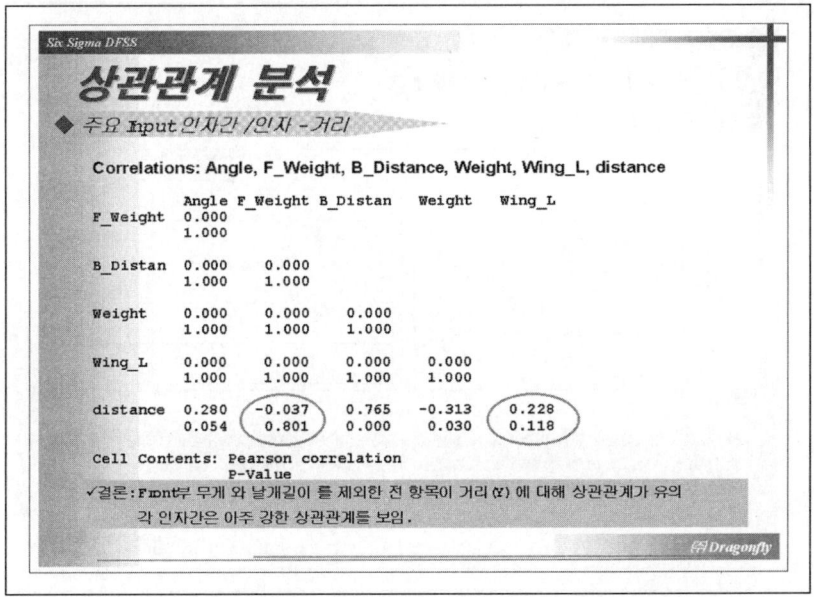

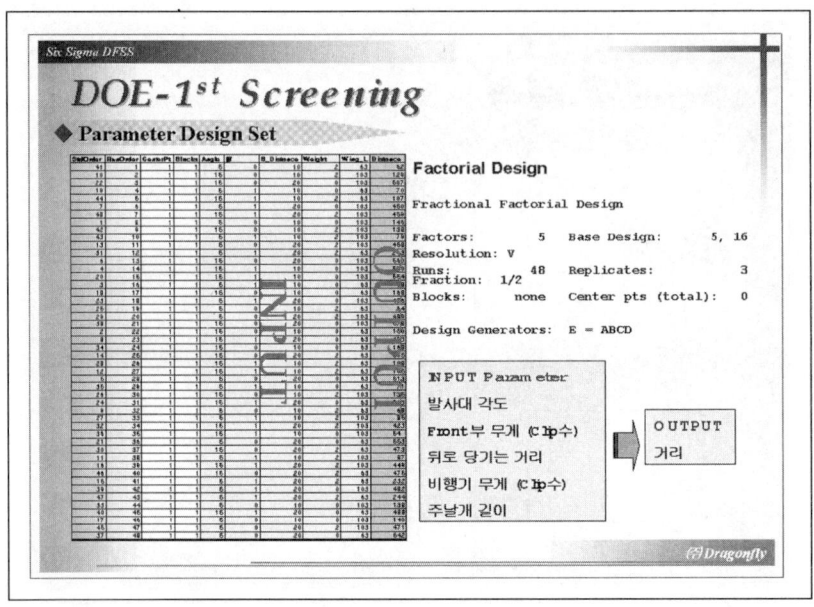

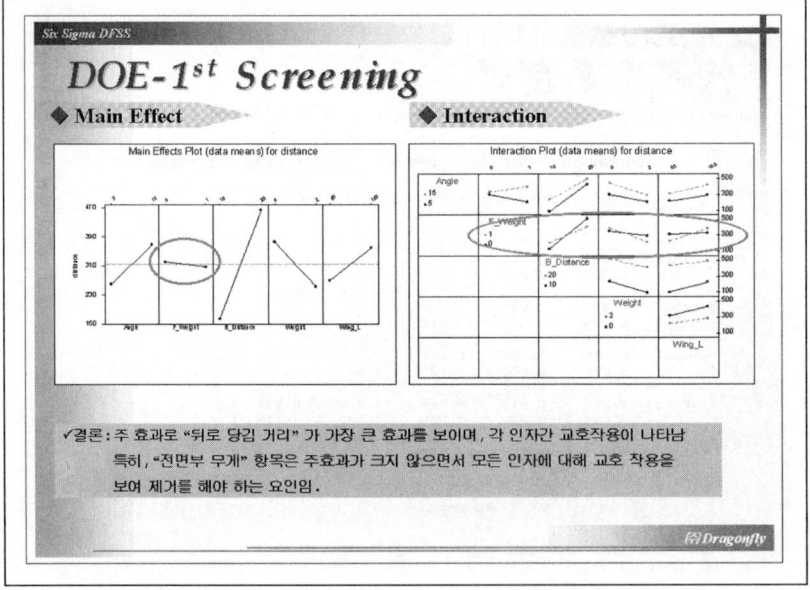

√결론: 주 효과로 "뒤로 당김 거리" 가 가장 큰 효과를 보이며, 각 인자간 교호작용이 나타남
특히, "전면부 무게" 항목은 주효과가 크지 않으면서 모든 인자에 대해 교호 작용을
보여 제거를 해야 하는 요인임.

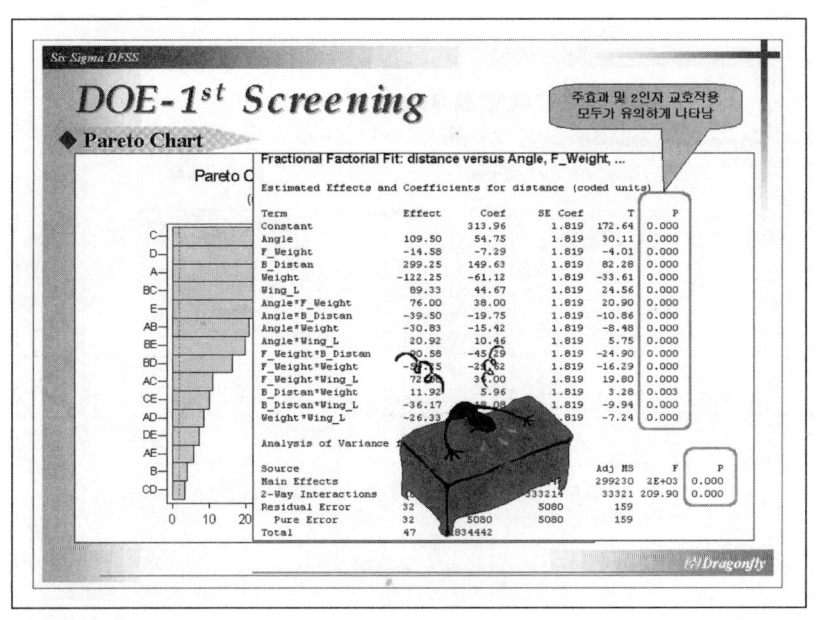

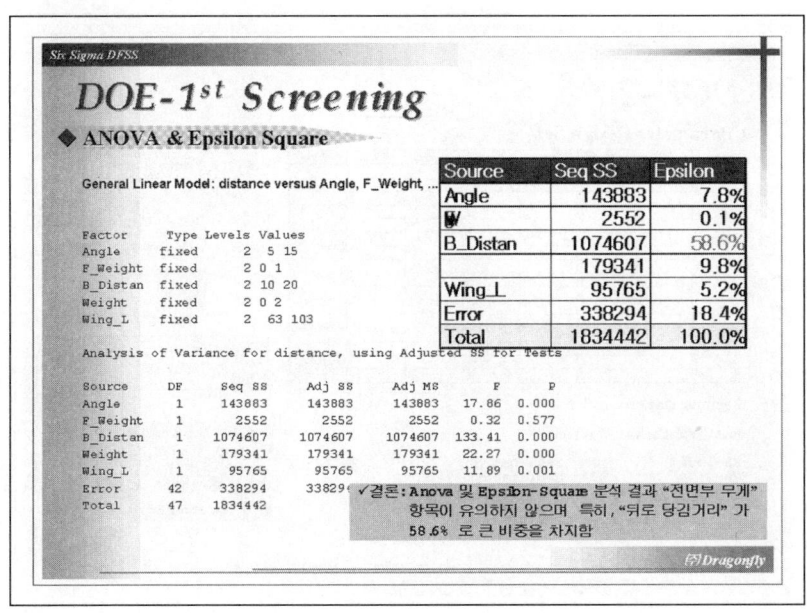

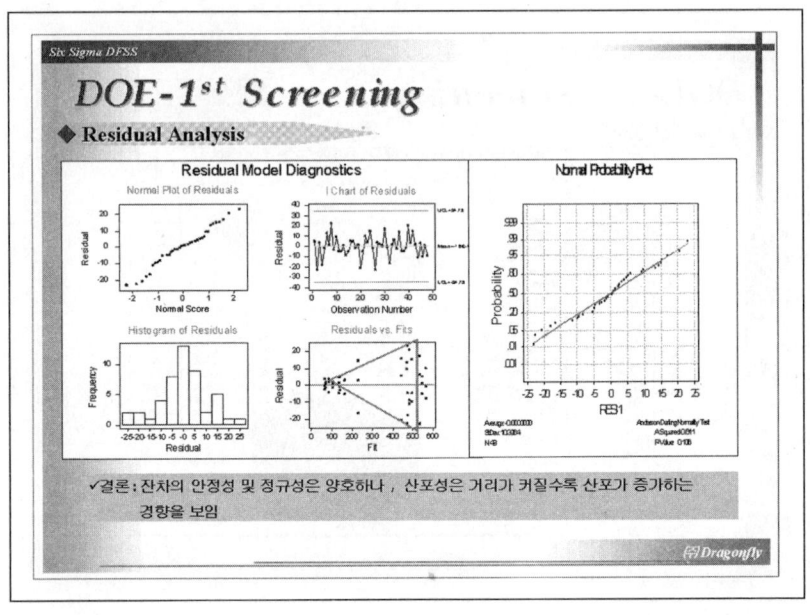

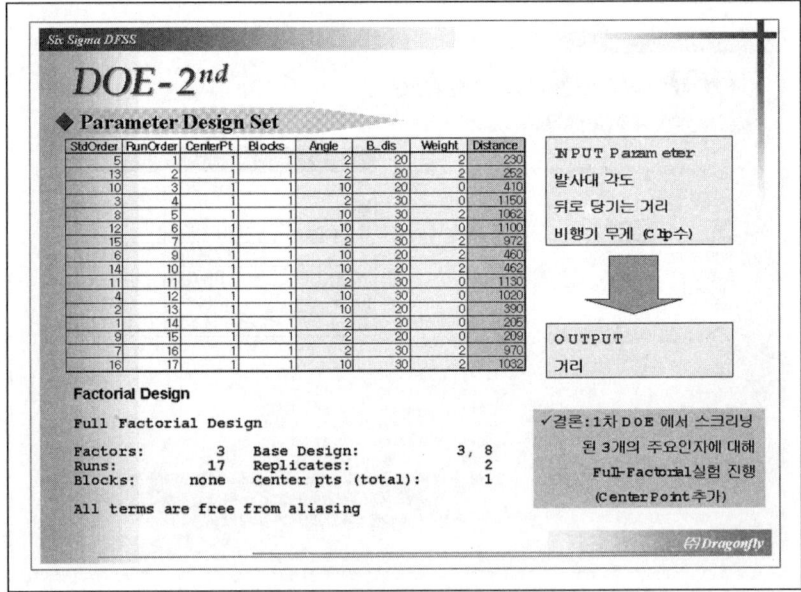

DFSS는 뒤지게 패서 시키면 시키는 대로 하는 방법론이다

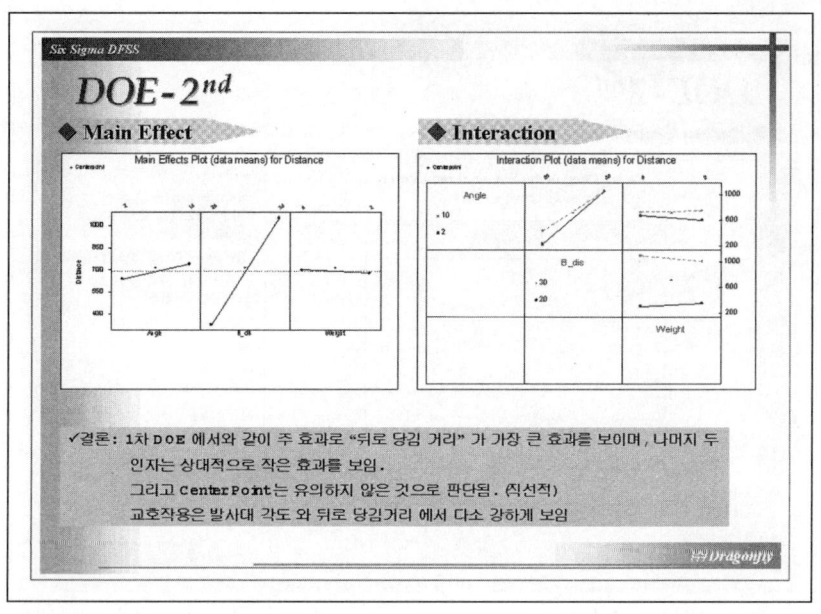

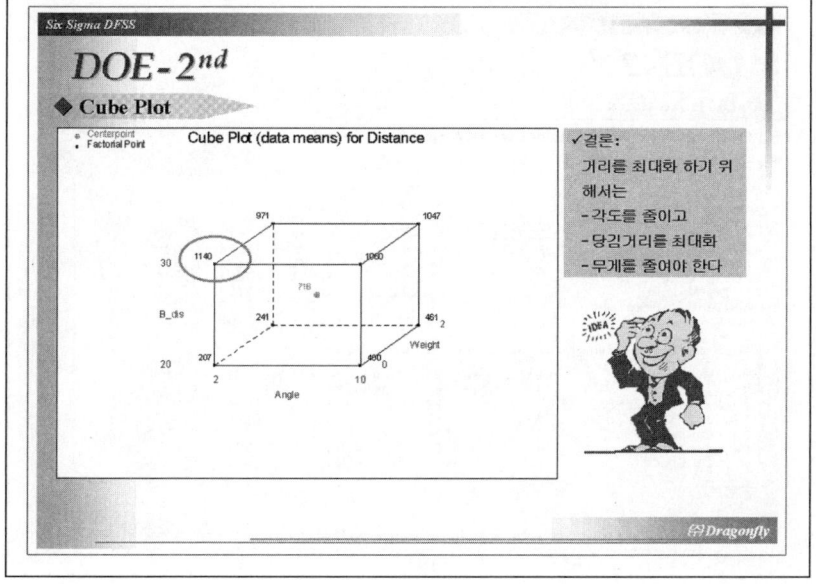

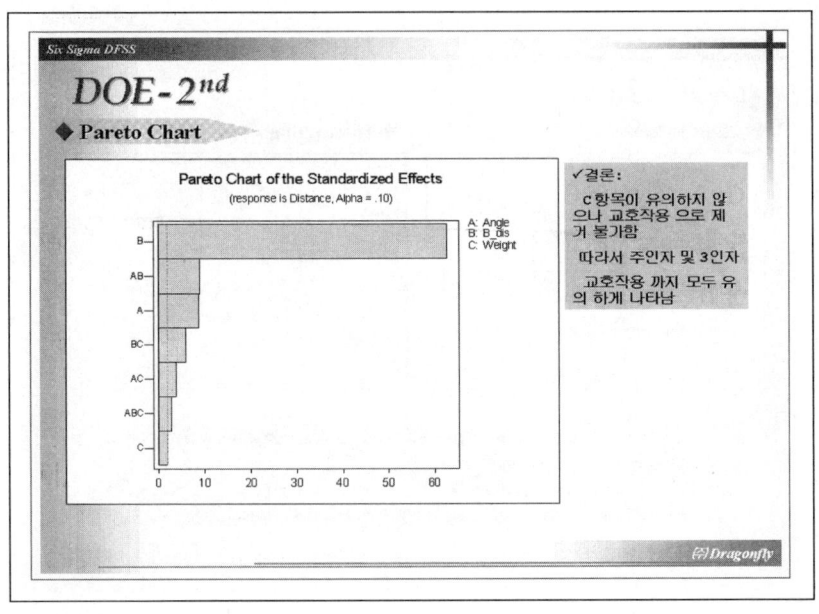

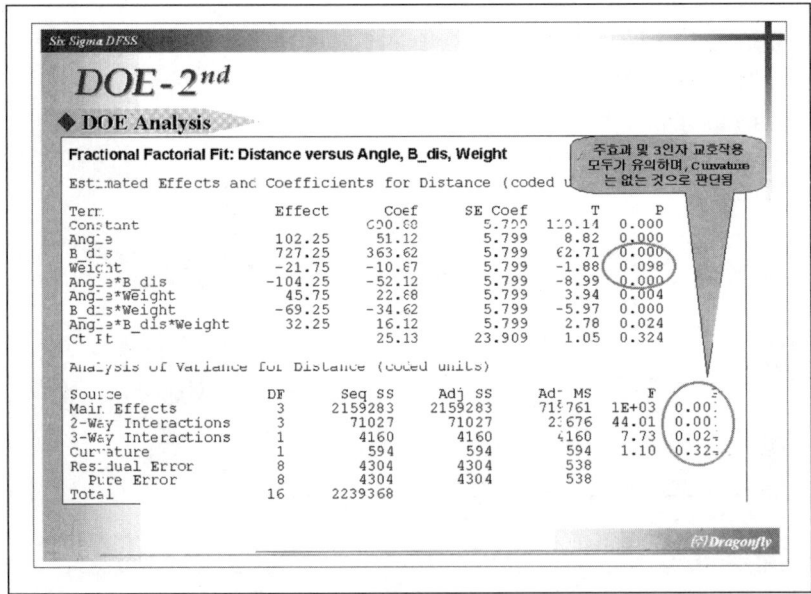

DFSS는 뒤지게 패서 시키면 시키는 대로 하는 방법론이다

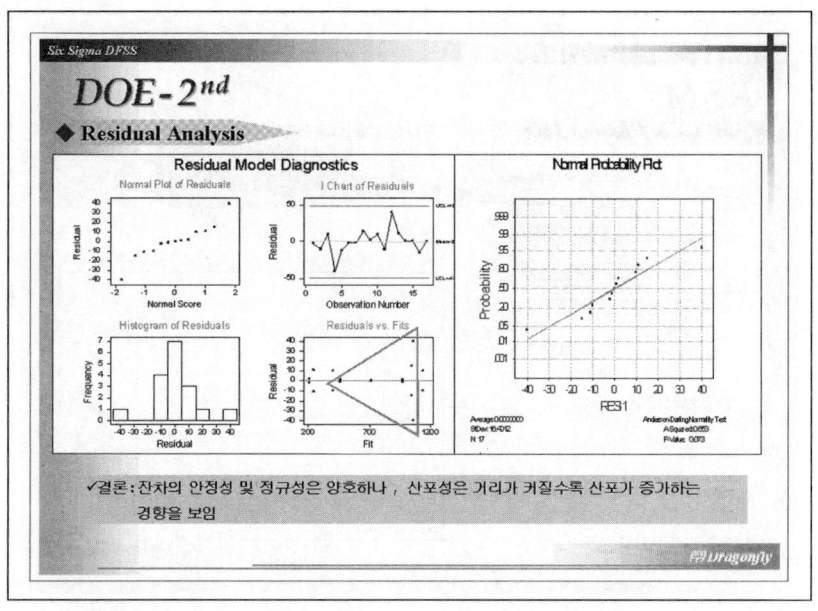

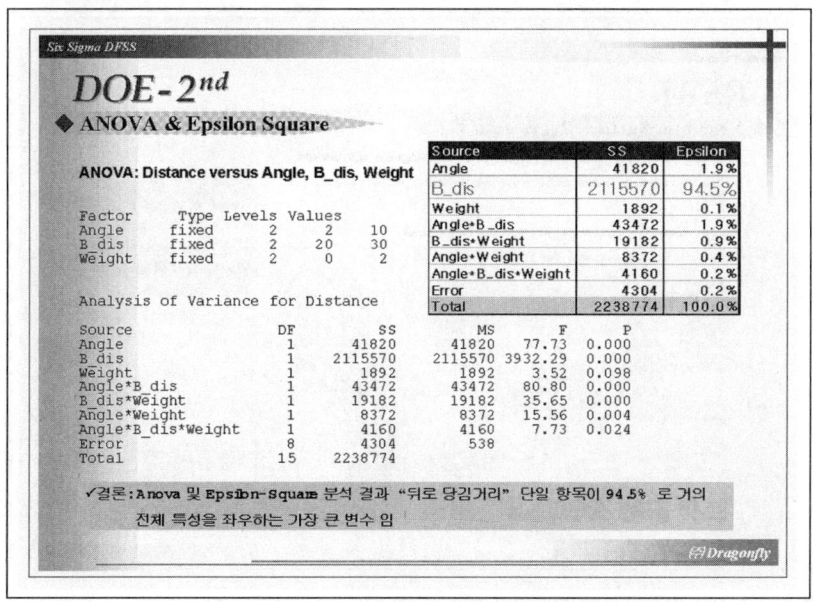

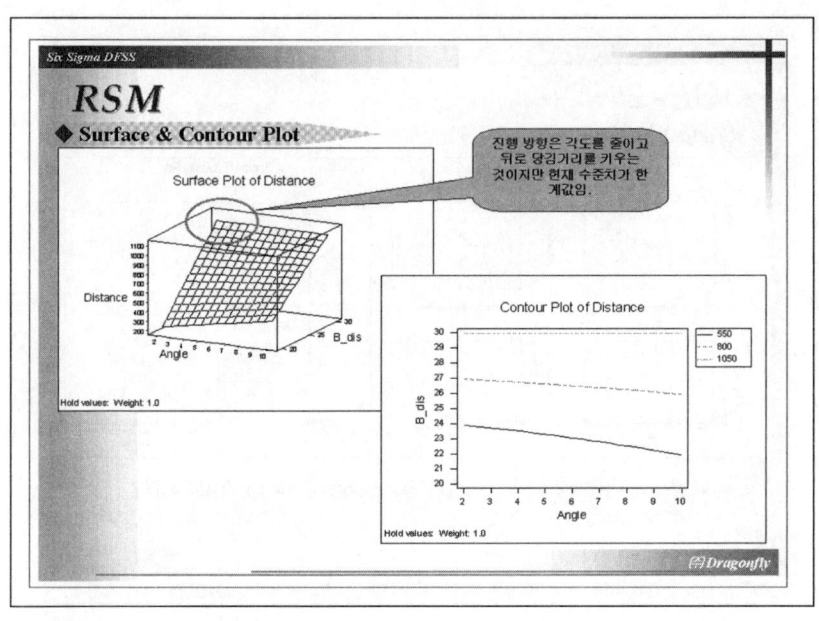

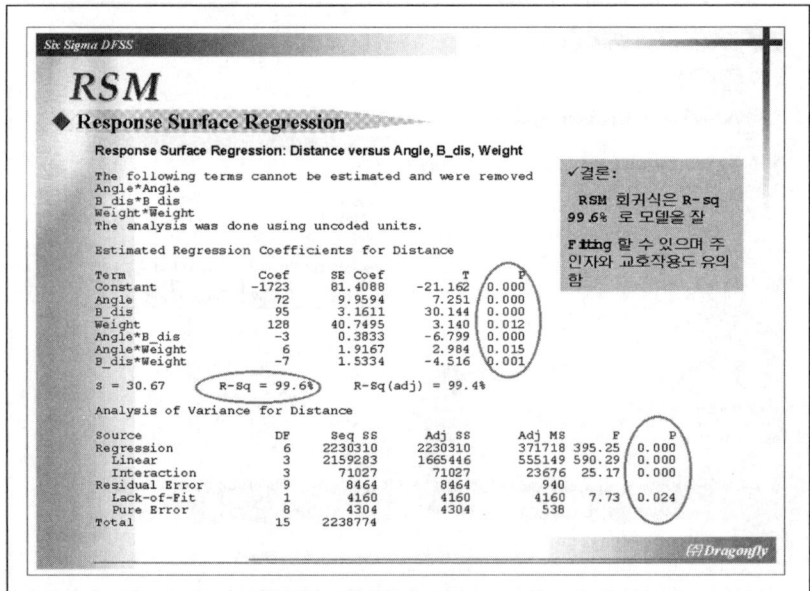

DFSS는 뒤지게 패서 시키면 시키는 대로 하는 방법론이다

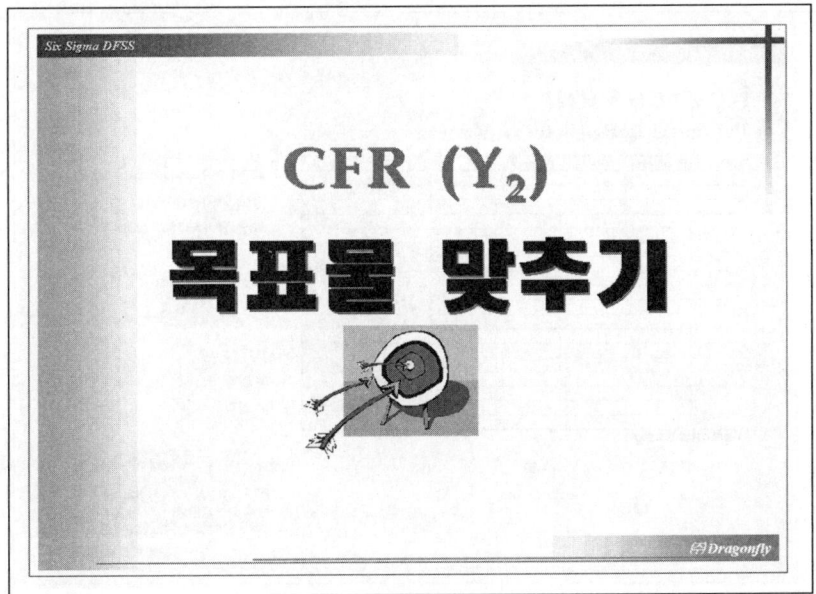

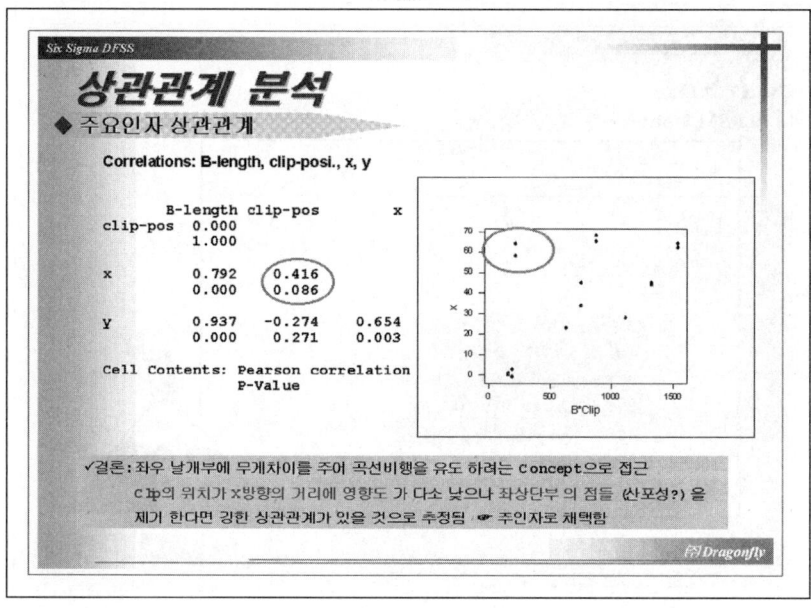

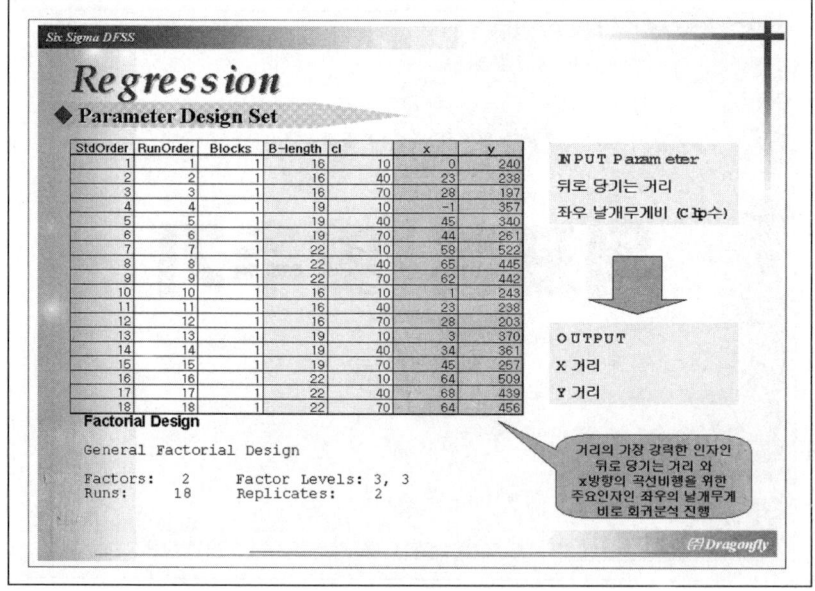

DFSS는 뒤지게 패서 시키면 시키는 대로 하는 방법론이다

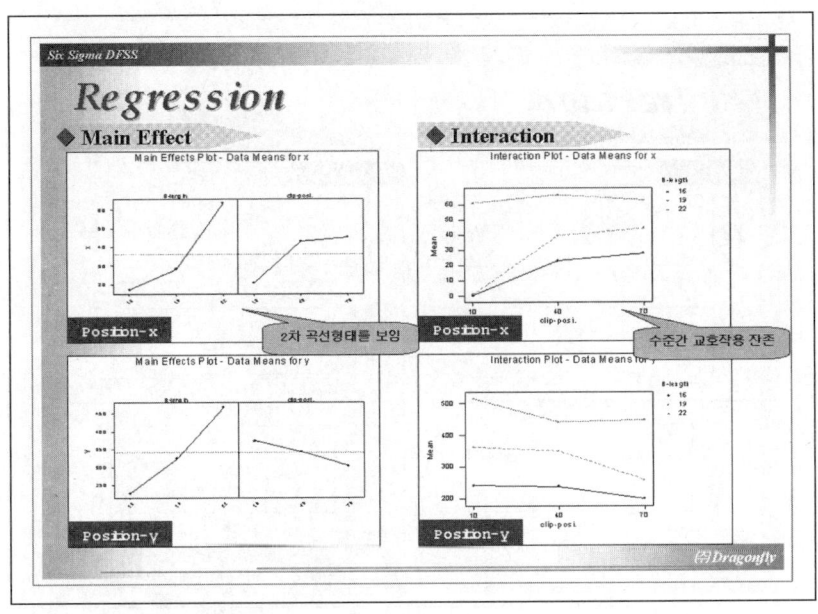

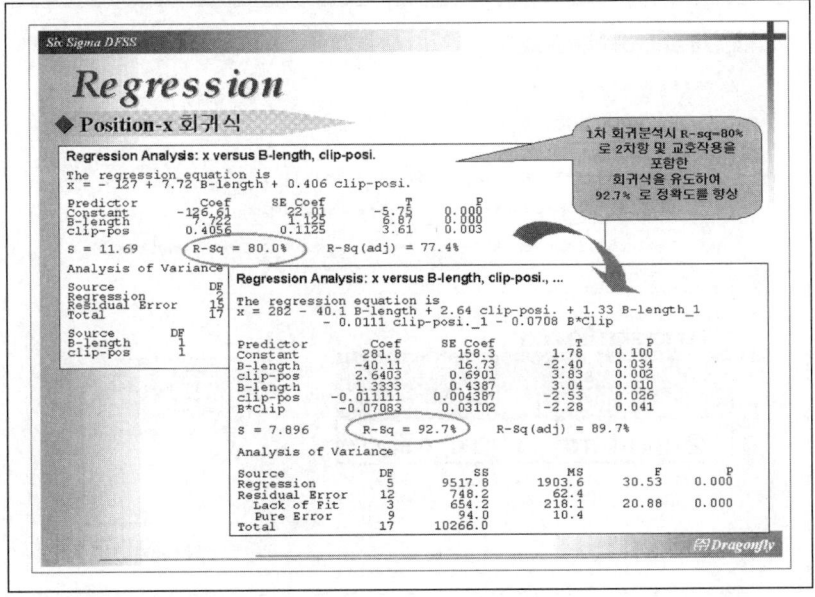

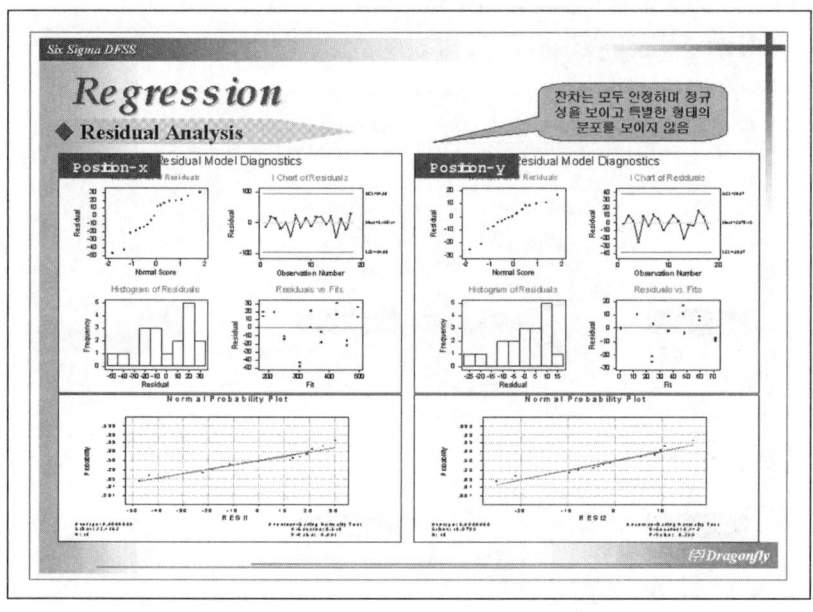

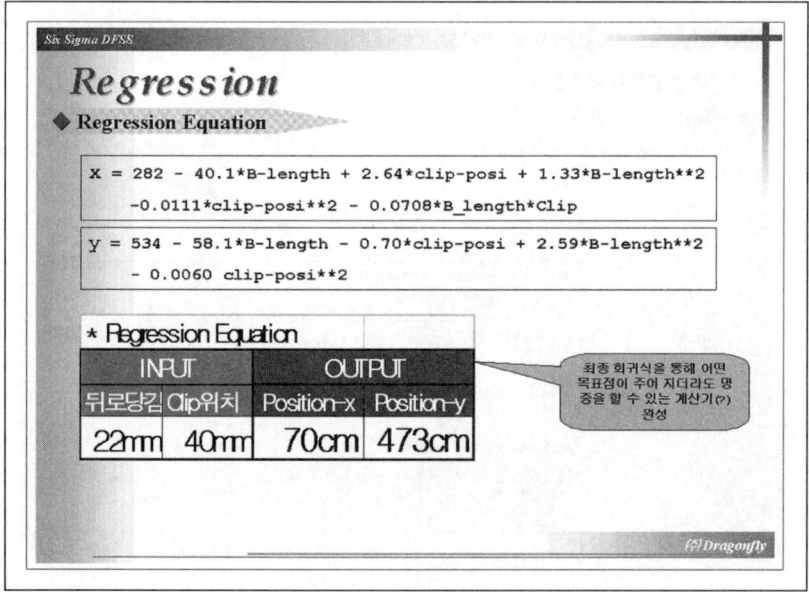

DFSS는 뒤지게 패서 시키면 시키는 대로 하는 방법론이다

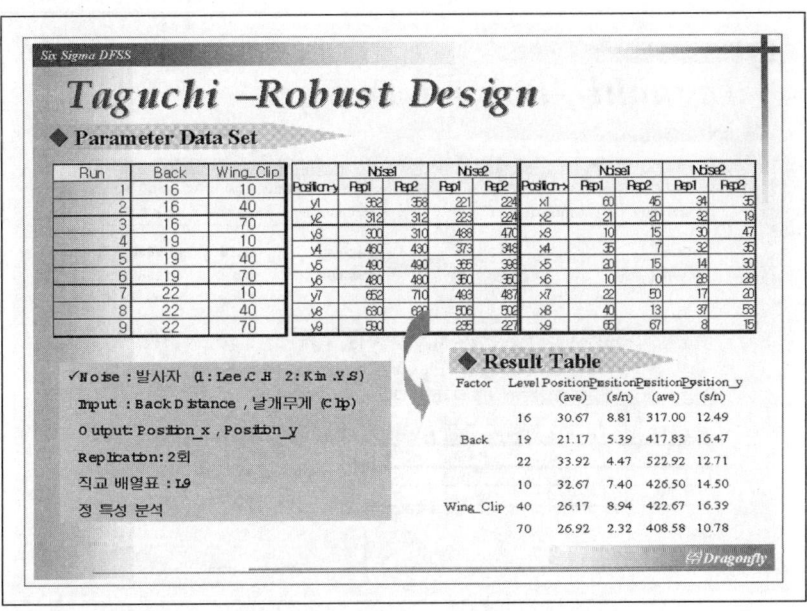

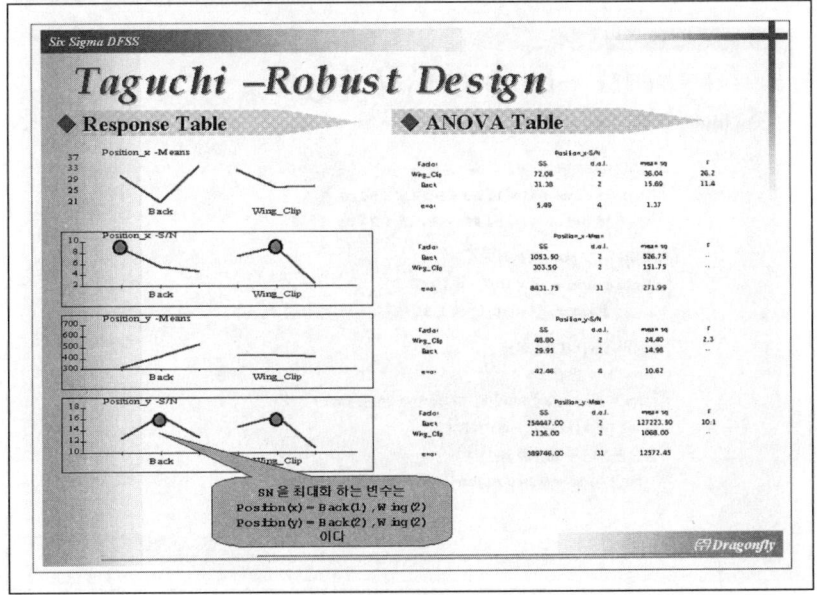

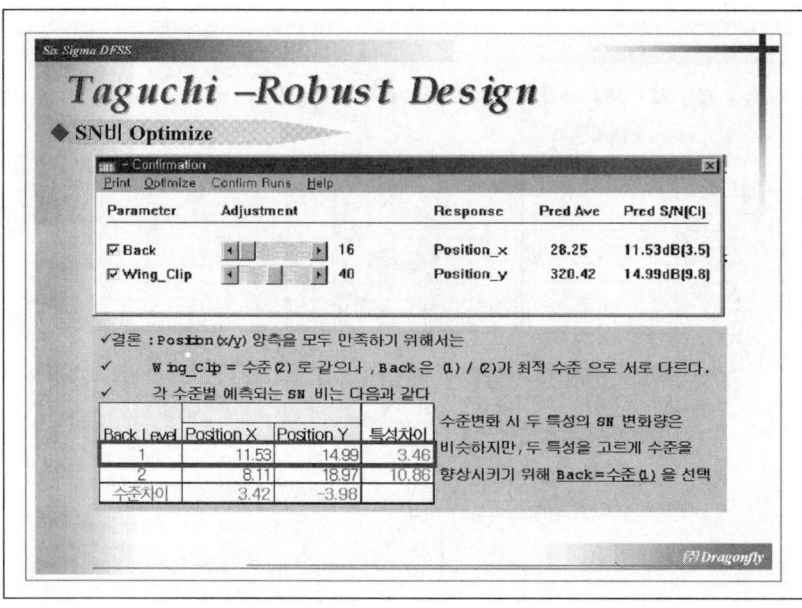

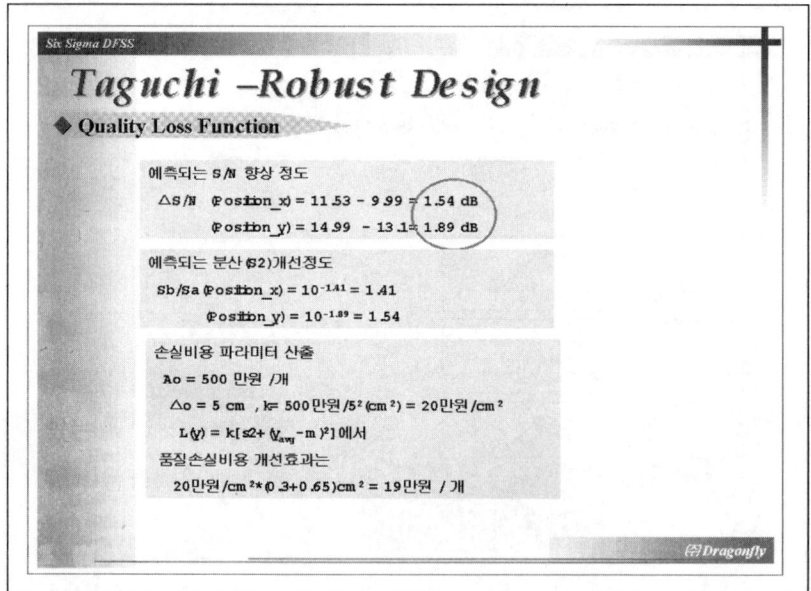

DFSS Results & Summary

✓ 산포 인자를 개선하기 위해 노력한 결과 Cp 를 0.10 → 0.82 로 개선 할 수 있었으나 추가 개선의 여지가 많이 남아 있으며, 특히 Noise Factor 인 사람 (발사자) 에 의한 산포를 다구찌 실험계획 을 통해 최적화 할 수 있었다.

✓ CFR (Y1) = 멀리 날리기 에서는
상관관계 분석을 통해 인자의 영향도 를 파악하고 ,
1차 DOE를 통해 스크리닝 된 3개의 중요 인자를 통해
2차 완전배치 DOE 를 진행하여 최종적으로 중요 CAP 인자를 도출하였으며
RSM 을 통해 망대특성을 극대화를 진행하였다

✓ CFR (Y2) = 목표물 맞추기 에서는
2개의 중요인자로서 회귀분석을 진행하여
각각 x/y 좌표에 대한 신뢰도 높은 회귀식을 도출하였고,
회귀식의 유의성을 잔차 분석을 통해 검증하였다

(Guide) 다구찌 실험계획에서 CAP 제어인자를 내측배열 해서는 안 된다. Signal 인자로 잡아서 등특성 분석을 진행 !! 되도록 많은 인자 또는 교효작용은 함께 분석 할 것.

㈜Dragonfly

3장 비행기를 이용한 DFSS 종합실습 사례 257

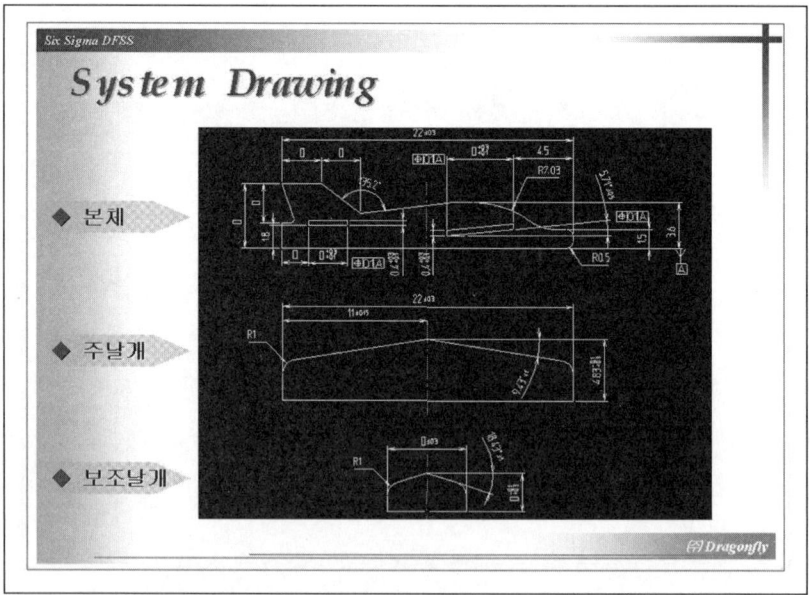

DFSS는 뒤지게 꽤서 시키면 시키는 대로 하는 방법론이다

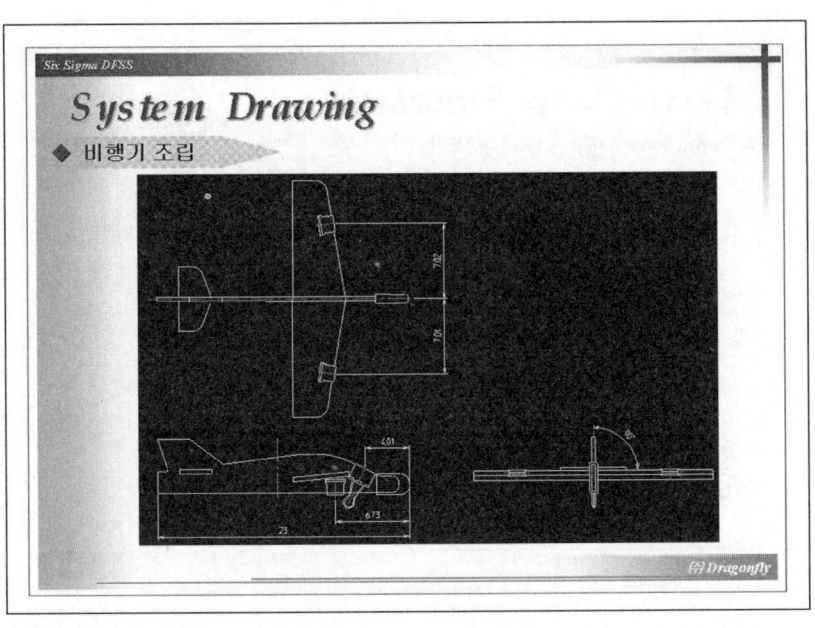

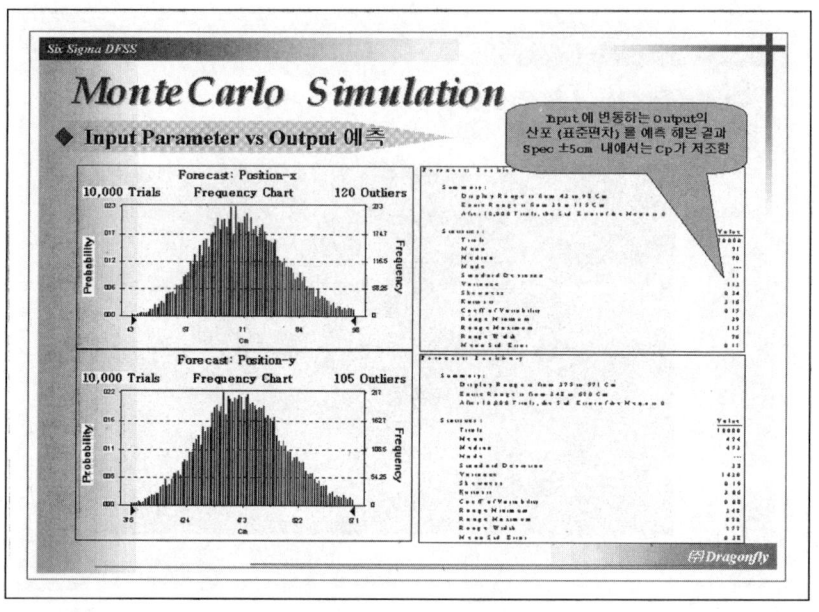

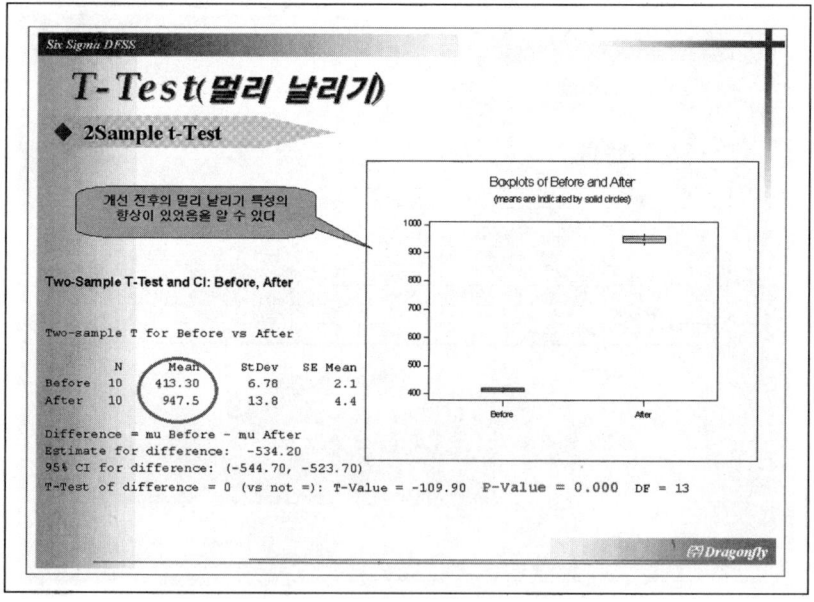

DFSS는 뒤지게 패서 시키면 시키는 대로 하는 방법론이다

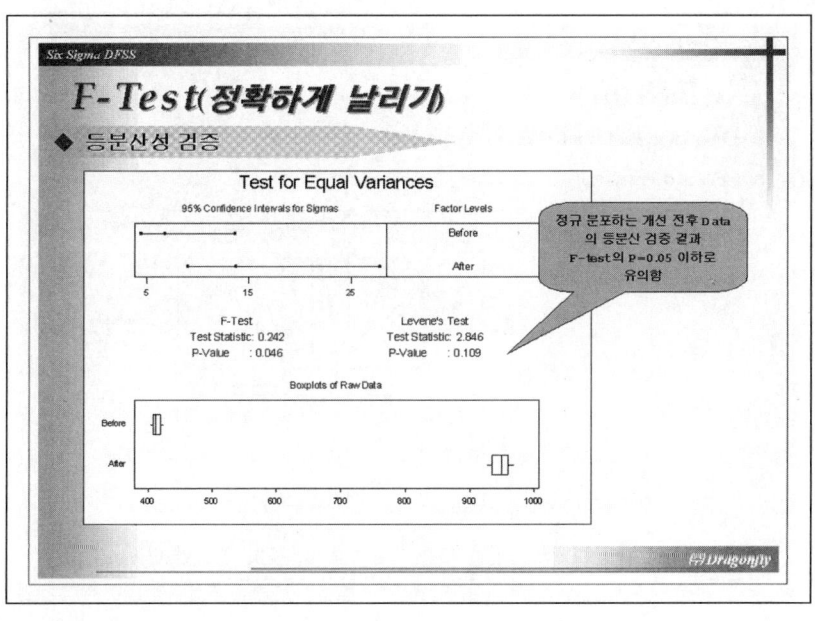

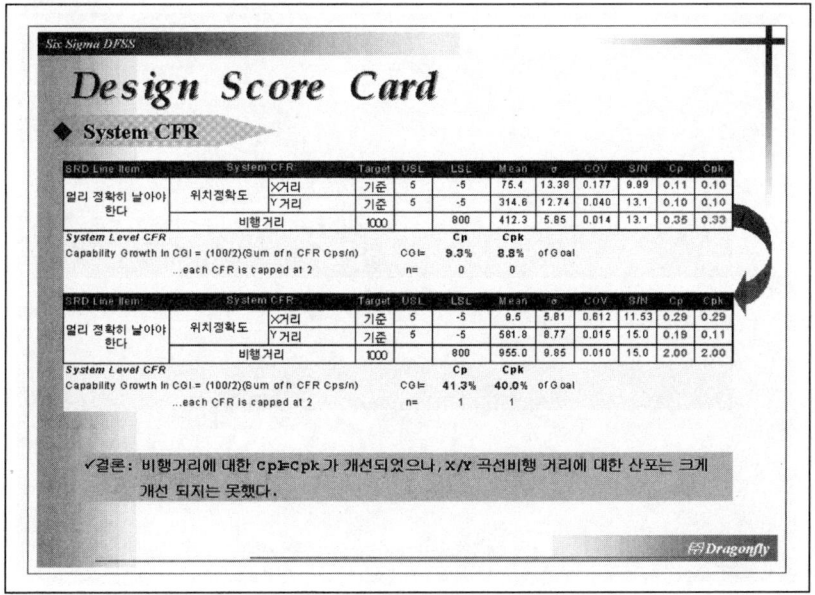

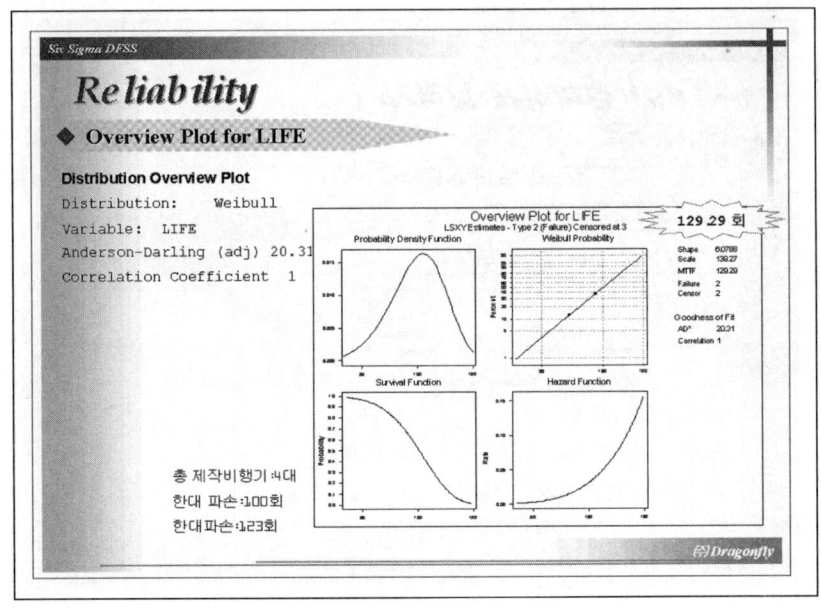

DFSS는 뒤지게 패서 시키면 시키는 대로 하는 방법론이다

DFSS

Design For Six Sigma

· 6시그마 설계를 위한 DFSS, 박성현, 이명주, 이강군, 한국표준협회, 2001
· 6시그마로 가는 길, 피터 팬드, 로버트 노이만, 롤랜드 카바나 (신완선, 고기전 옮김), 물푸레, 2001
· 6시그마 기업혁명, 마이클 해리, 리처드 슈레더 (안영진 옮김), 김영사, 2000
· 6시그마 경영, 이해와 적용, 고두균 외, 한국생산성본부, 1999
· 6시그마 도입전략, 아오키 야스히코 외, (한국능률협회 6시그마 추진센터 옮김), 21세기북스, 1999
· 6시그마 이론과 실제, 박성현 외, 한국표준협회, 1999
· 6시그마 경영, 아오키 야스히코 외, (한국능률협회 6시그마 추진팀 옮김), 21세기북스, 1998
· 잭 웰치와 GE 방식, 로버트 슈레이더 (강석진, 이태복 옮김), 물푸레, 1998

▶ 〔가〕

가동률

물건을 만드는 데 필요한 시간
과 실제로 물건이 만들어지는
데 소요된 시간의 비율이다.

가동 Loss

물건을 만드는 데 필요한 시간
과 실제로 물건이 만들어지는
데 소요된 시간과의 차이이다.

검정(Test)

모집단의 모수의 값이나 확률
분포에 대하여 어떤 가설을 설
정하고, 이 가설이 옳은가의 여
부를 샘플의 데이터로 판단하
여 통계적인 결정을 내리는 것
이다.

결점(Defect)

검사단위가 규격 · 도면 등의
요구사항에서 벗어나 있는 부
분이다.

결함 기회

(Defect opportunity : DO)

불량 발생으로 야기될 수 있는
조치(Action)나 사건(Event)이
다.

(예) 배상요구 양식의 란(Field)

경 결점(Minor Defect)

검사 단위의 실용성 또는 유효
사용, 조작 등에는 거의 지장이
없다고 예상되는 결점이다.

계량치(Variable data)

연속량으로서 측정되는 품질
특성의 값이다. 길이 · 질량 ·
시간 등 일반적으로 측정되는
대부분의 값은 계량치이다.

계수치(Attribute data)

불량품의 수, 결점의 수 등과
같이 개수를 세어 얻어지는 품
질 특성의 값이다. 불량률, 평

균 결점수 등도 계수치에 포함
된다. 샘플링 검사에서 사용되
는 일이 많다.

계량형 관리도
(Variable Control Chart)
길이, 중량, 강도, 부피 등과
같은 계량형 품질 특성치를 사
용하여 작성된 관리도이다.

(1) 관리도 : 평균값과 범위의
관리도(길이, 무게, 강도 등)

(2) 관리도 : 메디안과 범위의
관리도(순도, 시간 등)

(3) 관리도 : 개개의 측정치와
이동범위의 관리도(성분, 수
확율, 순도 등)

계수형 관리도
(Attribute Control Chart)
부품의 개수, 불량률과 같은 계
수형 품질 특성치를 사용하여
작성된 관리도이다.

(1) p 관리도 : 불량률 관리도
(불량률, 불량 등)

(2) pn 관리도 : 불량 개수 관
리도(개수, 결점수 등)

(3) c 관리도 : 결점수 관리도
(출근률, 결근률 등)

(4) u 관리도 : 단위당 결점수
관리도(횟수 등)

계량 샘플링 검사
(Sampling Inspection by Variables)
시료를 시험하고, 특정 검사항
목에 대하여 계량치로써 얻은
측정 결과를 연산하여 그 결과
를 사전에 구한 기준치와 비교
하여 검사 로트의 합격, 불합격
을 판정하는 샘플링 검사이다.

계수 샘플링 검사
(Sampling Inspection by Attributes)
시료를 시험하여 검사단위를
양품과 불량품으로 나누고 또
는 결점의 수를 세어서 그것에
근거하여 검사 로트의 합격, 불
합격을 판정하는 샘플링 검사
이다.

계측기 반복성
(Gage Repeatability)
한 명의 측정자가 동일부품의
동일특성을 동일한 계측기를
사용하여 비교적 단시간에 측
정하였을 때 얻어지는 측정치

의 변동이다.

계측기 변동
(Equipment Variation : EV)

계측기 변동을 나타내는 값으로 이 값이 크면 반복성이 나쁘다고 한다.

계측기 안정성
(Gage Stability)

동일부품을 동일한 계측기를 가지고 시간의 간격을 두고 측정하였을 때 얻어지는 교정량의 총평균치의 차이이다.

계측기 재현성
(Gage Reproducibility)

동일부품의 동일특성을 동일한 계측기를 가지고 여러 명의 측정자가 측정하였을 때 측정자들 간의 측정치의 변동이다.

계측기 정밀도
(Gage Precision)

계측기의 반복성과 재현성을 합쳐서 정밀도라고 한다. 즉 반복 측정한 경우와 서로 다른 측정자가 측정한 경우의 산포의 차이를 정밀도라 한다.

계측기 정확도
(Gage Accuracy)

어떤 측정법으로 동일시료를 무한회수 측정하였을 때 그 데이터의 분포의 평균치와 참값과의 차를 치우침이라고도 하고 정확성이라고도 한다.

계측기 R&R
(Gage Repeatability & Reproducibility)

계측기의 반복성, 재현성으로 인한 오차가 공차에서 차지하는 비율을 구해 계측시스템의 적합성을 평가하는 기법이다.

기회당 결함수
(Defect Per Opportunity : DPO)

하나의 Unit 안에 존재할 수 있는 기회의 숫자로 실제 하나의 Unit 안에 있는 Defect의 수를 나눈 것이다.

(예) 배상요구 양식(Form) 내에 10개의 란(Field)이 있고, 2개 란에 잘못 기록 :
2 Defects/10 Opportunity or 0.20 DPO

(cf) 백만개당 기회결함 수 (DPMO : Defect Per Million Opportunity) : DPO수치에 100만을 곱한 수, 시그마로 환산 가능한 수

(예) 0.20 DPO × 1,000,000 = 200,000 DPMO or 약 2.34시그마

공수

사람이나 기계가 할 수 있는 또는 한 일의 양을 시간으로 표시하는 것이다.

공정 검사(중간검사)

제조공정 중, 반제품 또는 제품을 다음 공정에 보내도 좋은가의 여부를 판정하는 것이다.

공정 관리(Process Control)

원자재 구입부터 최종완제품 인도에 이르기까지 전생산 공정에서 발생하는 물품 흐름에 대해 지시하고 조정하는 활동이다.

공정 능력(Process Capability)

범위(Range)로서 표현되는 일을 반복할 수 있는 프로세스의 능력을 의미한다. 통계적으로 능력은 6*표준편차로서 정의된다. 공정능력은 안정된 조건 하에서 측정해야 의미가 있다.

공정 능력 판정기준

□공정능력의 범위 □공정능력의 등급

Cp ≥ 1.33

A급(1등급) : 공정상태 매우 만족

1.33 ≥ Cp ≥ 1

B급(2등급) : 공정능력 양호

1.00 〉Cp ≥ 0.67

C급(3등급) : 공정능력 부족

0.67 〉Cp

D급(4등급) : 공정능력 매우 부족

공정 평균(Process Average)

공정의 평균품질. 첫 검사 제출한 제품의 검사결과에서 추정된 공정평균의 추정치(추정공정평균)를 단순히 공정평균이라고 부르는 경우가 많다. 품질을 불량률로 나타내는 경우에는 공정평균 불량률이라고도 한다.

공차(Tolerance)

규정된 허용 최대치와 최소치
와의 차이다.

관능 검사(Sensory Test)

인간의 감각으로 품질을 평가
하는 검사를 말하며, 품질 자체
가 관능적인 경우나 능률면에
서 볼 때 대용특성으로 관능 평
가하는 편이 유리한 경우에 사
용한다.

관리 계획서(Control Plan)

특정제품의 재료의 공급에서
완성품의 출하, 납입에 이르기
까지의 공정을 도시하고 각 공
정의 관리점과 그 관리방법을
명백히 밝힌 것으로서 구체적
으로 공정은 어떻게 배열되고,
공정에서 어떤 특성을 살피고,
누가 공정을 살피며, 어떤 관리
도를 사용하는가를 일목요연하
게 알 수 있도록 나타낸 것이
다.

관리도(Control Chart)

시간의 변화에 따라 **Output**의
샘플로부터 얻어진 통계량을

그래프로 표시하는 것. 이것은
프로세스에서 정상적인 상태와
이상상태를 구분하기 위한 경
계인 관리한계(**Control Limit**)
와 중심선을 가지고 있다. 관리
도는 공정의 안정성(**Stability**)
을 연구할 수 있도록 해준다.
관리 한계 내에서 보이는 패턴
이나 관리 한계 밖의 점들은 이
상요인으로 인한 산포가 존재
한다는 것을 의미한다.

관리 이탈(Out of Control)

이상요인이 존재하는 공정의
상태. 관리도상에서 관리한계
밖에 점이 있거나, 점들이 어떤
패턴을 보이는 형태로 표현된
다.

교호 작용(Interaction)

두 개 이상의 변수(인자)가 있
을 때, 변수간의 조합에 의해
나타나는 효과가 하나의 변수
에 의한 효과와는 다른 경향을
보이는 것이다. 예를 들면 변수
A에 의한 효과가 또 다른 변수
인 B가 작용하여 B의 수준에

따라 다르게 나타나는 경우이
다.

구매 검사
(Purchasing Inspection)

제출된 검사 로트를 구매해도
되는가를 판정하기 위해 실시
하는 검사이다.

규격(Specification)

표준 중 주로 물건에 직접 또는
간접으로 관계되는 기술적 사
항에 관하여 규정된 기준, 규격
은 두 가시 요소, 즉 목표지와
공차에 의하여 이루어 진다.

규준형 샘플링 검사

출하측에 대한 보호와 수취측
에 대한 보호의 2가지를 규정
하며, 양자의 요구를 만족하도
록 조립한 샘플링 검사이다. 즉
출하측에 대하여는 생산자 위
험을, 수취측에 대하여는 소비
자 위험을 각각 일정한 작은 값
으로 정하고 있다.

(예) filter 교체주기, 청소주기
등

기능 계통도

기능정의의 스텝에서 정의된
개개의 기능에 대하여 그 상호
관계를 「목적-수단」의 이론에
근거하여 정리·체계화한 도표
이다.

▶ 〔다〕

단위(Unit : U)

측정 가능한 기회(Opportunity)
를 가진 것(Item)이다.

(예) 배상요구(Form)

단위당 결함수
(Defect Per Unit : DPU)

하나의 Unit에 존재하는 모든
Defect의 수이다.

(예) 배상요구 양식(Form)에
10개의 란(Field)이 있고 2
개 란(Field)에 잘못 기록한
경우 : 2불량(Defects) /1
Unit 또는 2 DPU

동특성
(Dynamic Characteristic)

사용자가 원하는 값이 INPUT

되는 변수의 변화에 따라 목표하는 값이 계속 변화되는 특성이다.

(예) 복사기의 배율, 금전자동지급기의 지폐량, 차량 회전각

▶ 〔라〕

라이프 사이클 코스트 (Life Cycle Cost)

약자로 **LCC**로 나타낼 수 있다. 사용자 입장에서의 코스트 개념으로서 인간의 일생과 닮았다는 개념으로 라이프 사이클이란 호칭이 붙여졌다. 예를 들어 기계 제품 등 내구 소비재의 경우 그 제품의 기획 개발부터 설계를 거쳐 제품화되어 소비자의 손으로 건너가 설치되어, 시운전, 운전사용, 유지, 마지막으로 사용불능에 이르러 폐기하는 데 소용되는 비용의 합계이다.

랜덤 샘플링 (Random Sampling)

모집단을 구성하고 있는 단위체나 단위량이 모두 동일한 확률로 「샘플」 속에 들 수 있도록 「샘플링」하는 것이다.

런(Run)

관리도의 중심선 한쪽에 연속해서 나타난 점의 군을 말한다. 런의 길이는 연속되는 점의 수를 말하며 런의 수는 관리도상에 나타난 런의 개수이다.

로트 판정 기준

샘플링 검사에서, 로트의 합격 여부 또는 검사속행의 판정을 내리기 위한 기준이다. 즉, 합격 판정 개수, 불합격 판정 개수 등 로트 허용 불량률(**Lot Tolerance Percent Defective : LTPD**)

로트 허용 불량률

로트 허용 불량률이란 샘플링 검사에서 합격하는 확률이 어떤 특정한 작은 값으로 되는 로트의 불량률이다.

▶ 〔마〕

망대 특성(Larger the Better Characteristics)

원하는 특성치가 크면 클수록 좋은 경우로 강도, 연료효율, 내구성, 수명, 출력 등이 있다.

망소 특성(Smaller the Better Characteristics)

원하는 특성치가 적으면 적을수록 좋은 경우로 마모, 수축, 진동, 공기저항, 제동거리 등이 있다.

망목 특성(Nominal the Best Characteristics)

원하는 특성치가 특정한 목표에 일치하면 좋은 경우로 길이, 중량, 점도, 전압, 전류, 클러치 유격 등이 있다.

모집단(Population)

조사연구의 대상이 되는 특성을 가지고 있는 전체집단. 「샘플」이나 「데이터」에 의해 조치를 취하려고 하는 전체집단이다.

▶ 〔바〕

반응 표면 분석 (Response Surface Analysis)

세 개 이상의 수준을 가지고 있는 여러 인자들의 최적 수준을 결정하기 위해 반응을 인자와 교호작용의 함수로서 표현하여 분석하는 것이다.

범위(Range)

데이터 중에서 최대값과 최소값의 차이이다.

변동계수(CV)

표준편차를 평균으로 나눈 값. 평균에 비해 표준편차가 얼마나 큰가에 대해 상대적인 크기를 알 수 있다.

변동(Variation)

산포. 공정의 개별 값들 간에 불가피하게 발생하는 차이를 말한다. 변동의 원인은 우연요인과 이상요인으로 나눌 수 있다.

보정의 원리
(Forgiving Principle)

문제를 해결하는 데 있어서 원류공정의 관리를 철저히 하기 이전에, 원류공정으로부터 넘어온 문제에 대해 후 공정이 문제를 보정할 수 있도록 만들자는 원리이다.

분산분석
(Analysis of Variance :
ANOVA)

수집된 데이터의 총변동을 두 개의 성분으로 나누는 방법이다.

(1) 조절이 가능한 군간 변동

(2) 조절이 불가능한 군내 변동

분산(Variance)

제곱합을 n-1로 나눈 값이다.

분포(Distribution)

데이터 집합의 모양. 수평 축은 각 데이터 값을 나타내며, 수직 축은 값이 나타나는 빈도를 나타냄. 이것의 이론적 형태를 도수분포라고 부른다.

분할표 분석
(Contingency Table Analysis)

특성값을 몇 개의 범주로 분할하여 그 도수로 자료를 정리해 놓은 표를 말한다. 여러 개의 특성값들을 비교할 때 평균값을 비교하는 것이 아니라 각 범주에 속하는 비율의 비교를 통해 특성값을 비교하는 데에 사용한다. 의심되는 변수와 Output간에 어느 정도의 관계가 있는지를 결정하기 위해 계수치 데이터를 분석하는 기법. 변수와 Output은 적어도 두 개의 범주로 구분되어야 한다.

불안정(Instability)

프로세스의 Output이 관리도 상에서 감지할 수 있는 패턴을 보이는 상황 또는 통계적 관리 한계선밖에 점들이 있는 상황을 의미한다.

브레인스토밍(Brainstorming)

어떤 한 가지 주제에 관하여 관계되는 사람이 모여 집단의 효과를 살려 아이디어의 연쇄반응을 일으키게 함으로써 자유

분방하게 아이디어를 내는 방법이다.

▶ 〔사〕

산점도(Scatter Plot)
비교하고자 하는 두 개의 변수를 X축과 Y축에 대응하여 각 변수의 Data를 XY평면에 타점한 그래프이다.

산포 관리 항목
스펙이 있고 산포의 변화를 관리하는 실측치 항목과 설비조건을 셋팅하는 항목으로 구분. 특히, 산포가 발생한다고 인정되며 품질에 많은 영향을 주고 지속적인 모니터링이 필요한 정도에 따라 중요와 일반으로 구분하여 관리이다.

상관 분석
(Correlation Analysis)
두 변수간의 관계가 있는가를 하나의 수로서 나타내어 분석하는 것이다. Output 특성과 변수가 계량치 데이터일 때 산점도를 사용해 둘 간의 함수관계를 표현한다.

상관 계수
(Correlation Coefficient : r^2)
계량형 데이터간에 어느 정도의 관계가 있는지를 측정하는 통계량이다. 관계가 없을 때는 0, 완전 양의 상관관계는 +1 또는 완전 음의 상관관계는 -1의 값을 갖는다.

샘플링(Sampling)
모집단에서 샘플을 취하는 것이다.

샘플링 검사
(Sampling Inspection)
검사 로트에서 미리 정해진 샘플링 검사방식에 따라 샘플을 발취하여 시험하고 그 결과를 로트 판정기준과 비교, 그 로트의 합격 · 불합격을 판정하는 검사이다.

생산성
투입에 대한 산출의 비율로 나타낸 것이다.

선별형 샘플링 검사

시료를 시험한 결과, 불합격으로 판정한 로트는 전수 선별하는 검사이다.

손실 함수(Loss Function)

품질 손실을 제품이 다음 공정이나 소비자에게 출하된 뒤에 성능특성치의 산포로 인하여 사회에 미치는 재정적인 손실로 정의할 때 이러한 손실이 화폐단위로 측정되고 수량화할 수 있는 제품특성이나 관리방법을 평가할 수 있는 함수이다. 다구찌 박사가 손실함수에 대한 개념 정의했다.

수입 검사 (Incoming Inspection)

생산에 필요한 재료·부품 또는 반제품을 인수할 때, 그 물품을 받아 들일 것인가의 여부를 판정하는 것이다.

신뢰도

시스템, 기기, 부품 등의 기능이 시간적 안정성을 나타내는 정도 또는 성질이다.

신뢰성(Reliability)

시스템, 기기, 부품 등의 규정된 조건에서 의도하는 기간 중 규정된 기능을 수행할 확률이다.

실수 방지 시스템 (Mistake-Proof System)

불량품이 다음 공정으로 유출되지 않도록 해주는 메커니즘이다.

실패 비용(Failure Cost)

원자재나 제조공정 또는 제품의 규격 등 소정의 품질수준을 유지하는 데 실패하여 불량품이 되거나 수리 또는 재작업로 인하여 발생되는 손실비용을 말한다.

(예) 폐품, 재가공, 설계변경

서비스실험 계획법 (Design of Experiment : DOE)

통계적으로 유효한 결과를 얻어내기 위해 실험 데이터를 분석하는 계획하는 기법. 제대로 된 실험계획은 여러 변수(인자)와 변수간의 교호작용중에서 어떤 것이 바람직스럽지 못한 공정의 산포를 유발하는지를 규명할 수 있게 해준다.

▶ 〔아〕

에러 방지 시스템
(Error-Proof System)
해당 공정에서 제품에 불량이 발생하지 않도록 해주는 메커니즘이다.

예방 비용(Prevention Cost)
처음부터 불량이 생기지 않도록 하는 데 소요되는 비용이다.
(예) QC 계획, 기술, 교육, 사무 비용

오차 인자(Noise Factor)
제품품질성능에 영향을 주는 인자 중 제어가 용이하지 않은 비제어 또는 잡음 인자이다.
(예) 환경, 열화, 제품간의 변동 등

온라인 품질 관리
(On-Line Quality Control)
검사 및 통계적 공정관리를 포함한 제조시의 공정의 단축, 진단, 조정이나 제품의 사용 시에 이루어지는 보전관리 활동을 말하며 피드백 및 적응제어에 따른 온라인 공정관리, 자동검사 등을 통한 온라인 제품관리, 애프터 서비스 등이 이에 속한다.

오프라인 품질 관리
(Off-Line Quality Control)
제품의 생산단계를 제품설계, 공정설계, 제조의 단계로 구분할 수 있는데 기존의 품질관리활동은 공정관리나 최종 제품 등의 검사 등을 통해 실시되나 소비자가 사용 시에 잡음에 둔감한 제품을 생산하기 위해서는 제품설계나 공정설계에서의 품질관리 활동이 필요하다. 이를 오프라인 품질관리라고 하며 시스템 설계, 파라미터 설계, 허용차 설계가 이에 속한다.

완성품 검사/최종검사
(Final Inspection)
제조공정의 최종단계에서 완성된 제품이 시방을 만족하고 있

는가의 여부를 판정하는 일이
다.

우연 요인에 의한 산포
(Random Cause Variation,
Common Cause Variation)

안정된 상태 하에서 존재하는
프로세스 Output의 산포. 이
것은 알려지지 않은 프로세스
의 변수와 변수간의 교호작용
에 의해 유발된다. 관리도는 프
로세스의 산포를 우연요인에
의한 것과 이상요인에 의한 것
으로 구분해 준다.

유의수준(Significance Level)

제1종의 과오를 범할 최대허용
확률로서 α 로 표시한다.

이상 요인에 의한 산포
(Special Cause Variation,
Assignable Cause Variation)

프로세스의 불안정은 관리도를
통해 비교적 발견하기 쉬운 프
로세스 조건의 변화에 의해 유
발된다. 프로세스의 능력을 결
정하기 전에 이상요인에 의한
프로세스의 산포는 제거되어야
한다.

인당 생산수

주어진 작업 시간 내에 제품을
만든 능력을 투입된 인원으로
나누어 나타낸다.

인자 수준(Factor Level)

실험에 참여하는 인자들을 조
정하고자 하는 레벨이다.

(예) RPM 수준 : 3수준-RPM
280, RPM 300, RPM 320

▶ 〔차〕

추정(Estimation)

모집단이 큰 경우 모집단으로
부터 얻어진 표본에서 구한 통
계량으로부터 모수를 예측하는
방법 측정자 변동(Appraiser
Variation : AV)이다.

측정자 변동
(Appraiser Variation : AV)

측정자 변동을 나타내는 값으
로 이 값이 크면 재현성이 나쁘
다고 한다.

층별(Stratification)

공정을 해석할 경우 「데이터」 또는 모집단을 원인별로 몇가지 층으로 나누는 것

치명 결점

(1) 제품을 사용, 유지 혹은 보관하고 있는 사람에게 위험한 상황을 초래할 것 같다고 예상되는 결점이다.

(2) 제품의 기본적 기능에 중대한 영향을 미치는 결점이다.

▶ 〔타〕

통계량(Statistic)

값이 관찰될 수 있는 확률변수의 함수로 알려지지 않은 모수를 포함하지 않으며 그 자체 또한 값이 관찰될 수 있는 확률변수이다.

통계적 품질관리(Statistical Quality Control : SQC)

통계적 품질 관리란 가장 유용하고 시장성 있는 제품을 가장 경제적으로 생산할 것을 목표로 하여 생산의 모든 단계에서 통계적인 원리와 수단을 응용하는 품질 관리이다.

특별 채용

검사의 결과, 불합격으로 판정된 물품(재료 · 부품 · 반제품 · 제품 등)은 본래 불량품이라 사용해서는 안되지만, 일정이나 코스트 등에서 사는 쪽과 파는 쪽의 쌍방에 경영상의 손실이 클 때에는 부득이 특별채용(금형특채 · 제품특채 등)을 행하기도 한다.

특성(Characteristic)

공정, 제품, 변수의 정의할 수 있거나 측정할 수 있는 성질이다.

특성 요인도
(Cause and Effect Diagram)

보통 사람, 재료, 방법, 환경, 장비 등의 공통적인 범주로 문제에 영향을 미치는 변수를 나타내는 문제분석 기법이다. 물고기 뼈의 모양을 하고 있어

Fish Bone Diagram이라고도
한다.

▶ 〔파〕

퍼포먼스 Loss율
작업을 표준의 방법으로 시행
할 때 필요로 하는 최소한의 시
간과 실제로 작업에 소요된 시
간과의 차이에 대한 비율이다.

품질 관리 공정도(QC 공정도)
공정 관리 계획에서, 계획 시에
그 중심이 되는 관리자료로서,
또는 공정 관리의 실시 시에는
공정의 관리표준으로서 활용되
기 위한 표준이다.

평가 비용(Appraisal Cost)
제품의 품질을 정식으로 평가
함으로써 회사의 품질수준을
유지하는 데 드는 비용이다.
(예) 모든 검사비용, PM 비용

평균 검출 한계(Average
Outgoing Quality Limit :
AOQL)
선별형 샘플링검사, 연속 생산

형 샘플링검사 등에서 검사 후
평균 로트 품질(평균검출품질)
의 최악의 값이다.

4M
생산 시스템의 투입 요소 중 주
요 4요소에 해당한다.
· 작업자(Man) : 생산주체
· 기계설비(Machine) : 생산
  수단
· 자재(Material) : 생산대상
· 방법(Method) : 생산방법

표준 정규분포(Standard
Normal Distribution)
정규분포에서 확률변수 X가 평
균이 μ 이고 분산이 $\sigma 2$인 정
규분포일 때 X-μ 를 표준편차
σ 로 나눈 값을 Z라 한다. 이
확률변수 Z는 μ =0, $\sigma 2$=1이
되는 표준정규분포에 따르게
된다.

품질(Quality)
품질의 정의는 여러 가지가 있
다. 제품이 의도하고 있는 것에
적합한지 여부를 결정하기 위
한 특성들의 총체(일본 표준),

사용에의 적합성(**Juran**), 요구사항과의 일치(**Crosby**), 탁월성의 정도, 고객의 요구를 지속적으로 만족시키는 것, 최소분산을 가지고 목표치에 일치(**Wheeler**)이다.

품질 비용
(Cost of Quality, Q-Cost)

품질 요구사항에 대한 일치를 보증하는 데 조직에 부과되는 비용. 좋은 품질의 제품을 보다 경제적으로 만들기 위한 방법을 꾀하고 품질관리 활동의 효과와 경제성을 평가하기 위하여 비용으로 나타낸 것이다. 품질비용은 내부실패비용, 외부실패비용, 평가비용 및 예방비용으로 구성된다.

프로세스(Process)

일반적으로 여러 단계나 작업을 포함하는, 어떤 일을 하는 특별한 방법. 품질관리공정도(QC공정도, **Control Plan**)이다. 공정관리 계획에서, 계획 시에 그 중심이 되는 관리자료로서, 또는 공정관리의 실시 시에는 공정의 관리표준으로서 활용되기 위한 표준이다.

표준편차
(Standard Deviation)

분포의 폭이나 퍼져 있는 상태를 설명하는 데 사용되는 측정 단위. 분산의 제곱근으로 데이터 1개 당의 산포를 평균치와 같은 단위로 나타낼 수 있다. s로 표시한다.

▶ 〔하〕

한도 견본

양품 또는 불량품이 되는 품질의 한도를 나타내는 견본. 한도 견본에서는 「여기까지는 양품의 범위」라고 제시하는 방식과 「여기까지는 불량품의 범위」라고 제시하는 방식이 있는데, 이러한 제시방식에 따라 불확정 영역에 양품이 들어가기 쉬워질 때가 있다.

합격 품질 수준 (Acceptable Quality Level : AQL)

합격 품질 수준이란, 샘플링 검사에서 합격하여 좋은 공정평균의 상한치를 말하며 불량률(%) 또는 100단위 당의 결점수로 나타낸다.

확률(Probability)

일정횟수의 시행에서 특정의 면이 나타날 시행횟수에 대한 상대적 도수이다.

회귀분석 (Regression Analysis)

Output변수(종속변수)와 Input변수(독립변수)간의 수학적인 관계를 추정하기 위해 사용되는 기법이다.

DFSS
Design For Six Sigma **6시그마 업체 현황**

(본 자료는 DFSS회원 정보를 기준으로 작성된 자료임)

■ 국내의 6시그마를 추진하고 있는 업체 현황(2001년 8월 말 현재)

1987년 모토롤라에서 시작된 6시그마 활동이 **ABB**, **GE** 등에서 성공한 이후 국내에서도 1996년 삼성 **SDI**와 LG전자 등이 6시그마를 도입하여 성공을 거두었다.

이에 힘입어 국내의 많은 기업들도 2000년을 기점으로 6시그마 활동을 도입하고 있는 기업이 점차로 늘고 있는 추세이다. 현재 국내 기업의 6시그마 추진 현황을 조사하기 위해서 1998년부터 운영하고 있는 DFSS 연구회의 회원 1,800명 정보를 근간으로 조사하여 국내의 6시그마 업체 현황을 분석하였다.

2001년 8월 말 기준으로 분석한 결과 현재 6시그마를 추진하고 있는 기업은 291개사로 조사되었다. 물론 이 자료는 DFSS 연구회 홈페이지에 회원으로 등록한 회원 정보를 바탕으로 정리한 내용이기 때문에 실제로는 훨씬 많은 기업이 6시그마 활동을 하고 있다고 생각할 수 있겠다.

삼성, LG, 현대, 대우 등 대기업들은 각 계열사까지 분류하였으며, 중소 기업들은 6시그마 전담 조직이나, **BB**교육을 받은 전담자가 있는 회사를 대상으로 분석하였다. 또한 지역별로 분석하였다.

전체적으로 서울과 경기 지역에 있는 기업이 전체 분석된 기업의 51%를 차지하였다. 이는 대부분의 대기업 사업장이 경기 지역에 집중되어 있기 때문으로 분석된다. 또한 많은 공단이 위치한 경상도 지역이

57개사로 19%를 차지하였다. 전체 조사 기업 중 86개사가 대기업의 계열사로 전체 기업의 29%로 분석되었으며, 약 70% 정도는 중소기업으로 6시그마 활동이 국내 전체에 걸쳐 보급되고 있음을 알 수 있다.

특이할 점은 진주골프장과 공기업인 철도청에 6시그마 추진팀이 있으며, 대한적십자사와 대한주택공사에서도 6시그마 활동이 이루어지고 있었다. 또한 청주장로교회에서도 6시그마를 추진하고 있었다.

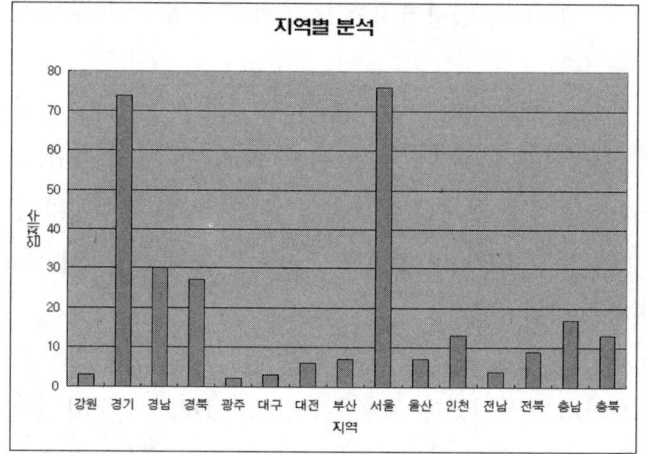

지역별 현황	
지역명	업체수
강원	3
경기	74
경남	30
경북	27
광주	2
대구	3
대전	6
부산	7
서울	76
울산	7
인천	13
전남	4
전북	9
충남	17
충북	13
합계	291

▶ 강원

◆ 동양전자(주)
원주시 문막읍 반계리 5-20 동양전
자(주)

◆ 만도(원주)
원주시 문막읍 반계리 5-22 (주)만
도

◆ 메디슨(홍천)
홍천군 남면 양덕원리 114 (주)메디
슨 품질관리부

▶ 경기

◆ 경동(주)
경기도 성남시 분당구 수내동 4-4 경
동빌딩 11층

◆ 계양전기(안산)
안산시 원시동 823-2 계양전기

◆ 공화(주)
시흥시 정왕동 1267-3

◆ 기아자동차 소하리 연구소
광명시 소하동 781-1

◆ 단암전자통신주식회사
경기도 안양시 호계동 900-3 단암전
자통신주식회사

◆ 대덕전자
안산시 목내동 390-1 대덕전자

◆ 대우전자 에어컨 사업부
용인시 남사면 대우전자 에어컨 사업
부

◆ 대창공업
경기도 시흥시 정왕동 4나 506 대창
공업

◆ 대한주택공사
성남 분당구 구미동 175 대한주택공
사

◆ 동양매직
화성군 봉담읍 동화리 100-2 동양매
직

◆ 동양이화
용인시 구성면 상하리 104-2

◆ 만도(주)
군포시 당동 730번지 (주)만도

◆ 미래산업 연구센터
성남시 분당구 서현동 271-1 미래산
업 연구센터

◆ 바이어블코리아(주)
평택시 지제동 67번지

◆ 삼보정밀(주)
수원시 팔달구 영통동

◆ 삼보컴퓨터
안산시 성곡동 700번지 시화공단4
마 606호

◆ 삼성생명
안양 동안구 관양2동 1459-2 삼성
생명관양동빌딩 1층

◆ 삼성에버랜드

용인시 포곡면 전대리 310 삼성에버
랜드

◆ 삼성전기(주)

수원시 팔달구 매탄3동 삼성전기
(주)

◆ 삼성전자 반도체

용인시 기흥읍 농서리 산24 삼성전
자 반도체

◆ 삼성전자(주)

수원시 팔달구 매탄동 416번지 삼성
전자(주)

◆ 삼성종합기술원

삼성종합기술원

◆ 삼성코닝

수원 팔달구 신동 472번지 삼성코닝

◆ 삼성 SDI(수원)

수원시 팔달구 신동 삼성 SDI

◆ 삼화전자(주)

용인시 남사면 북리 124-1

◆ 삼화전자공업(주)

경기도 화성시 동탄면 장지리 211-1
삼화전자공업(주)

◆ 삼화전자공업주식회사

용인시 남사면 북리 삼화전자공업주
식회사

◆ 서강(주)

부천시 원미구 도당동 180-1 (주)서강

◆ 서진산업

경기 군포시 산본동 1026-5 (서진
산업)

◆ 서진클러치(주)

시흥시 1280-9 시화공단 3나 609
호

◆ 세아튜빙

세아튜빙

◆ 세원텔레콤(주)

김포시 운양동 1077-2 세원텔레콤
(주)

◆ 세진전자(주)

오산시 가장동 157-1 세진전자(주)

◆ 신성이엔지

안산시 원시동 824-4(B8-62호)
(주)신성이엔지

◆ 신창전기

안산시 원시동 734-1번지 (주)신창
전기

◆ 신한다이아몬드

인천 남동구 남촌동 610-9 남동공단
36블럭10롯트

◆ 실리콘테크

용인시 원삼면 맹리 675-39 실리콘
테크

◆ 쌍용자동차

평택시 이충동 381번지 현대아파트
113-1205

◆ 아주대학교병원
수원시 팔달구 원천동 산5 아주대학
교병원

◆ 알트코리아
화성시 봉담읍 와우리 26-6

◆ 어필텔레콤
이천시 마장면 각평리 342-1 어필텔
레콤

◆ 에어텍시스템
군포시 당정동 508-7 (주)에어텍시
스템

◆ 열림기술(주)
안산시 성곡동 669-8 열림기술(주)

◆ 우리별텔레콤
김포시 고촌면 신곡리 963-1 (주)우
리별텔레콤

◆ 유일반도체
용인시 기흥읍 고매리 455

◆ 유한양행
군포시 당정동 27-3 (주) 유한양행

◆ 이미지퀘스트
이천시 부발읍 아미리 산136-1 이미
지 퀘스트

◆ 이화다이아몬드공업(주)
경기도 오산시 원동 520-2

◆ 전자부품연구원
평택시 진위면 마산리 455-6 전자부
품연구원

◆ 종근당(주)
안산시 목내동 454번지 (주)종근당

◆ 카스코(주)
분당구 구미동 192-2 온세통신빌딩
1층 (주)카스코 기술연구소

◆ 퍼시스(주)
안성시 공도면 퍼시스 가구연구소

◆ 페어차일드코리아반도체
부천시 원미구 도당동 82-3 페어차
일드코리아반도체

◆ 필코전자
수원시 팔달구 원천동 381번지

◆ 하이트론 시스템즈
경기도 안성시 삼죽면 마전리 109-
19

◆ 한국 엠에스씨 소프트웨어
성남시 분당구 서현동 국민카드빌딩
2층 한국 엠에스씨 소프트웨어

◆ 한국단자공업(주)
인천시 남구 논현동 439-2 한국단
자공업(주)

◆ 한국보훈복지공단
안산시 목내동 488 (한국보훈복지공
단 건제사업단)

◆ 한국야쿠르트 (주)중앙연구소
경기도 용인시 기흥읍 고매리 418-
12

◆ 한국전력기술(주)
용인시 구성면 마북리 360-9

◆ 한국통신

성남시 분당구 정자동 206

◆ 한길정보통신(주)

수원시 팔달구 영통동

◆ 한샘인테리어

시흥시 조남동 594-1 한샘인테리어

◆ 한전기공(주)

인천시 서구 경서동 247

◆ 현대 오토넷

이천시 부발읍 아미리 산136-1 현대
오토넷

◆ 현대자동차 연구소

화성군 남양면 장덕리

◆ 현대전자 반도체

이천시 부발읍 아미리 산136-1 현대
전자 반도체

◆ 현대정공 연구소

경기도 용인시 구성면 마북리 산 80-
10

◆ 현대 큐리텔

이천시 부발읍 현대 큐리텔

◆ 화인써키트

안산시 신길동 1061-6 화인써키트

◆ 희성금속(주)

인천광역시 서구 가좌동 548-1

◆ ASE Korea

파주시 교하면 문발리 494번지
(ASE Korea)

◆ honeywell korea

안산시 선부동 1079번지

◆ LG생산기술원

평택시 진위면 청호리 19-1 LG생산
기술원

◆ LG전선 트랙터사업부

군포시 당정동 200번지 LG전선 트
랙터사업부 사업지원팀

◆ LG정보통신 중앙연구소
연구품질팀장

안양시 동안구 호계동 533, LG 제1
연구단지

▶ 경남

◆ 경남에너지(주)

창원시 웅남동 55-5 경남에너지(주)

◆ 고려아연

울산광역시 울주군 온산읍 대정리
505 고려아연

◆ 광일케미스틸(주)

부산광역시 사상구 감전1동 511-5

◆ 대우종합기계(주)

창원시 성주동 24번지 대우종합기계
(주)

◆ 대우중공업 공기자동화본부

창원시 남산동 601-3 대우중공업

◆ 동원테크
　김해시 진례면 고모리 1045번지

◆ 두산중공업(주)
　창원시 귀곡동 555 두산중공업(주)

◆ 명화공업
　울산시 남구 부곡동 273 명화공업

◆ 삼성테크윈
　경남 창원시 성주동 28번지 삼성테
　크윈

◆ 삼성테크윈 1공장
　창원시 성주동 42번지 삼성테크윈 1
　공장

◆ 삼성테크윈 3사업장
　창원시 신촌동 69-2번지 삼성테크윈
　3사업장

◆ 삼성 SDI(부산)
　울주군 삼남면

◆ 성림공업
　김해시 외동 466번지 성림공업

◆ 우연(주)
　김해시 장유면 신문리

◆ 유코레일(주)
　창원시 대원동 85 한국철도차량내
　유코레일(주)

◆ 제일전기
　부산광역시 사하구 신평동 370-31

◆ 진주골프장
　진주골프장 6시그마추진팀

◆ 창원기화기공업
　달서구 신당동 1095-11 창원기화기
　공업(주)

◆ 창원특수강(창원)
　창원시 신촌동 65

◆ 철도청 부산철도차량정비창
　경영혁신
　부산광역시 진구 범천2동 1210번지
　(철도청 부산철도차량정비창)

◆ 태광실업(주)
　김해시 안동 258-9번지

◆ 통일중공업(주)
　창원시 외동 통일중공업(주)

◆ 한국중공업
　경남 창원시 귀곡동 한중

◆ 한국항공우주산업 사천1공장
　사천시 사남면 유천리 321 한국항공
　우주산업 사천1공장

◆ 한국항공우주산업 사천2공장
　사천시 사천읍 용당리 한국항공우주
　산업 사천2공장

◆ 한국TSK
　마산시 산호동 39-14 9/3

◆ 현대모비스
　현대모비스 창원공장

◆ 현대자동차(울산)
　울산 북구 양정동 700 현대자동차

◆ 화승(주) (경남)
　양산시 교동 147 (주)화승

◆ LG전자 1공장

　창원시 가음정동 LG전자 1공장

▶ 경북

◆ 금성(주)

　주식회사 금성

◆ 농약회사 연구소

　경주시 구황동 226번지 농약회사 연
　구소

◆ 동양산업(주)

　구미시 구포동 622-14 동양산업
　(주)

◆ 모야플라스틱(주)

　칠곡군 약목면 관호리 797-4 모야플
　라스틱(주)

◆ 삼성전자(주) 구미

　구미시 공단동 259번지 삼성전자
　(주)

◆ 삼성코닝정밀유리

　구미시 진평동 644-1 삼성코닝정밀
　유리

◆ 일진산업(주)

　경주시 황성동 50

◆ 케이이씨(주)

　구미시 공단동 149번지

◆ 코오롱 구미공장

　구미시 공단동 212번지 (주)코오롱
　구미공장

◆ 코오롱 유화

　김천시 대광동 1348 코오롱 유화

◆ 코오롱(주) 김천공장

　김천시 응명동 300-2번지 (주)코오
　롱 김천공장

◆ 포항산업과학연구원

　포항시 남구 효자동 산 32번지 포항
　산업과학연구원

◆ 포항제철(주)

　포항시 남구 동촌동 5번지 포항제철
　(주)

◆ 풍산 안강공장

　경주시 안강읍 산대리 2222

◆ 한국FCI(주)

　경주시 강동면 왕신리 1090

◆ 한전기공(주)

　울진군 북면 부구리 제2발전소 한전
　기공(주)

◆ 현대전자(구미)

　구미시 임수동 171 현대전자

◆ 화신(주)

　영천시 언하동 412번지

◆ KEC(한국전자)

　구미시 공단1동 149번지 KEC(한국
　전자)

◆ LG Innotek(구미)

　구미시 공단동 LG Innotek

◆ **LG.Philips LCD**

구미시 임수동 161번지 LG.
Philips LCD

◆ **LG-마이크론**

구미시 구포동 624 LG-마이크론

◆ **LG실트론 연구소**

구미시 임수동 283 LG실트론 연구소

◆ **LG영상 2공장**

구미시 공단동 LG영상 2공장

◆ **LG이노텍 구미연구소**

경북 구미시 공단동 133 LG이노텍
구미연구소

◆ **LG전선**

구미시 공단동 190 LG전선

◆ **LG전자(구미)**

구미시 공단동 184

◆ **LG정보통신(구미)**

구미시 공단동 299번지 LG정보통신

▶ **광주**

◆ **금호타이어**

광산구 소촌동 555 금호타이어

◆ **삼성광주전자**

광산구 오선동 삼성광주전자

▶ **대구**

◆ **경창산업**

서구 중리동 1072번지 경창산업

◆ **삼협산업**

대구 달서구 월암동 1080-3 삼협산
업

◆ **한국파워트레인 연구소**

달서구 대천동 597-10 한국파워트
레인(주) 연구소

▶ **대전**

◆ **애경산업(주) 대전공장**

대전광역시 대덕구 대화동 63-1

◆ **철도청**

서구 둔산동 920 정부대전청사 2동
1705호 철도청

◆ **한국전자통신연구원**

유성구 가정동 한국전자통신연구원

◆ **한국타이어 중앙연구소**

유성구 한국타이어 중앙연구소

◆ **한전원자력연료**

유성구 덕진동 150번지 한전원자력
연료

◆ **한화석유화학(연)**

대전시 유성구 신성동 6번지 한화석
유화학(연)

▶ 부산

◆ 나이키 신발 OEM 공장
북구 화명동 화명 그린 아파트 103
동 904호

◆ 나이키 OEM 업체
부산시 사하구 감전동

◆ 동진모타공업(주)
사상구 모라동 274-3 동진모타공업
(주)

◆ 르노삼성자동차
르노삼성자동차

◆ 신협전자(주)
사하구 신평동 363번지

◆ 한국동도공업(주)
강서구 대저1동 1301-11

◆ 효성전기(주) 기술연구소
기장군 정관면 용수리 1047-3 효성
전기(주) 기술연구소

▶ 서울

◆ 가이블(주) 연구소
당산동

◆ 교보생명
종로구 종로1가 1번지 교보생명

◆ 금호개발
종로구 신문로

◆ 다다실업
강남구 역삼동 790-4 다다실업

◆ 대기산업(주)
시흥시 정왕동 1264번지 대기산업
(주)

◆ 대동공업(주)
서초구 서초동 1422 대동빌딩 대동
공업(주)

◆ 대림정보통신
종로구 수송동 146-12 대림빌딩 대
림정보통신

◆ 대우자동차(서울)
강남구 청담동 38-16 4층

◆ 대한적십자사
중구 남산동 3가 32 대한적십자사

◆ 대한항공
송파구 풍납1동 489-11 (주)대한항
공

◆ 동양제과(주)
용산구 문배동 30-10 동양제과(주)

◆ 레이시스(주)
강남구 대치동 997-10번지 메디슨
벤처타워별관2층 (주)레이시스

◆ 메디슨(서울)
강남구 대치동 997-4 메디슨벤처타
워 10층 품질경영실

◆ 메디페이스

강남구 대치동 997-4 메디슨벤처타
워 4층 메디페이스

◆ 모닝글로리

마포구 도화동 22 창강빌딩 1320
모닝글로리

◆ 비알코리아(주)

음성군 삼성면 용성리 34-12

◆ 삼흥사

금천구 가산동 327-32

◆ 서울반도체

금천구 가산동 148-29(서울반도체)

◆ 소프트웨어벤처프라자

서울시 서초구 서초동 1708-2 소프
트웨어벤처프라자

◆ 신도리코(서울)

성동구 성수동 2가 277-22

◆ 신성이엔지(서울)

영등포구 당산동6가 327번지 신성
이엔지빌딩

◆ 신호제지

서초구 양재동 275번지 동원산업13
층 신호제지

◆ 알리안츠 제일생명

서초구 서초4동 1303-35 알리안츠
제일생명

◆ 에코솔루션

양천구 목동 CBS 빌딩 13층 158-
701 (주)에코솔루션

◆ 에프엠티씨

광진구 군자동 474-50 미래 B/D 2
층 (주) 에프엠티씨

◆ 원클릭 테크놀로지스

영등포구 여의도동 17-26 삼환까뮤
별관 5층 원클릭 테크놀로지스

◆ 유니보스

영등포구 여의도동 23-5 한화증권
25층 유니보스

◆ 유니에셋닷컴(주)

영등포구 여의도동 25-12 신송센타
빌딩 12F 유니에셋닷컴(주)

◆ 유진컴텍(주)

서울특별시 금천구 독산1동 299-38
유진컴텍(주)

◆ 이칼로스(주)

강남구 역삼동 823-14 신원빌딩 7층

◆ 제일제당(서울)

중구 남대문로 5가 500 제일제당

◆ 제일제당(구로)

구로구 구로동 636 제일제당

◆ 조영정보산업

서초구 서초동 1603-69

◆ 창원특수강(서울)

강남구 역삼동 824-17 역삼빌딩 별
관 4층

◆ 철도청 용산차량사무소

용산구 한강로3가 40번지 용산차량
사무소

◆ 커넥선트 코리아

강남구 대치3동 섬유센터 15층, 커

넥선트 코리아

◆ 케이디이컴

신길1동

◆ 태성에스엔이

송파구 신천동 7-28 현대타워 2층

태성에스엔이

◆ 특허청

강남구 역삼동 823-1 풍림빌딩 12

층 특허전자화센터

◆ 포스데이타

강남구 대치4동 8:92번지 포스코센

타 동관 15층

◆ 프렉서스 코리아(주)

영등포구 여의도동 13-19 남중빌딩

202호

◆ 프렉스에어코리아(주)

강남구 대치동 943-19 신안빌딩 16

층 프렉스에어코리아(주)

◆ 한국 노키아주식회사

강남구 대치동 890 유니온스틸빌딩

12층 한국 노키아주식회사

◆ 한국소비자보호원

서울시 서초구 염곡동 300-4 한국소

비자보호원

◆ 한국쓰리엠

양천구 신정5동 920-19

◆ 한국오라클

강남구 대치동

◆ 한국원자력연구소

한국원자력연구소

◆ 한국훼스토(주)

금천구 가산동 470-9 한국훼스토

(주)

◆ 한빛은행

동대문구 답십리4동 우성그린아파트

105-1802

◆ 한화정보통신

구로구 구로동 235-2

◆ 한화증권

영등포구 여의도동 23-5 한화증권빌

딩 25층

◆ 현대건설

종로구 계동 현대빌딩 별관 7층

◆ 현대백화점

강남구 압구정동 현대백화점

◆ 현대자동차(서울)

종로구 계동 140-2

◆ 화승(주) (서울)

마포구 서교동

◆ 희성금속(주) 서울

중구 을지로1가 42 부림빌딩 9층

◆ **Engineous Korea**

강남구 역삼동 824-19 동경빌딩

705호 Engineous Korea

DFSS는 뒤지게 돼서 시키면 시키는 대로 하는 방법론이다

◆ KIST 경영혁신팀

성북구 하월곡동 39-1 KIST

◆ LG전자 디지털
어플라이언스 연구소

금천구 가산동 327-23 LG전자 디
지털 어플라이언스 연구소

◆ LG전자(서울)

영등포구 영의도동20 LG트윈타워
서관 8층 LG전자

◆ LG텔레콤

영등포구 양평동 4가 신동방 빌딩 7
층 LGT

◆ LG텔레콤

강남구 역삼동 LG강남타워 18층
LG텔레콤

◆ LG투자증권

영등포구 여의도동 46-2 LG투자증
권

◆ LG화학(서울)

영등포구 여의도동 20 LG트윈타워
동관 23층(LG화학)

◆ LG-Caltex정유

강남구 역삼동 679 LG강남타워
LG-Caltex정유

◆ NOKIA(주)

강남구 대치동 연합철강 12층
(주)NOKIA

◆ SK주식회사

종로구 서린동 99 SK주식회사

◆ Sunstar

서대문구 홍은3동 376-26 동원빌라
205호

▶ 울산

◆ 부국산업

울주군 상북면 양등리 부국산업

◆ 이수화학(주)

울주군 온산읍 화산리 857 이수화학
(주)

◆ 코오롱 유화(주) 울산공장

남구 부곡동 석유화학단지내

◆ 한일이화(울산)

한일이화

◆ 현대공업(주)

남구 부곡동 271-6

◆ Dupont(Korea)

Dupont(Korea)

◆ LG화학 영상소재

울주군 온산읍 화산리 580 LG화학
영상소재생산팀

◆ LG화학 울산공장

울산광역시 울주구 온양명 망양리
388 LG화학 울산공장

▶ 인천

◆ 대림통상(주) 금구공장
남구 주안 6동 주공아파트 40-205

◆ 대우종합기계
동구 화수동, 대우종합기계

◆ 반성(주)
논현동 남동공단 49B 5LOT

◆ 신호스틸
남구 학익동 468번지

◆ 이낙 반도체(주)
부평구 청천2동 426번지 이낙 반도체(주)

◆ 재영솔루텍
남동구 고잔동 688-4 남동공단118블록 16로트

◆ 한국미싱공업주식회사
한국미싱공업주식회사

◆ 한소닉테크
남동구 남촌동 남동공단1단지 4B-5L 한소닉테크

◆ 희성금속(주) 연구소
남동구 고잔동 693-1 123 BL-2L

◆ DAP
인천광역시 남동구 논현동 427-7 (주)DAP

◆ EQSNET
서구 마전동 서해아파트 1-A동 410

◆ GPS(주)
남구 주안동 GPS(주)

◆ LG-EDS시스템
계양구 효성2동 236-1 LG-EDS시스템

▶ 전남

◆ 광양제철소
광양시 금호동 700번지 광양제철소

◆ 기아자동차(광주)
광주시 서구 내방동 700번지

◆ 대우전자 전자렌지사업부
광주광역시 광산구 장덕동 981-1 대우전자 전자렌지사업부

◆ 호남석유화학
여수시 중흥동 호남석유화학

▶ 전북

◆ 대우자동차(군산)
군산시 소룡동 1589 대우자동차

◆ 동양실리콘
익산시 춘포면 신동리 824번지 동양실리콘

◆ 부림금속

　남원시 광치동 195-26

◆ 신대양조선

　군산시 소룡동 597 (유)신대양조선

◆ 연경전자

　고창군 고수면 고수농공단지 2-4블
　럭 연경전자

◆ 코튼(주)

　(주) 코튼

◆ 태석전자(주)

　완주군 봉동읍 전주3공단 788 태석
　전자(주)

◆ 파츠닉 주식회사

　정읍시 망제동 19번지 파츠닉 주식
　회사

◆ 한국세큐리트

　군산시 소룡동 55 한국세큐리트

◆ 희성전선(주)

　전주시 덕진구 팔복동 3가 408번지
　희성전선(주)

◆ **Hansol Chemience**

　완주군 봉동읍, Yongamri, 816
　(Hansol Chemience)

▶ **충남**

◆ 경신공업 연구소

　아산시 음봉면 덕지리 463-5

◆ 계양전기 천안공장

　천안시 성환읍 도하리 161번지 계양
　전기 (주)천안공장

◆ 두원공조

　충남 아산시 음봉면 원남리 산 16-1
　번지

◆ 드림텍

　천안시 직산면 양당리 (주)드림텍

◆ 미래산업(천안)

　천안시 차암동 9-2번지 미래산업

◆ 삼성전기(주) 충남

　연기군 동면 명학리 삼성전기(주) 기
　판연구소

◆ 삼성종합기술원(대덕)

　대전시 유성구 문지동 삼성종합기술
　원

◆ 신도리코 아산공장

　아산시 남동1번지 신도리코 아산공
　장

◆ 애경산업

　청양군 정산면 역촌리 671 애경산업

◆ 유진산업(주)

　예산군 신암면 용궁리 2-5번지 유진
　산업(주)

◆ 한국생산기술연구원

　천안시 입장면 홍천리 35-3 한국생
　산기술연구원

◆ 한국서부발전(주)

　한국서부발전(주) 태안화력본부

◆ 한라공조(주)

대전시 대덕구 신일동 1689-1 한라
공조(주)

◆ 한일이화 중앙연구소

아산시 신창면

◆ 한화/기계 항공기술연구소

천안시 성거읍 신월리 402-1 (주)한
화/기계 항공기술연구소

◆ 후프코리아(주)

천안시 백석동 710 (주)후프코리아

◆ LG산전

천안시 목천면 삼성리 181 LG산전

◆ LG전자(청주)

청주시 흥덕구 향정동 50 LG전자
(주)

▶ 충북

◆ 맥슨텔레콤(주)

청주시 흥덕구 송정동 70-55 맥슨텔
레콤

◆ 본텍(주)

진천군 덕산면 한천리 27-31

◆ 삼성 SDI(천안)

천안 성서동

◆ 삼화전기주식회사

청주시 흥덕구 복대동 92 삼화전기
주식회사

◆ 심텍(주)

충북 청주시 흥덕구 송정동 70-5
(주)심텍

◆ 월드텔레콤

청주시 흥덕구 송정동 (주)월드텔레
콤

◆ 청주장로교회

청주장로교회

◆ 코스모텍(주)

괴산군 증평읍 용강리 532-1 (주)코
스모텍

◆ 텍사스 인스트루먼트 코리아

진천군 이월면 사곡리 67-1

◆ 하이닉스 반도체

청주시 흥덕구 향정동 하이닉스 반도
체

◆ 한국보그워너 티 에스(주)

음성군 대소면 삼정리 65-4

◆ 한국브이디오(주)

청원군 부용면 금호리 249

◆ 현대전자(청주)

청주시 흥덕구 향정동 현대전자

◆ LG화학 청주공장

(주)LG화학 청주공장

■ 6시그마 컨설팅사 현황(2001년 8월 말 현재)

아울러 국내에서 6시그마를 컨설팅하고 있는 업체에 대한 조사도 함께 이루어졌다. 현재 국내의 6시그마 컨설팅은 Big 3사인 한국표준협회(KSA), 한국능률협회컨설팅(KMAC), 생산성본부(KPC)를 중심으로 이루어지고 있으며, 1999년부터 모토롤라사와 GE의 6시그마 추진 경험을 바탕으로 설립된 한국시그마컨설팅(KSiM), QM&E, BIC Korea 등이 6시그마 전문 컨설팅사로 활동하고 있다.

그 외에는 기존의 TQC, ISO 컨설팅을 했던 업체 중심으로 6시그마가 국내에 도입되면서 자연스럽게 6시그마 컨설팅으로 확대하였다.

현재 조사된 6시그마 컨설팅사는 28개사로 대부분이 서울에 위치해 있으며, 미국의 대표적인 6시그마 컨설팅사인 SSA, AAA, SBTI사의 연락처도 함께 소개하였다.

또한 6시그마 관련 통계와 TRIZ 소프트웨어 공급사 현황도 조사하였다.

◆ 미래경영기술 컨설팅
 02-761-9006
 서울시 광진구 군자동 474-50 미래
 빌딩 2층

◆ 비젼경영기술컨설팅
 031-296-8998
 경기도 수원시 권선구 금곡동 530
 LG빌리지

◆ 산업경영기술컨설팅(IPEC)
 02-563-8901
 서울시 강남구 역삼동 435-4 한국과
 학기술회관 본관 607호

◆ 서울대 통계연구소
 02-880-5716
 서울시 관악구 신림동 산56-1 서울
 대학교내

◆ 성대 품질혁신센타

031-290-7594

경기도 수원시 장안구 성균관대학교내

◆ 시스텍 매너지먼트

02-538-9007

서울시 강남구 역삼동 435-4 한국과
학기술회관 본관 908호

◆ 옵티마 컨설팅

02-523-9001

서울시 서초구 반포동 49-9 세화빌
딩 4층

◆ 제일경영 컨설팅(CMC)

031-200-2731

경기도 수원시 팔달구 신동 426

◆ 중소기업진흥공단

02-769-6590

서울시 영등포구 여의도동 24-3

◆ 지식경영시스템 연구소

(KMS)

051-337-4286

부산광역시 북구 화명동 377-4 신라
주택 201호

◆ 지에스규격 컨설팅

02-357-8401

서울시 은평구 녹번동 12-3 대일빌
딩 210호

◆ 큐텍 경영 컨설팅

02-786-1481

서울시 영등포구 여의도동 14-24 삼
호정보빌딩

◆ 탑매니지먼트 컨설팅

02-3452-1901

서울시 강남구 역삼동 677-31 야드
엘빌딩 4층

◆ 한국네빌클락 컨설팅

02-552-9001

서울시 관악구 남현동 1057-22 태
림빌딩 6층

◆ 한국능률협회컨설팅(KMAC)

02-3786-0560

서울시 영등포구 여의도동 12
CCMM B/D 8층

◆ 한국생산성본부

02-724-1264

서울시 종로구 적선동 122-1 (생산
성빌딩)

◆ 한국시그마컨설팅(Ksim)

02-719-0354

서울시 마포구 마포동 136-1 한신
B/D 803호

◆ 한국표준협회(KSA)

02-369-8790

서울시 영등포구 여의도동 13-31 기
계회관 신관

◆ 한국품질인증센타(KFQ)

02-767-9000

DFSS는 뒤지게 패서 시키면 시키는 대로 하는 방법론이다

서울시 영등포구 여의도동 28-1 전
경련회관 8층

◆ 한국ASI

02-562-1522
서울시 강남구 역삼동 635-4(한국
과학기술회관 본관509호)

◆ A.B.C 컨설팅

02-784-6230
서울시 영등포구 여의도동 113-19
남중빌딩 202호

◆ Air Acadmy Asscocites LLC

719-531-0777
1166 Kelly Johnson Blvd. #105
Colorado Springs, CO 80920

◆ BIC KOREA 컨설팅

02-786-5270
서울시 영등포구 여의도동 백상빌딩
620호

◆ MS컨설팅

031-386-8806
경기도 안양시 동안구 호계동 1065-
6 맵시프라자 빌딩

◆ PTC 코리아 컨설팅

02-3483-8000
서울시 강남구 역삼동 679-4 로담코
타워 6층

◆ PWC 컨설팅

02-6001-8255

서울시 강남구 삼성동 159-1 아셈타
워 39층

◆ QM&E 컨설팅

02-3471-6720
경기도 용인시 수지읍 동천리 853-1
한국물류빌딩 701호

◆ SBTI(Six Sigma Breakthrough
Technologes, Inc.)

208-745-6546
400 W. Hopkins, Suite 102 San
Marcos, TX 78666

◆ SigmaEco 컨설팅

02-761-8980
서울시 연등포구 여의도동 28-1(전
경련빌딩 10층)

◆ Six Sigma Academy LLC.

602 515-9507
8900 East Pinnacle Peak Road,
Suite 205 Scottsdale, Arizona
85255

◆ 산업경영기술컨설팅(IPEC)

02-563-8901
서울시 강남구 역삼동 435-4 한국과
학기술회관 본관 607호

◆ SM&C 컨설팅

02-538-9007
서울시 강남구 역삼동 435-4 한국과
학기술회관 본관 908호

■ 국내 6시그마 관련 소프트웨어 판매 업체 현황(2001년 8월 말 현재)

◆ 시그마스펙트럼 —

Spectrum(통계)

02-817-9765
서울시 동작구 대방동 339-1 솔표빌딩 2층

◆ 아이디어브레인(주) —

Idea Brain(TRIZ)

02-3486-9829
서울시 서초구 서초2동 1330-18 현대기림오피스텔 1511호

◆ 이레테크 —

MiniTab(통계)

031-427-0061
경기도 안양시 동안구 호계1동 덕화빌딩 5층

◆ 트리즈(주) —

Tech Optimize(TRIZ)

02-3453-2579
서울시 강남구 삼성동 165-13 대광빌딩 2층

◆ S-Link —

ISP(통계)

02-817-9760
서울시 동작구 대방동 339-1 솔표빌딩 6층

DFSS
Design For Six Sigma

Six Sigma Academy(SSA)
마이클 해리 박사와 함께 ▶

◀ Dick Scott & RA 대표
Reigle Stewart

RIT 대학
크레블링 교수와 함께 ▶

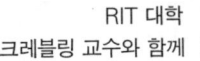

◀ Air Academy Association
（AAA）
CEo 머로우, 킴멜 박사와 함께

SBTI 사의
짐크라프 박사와 함께 ▶

◀ RATTRAP